ue process

適正な刑事手続の保障とマスメディア

渕野貴生

ress and defendant

現代人文社

適正な刑事手続の保障とマスメディア

はしがき

　大学で刑事訴訟法の講義を行う身になって数年経つが、捜査の端緒から判決に至る一連の手続を話すなかで、ある種の虚しさを感じてしまうポイントがいくつかある。その1つが、予断排除原則を具体化した起訴状一本主義である。

　刑事訴訟法256条に従って、起訴状には事件に関して予断を生じさせるような情報を書き込んではならないことになっている。つまり、裁判が始まる前に裁判官にそのような情報を伝えてはいけないことになっているのだが、それでは、適式な起訴状によって手続が進められる限り、裁判官は、第1回公判期日に、事件について起訴状記載の訴因事実以外の情報を有しない状態で法廷に入ってくるかといえば、必ずしもそうではない。少なくとも重大事件において、裁判官が「白紙」の状態で裁判に臨むことはほとんどありえないと断言してもよいのではないか。なぜなら、検察官が情報を提供しなくても、マスメディアが起訴に至るまでの間の犯罪報道を通じて、事件および被疑者・被告人について極めて詳細な、そしてその多くが被疑者・被告人にとって不利益な情報を既に提供しているからである。

　しかし、このような犯罪報道は、刑事裁判に影響を与えないのだろうか。公平な裁判所による裁判を受ける被疑者・被告人の権利を侵害しないのだろうか。裁判官は法律上、知らないことになっている、あるいは報道から情報を得ても影響を受けないことになっている、と説明されても納得できない人は少なくないのではなかろうか。私もその一人である。

　しかも、犯罪報道が事実認定および量刑の判断者に与える予断の問題は、裁判員制度の導入という制度改革にともなって、近時、市民一人ひとりが当事者として直面せざるをえない重要な問題になりつつある。

　本書は、以上の素朴な疑問を刑事訴訟法学の問題として捉え、第一に、犯罪報道と被疑者・被告人の適正手続を受ける権利との関係を理論的に探求し、第二に、マスメディア報道を通じて生じうる適正手続保障の侵害を予防し、救済するために取られるべき法的対応方法を提示することを試みたものである。

　本書のテーマについて本格的に考え始めてから、すでに10年以上の時間が経過した。本書は、その間、断続的に公表してきた論文を整理し、再構成したもの

である。主張の骨格に変化はないものの、既発表論文には不十分なところが多々あり、また、旧稿をそのまま再録すると論旨のつながりが分かりにくくなるところもあったため、本書をまとめるにあたって、それぞれの旧稿にはかなり大幅な加筆・修正等を行った。また、裁判員制度の導入に伴って新たに検討すべき点もいくつか生じてきていることから、それらの点についても検討を加え、必要な加筆・修正を施した。したがって、初出論文と本書との対応関係はゆるやかなものとご理解いただければ幸いである。しかし、にもかかわらず、本書はなお不十分さを多く残している。とりわけ、ドイツの検討部分については最小限の補訂しかできなかった。足らざる点は今後の研究のなかで少しでも補っていきたいと考えている。

　このような拙い研究であっても、多くの先生方のご指導がなければ完成させることはできなかった。
　恩師小田中聰樹先生のもとで、十数年前に本書のテーマで研究を始めようとしたころ、このテーマは、刑事訴訟法学の問題としてほとんど認知されていなかったように思う。そのような問題を修士論文のテーマにしようとしたのだから、無知というのは本当に恐ろしい。しかし、小田中先生は、「やってみるか」とおっしゃって、このテーマで研究を進めることをお認めくださった。現在振り返っても改めて確信するが、小田中先生のもとでなければこのようなわがままは絶対に許されなかったであろう。先生には、本当に自由な研究の場を保障していただくと同時に、公私にわたり私が迷ったときには常に進むべき方向に導いていただいた。先生に改めて深く感謝の気持ちを捧げたい。
　修士課程終了後、私は川崎英明先生のもとで助手に採用され、引き続き研究を続けられることになった。川崎先生も、普段は完全に自由に研究することをお認めくださるとともに、要所要所で的確なご指導をいただいた。また、小田中先生と川崎先生が極めて精力的に論文を執筆されながら、社会的・立法的課題に対する実践的活動においても最前線に立って活躍されているご様子に間近に接することができたことは、私にとって何物にも代えがたい貴重な経験であり、両先生のお仕

事ぶりは、研究者のあり方についての生きたご指導そのものであった。

　さらに、私が、犯罪報道の問題に関心を持ったのは、元をたどれば大学1年のときに参加したインターカレッジな自主ゼミがきっかけである。そのゼミの顧問をされていたのが、田中輝和先生である。先生は、以来、ともすれば暴走しがちな私に対して辛抱強く、地道に研究することの重要性をお教えくださった。

　また、お名前を出すことは差し控えさせていただくが、本書をまとめるにあたって行った聴き取り調査に、多忙ななか貴重な時間を割いて快く応じてくださった弁護士の先生方にも厚くお礼を申し上げる。

　その他、様々な研究会を通じて多くの先生方からご指導いただいた。とりわけ、福井厚先生には、ドイツの貴重な文献を紹介していただくなど、折にふれてご指導いただいた。にもかかわらず、本書では、紹介していただいた資料をほとんど活かすことができなかった。今後、精進を重ねることでお許し願うしかない。

　静岡大学に就職してからは、人文学部・法務研究科の同僚・スタッフに良好な研究環境を保障していただいた。

　なお、私事にわたるが、私は先天性の心臓病を抱えて生まれた。現在、何らの制約もなく日常生活を送ることができているのは、根治手術によって命を救ってくださった村岡隆介先生のおかげである。深い感謝の思いを込めてお名前を挙げさせていただきたい。

　最後に、私の著作の最も厳しい評者であり、私という人間に対する最大の理解者であるパートナー伊藤睦に本書を贈りたい。

　本書の出版にあたっては、現代人文社の成澤壽信社長と木村暢恵氏に大変お世話になった。出版事情の厳しい折、本書のテーマの意義を認めて出版を勧めてくださった両氏に深く感謝申し上げる。

　　2006年12月　富士山を眺める研究室にて

　　　　　　　　　　　　　　　　　　　　　　　　　渕野貴生

適正な刑事手続の保障とマスメディア

目　次

はしがき …… 2

序　章◇問題関心

第1節　問題の所在 …… 18
1. 適正手続保障の観点からの検討の必要性 …… 18
2. 裁判員制度との関係 …… 20
3. 例証(1)──オウム報道の検証 …… 21
   (1) 報道の偏頗性　22
   (2) 顔写真・連行写真　22
   (3) 捜査・訴追活動に対する姿勢　23
   (4) 被疑者・被告人側の言い分報道　23
   (5) 適正手続を受ける権利の侵害のおそれ　24
4. 例証(2)──重大事件の弁護人に対する聴き取り調査 …… 25
   (1) 聴き取り調査結果　25
   (2) 文献調査　27
   (3) 課題の実在　28

第2節　従来の議論の到達点 …… 28
1. 犯罪報道による報道被害問題の顕在化 …… 28
2. 犯罪報道と人権問題の理論的・実証的把握 …… 29
3. マスメディア側の対応 …… 31
4. 残された問題点と本書の課題 …… 32

第1部　アメリカにおける「公正な裁判と表現の自由」論の展開

第1章◇予断発生後の事後的救済

第1節　予断法理の確立 …… 42
1. 予断法理への胎動 …… 42
2. 現実的予断法理の採用 …… 43

3. 本来的予断法理の採用 …… 45
第2節　予断法理の適用基準 …… 46
　　1. 公判前報道 …… 46
　　2. 公判のテレビ中継 …… 48
　　3. 小括 …… 51

第2章◇予断発生の防止論と報道の自由

第1節　Sheppard 判決 …… 54
　　1. 予断発生防止論への展開 …… 54
　　2. 予断発生防止手段の具体化 …… 55

第2節　Nebraska Press 協会判決──事前抑制の可否 …… 56
　　1. 事案 …… 56
　　2. 法廷意見 …… 57
　　3. 補足意見 …… 58

第3節　アメリカ法律家協会（ABA）の対応 …… 59
　　1. 刑事裁判基準の策定 …… 59
　　2. その後の改定 …… 60

第4節　学説における議論 …… 61
　　1. 予断防止手段の是非および有効性 …… 61
　　2. 事前抑制の可否 …… 63
　　3. 表現の自由と公正な裁判との同調論 …… 66

第5節　小括 …… 67

第3章◇手続の公開制限の可否

第1節　手続公開の根拠 …… 72
　　1. 修正6条の権利内容 ── Gannett 新聞社判決 …… 72
　　2. 修正1条と裁判公開(1) ── Richmond 新聞社判決 …… 74
　　3. 修正1条と裁判公開(2) ── Globe 新聞社判決 …… 76
　　4. ABA の対応 …… 77

第2節　修正1条による裁判公開の射程 …… 78
　1．Enterprise 出版社判決 I …… 78
　2．Enterprise 出版社判決 II とその後の連邦下級審の対応 …… 79
第3節　修正6条の公開裁判条項の射程 …… 81
　1．Waller 判決 …… 81
　2．裁判公開をめぐる修正1条と修正6条との関係 …… 82

第4章◇手続関係者の情報提供の規制

第1節　Gentile 判決前の連邦下級審の動き …… 84
　1．判例 …… 84
　2．ABA …… 85
第2節　連邦最高裁 Gentile 判決 …… 86
　1．事案 …… 86
　2．判決 …… 87
　3．Gentile 判決後の連邦下級審の対応 …… 88
第3節　学説における議論 …… 90
　1．弁護人の法廷外発言に対する消極説 …… 90
　2．弁護人の法廷外発言に対する積極説 …… 91
　3．検察官の法廷外発言の是非 …… 93
第4節　ABA の対応 …… 94
　1．専門家行動模範規則の改定 …… 94
　2．規則 3.6 …… 94
　3．規則 3.8 ── 検察官の責任 …… 97

第5章◇まとめ

第1節　実証研究 …… 101
　1．予断法理の適用の限定化と実証研究の高まり …… 101
　2．ファインらの実験 …… 102
　3．スチュードベーカーらの実験 …… 104
　4．自白情報の影響力 …… 105

5．前科情報の影響力 …… *106*
　　　6．小括 …… *107*
　第2節　適正手続侵害の構造 …… *109*
　　　1．予断と公平な裁判所による裁判を受ける権利 …… *109*
　　　2．権利侵害の本質 ── 予断発生行為か、予断発生結果か …… *110*
　第3節　適正手続侵害に対する法的対応 …… *111*
　　　1．アメリカのアプローチ …… *111*
　　　2．陪審員に対する働きかけ …… *112*
　　　3．公判の延期 …… *113*
　　　4．裁判地の変更 …… *114*
　　　5．報道機関に対する直接的規制 …… *114*
　　　6．手続関係者による情報提供に対する規制 …… *115*

第2部　ドイツにおける犯罪報道と公正な刑事手続をめぐる議論

第6章◇権利侵害の構造

　第1節　検討方法 …… *120*
　第2節　保護されるべき権利 …… *121*
　　　1．肖像権および匿名を求める権利 …… *121*
　　　　　⑴ 肖像権　*121*
　　　　　⑵ 匿名を求める権利　*122*
　　　2．社会復帰の権利 …… *123*
　　　　　⑴ Lebach事件　*123*
　　　　　⑵ 判決　*124*
　　　　　⑶ 判決の意義 ── 社会復帰権の確立　*125*
　　　3．無罪推定法理の保障 …… *125*
　　　　　⑴ 犯罪報道と無罪推定法理の保障との関係　*125*
　　　　　⑵ 無罪推定法理の保障の「適用」可能性　*127*
　　　4．公正な刑事手続を受ける権利（Recht auf faires Verfahren）…… *128*
　　　　　⑴ 権利侵害の具体化　*128*

(2) 公正な裁判の権利性　*129*
　5. 一般的人格権　……　*130*
　　　(1) 一般的人格権の「侵害」の意味　*130*
　　　(2) 一般的人格権の射程　*132*

第3節　無罪推定法理の保障の意義　……　*133*
　1. 無罪推定法理の保障に抵触する犯罪報道の形態　……　*133*
　2. 無罪推定法理の保障の「侵害」の意味　……　*135*
　3. 保護の方向　……　*136*

第4節　公正な刑事手続を受ける権利の意義　……　*138*
　1. 公正な刑事手続の保障の権利性　……　*138*
　2. 無罪推定法理の保障との重なり　……　*140*
　3. 社会復帰権との関係　……　*141*
　4. 権利侵害の原因子(1) ── 捜査機関の関与　……　*143*
　　　(1) 予断発生と捜査機関の関わり　*143*
　　　(2) 権利侵害構造における捜査機関の位置付け　*144*
　5. 権利侵害の原因子(2) ── 被疑者・被告人の身元の特定　……　*145*
　　　(1) 実名報道の問題性　*145*
　　　(2) 実名報道と刑事手続上の権利との関係　*146*
　　　(3) 実名報道と報道の自由との関係　*150*
　　　(4) 公正な刑事手続を受ける権利における匿名／実名問題の位置付け　*150*

第5節　私人間効力　……　*152*
　1. 無罪推定法理の保障と間接適用説　……　*152*
　2. 基本権の保護義務論(grundrechtliche Schutzgebotsfunktion)への展開　……　*154*
　3. 基本権保護義務論の意義　……　*155*
　4. 無罪推定法理の保障と基本権保護義務論　……　*157*
　5. 公正な刑事手続を受ける権利と私人間効力論　……　*158*
　　　(1) 私人間効力論における無罪推定法理の保障の意味　*158*
　　　(2) 公正な刑事手続を受ける権利と私人間効力論　*159*

第6節　小括　……　*161*
　1. 犯罪報道をめぐる権利相互の関係　……　*163*
　　　(1) 無罪推定法理の保障と公正な刑事手続の保障との関係　*163*
　　　(2) 社会復帰権と無罪推定法理の保障との関係　*163*
　　　(3) 肖像権・匿名権の位置付け　*164*
　2. ドイツにおける議論の特長──権利侵害の原因論　……　*165*

第7章◇公正な刑事手続を保障する手段

第1節　ドイツ報道評議会（Deutschen Presserat）の対応 …… 171
1. 自主規制基準 …… 171
   (1) 報道綱領　171
   (2) ドイツ報道評議会の勧告に従った編集作業に関する基準　172
2. 評価 …… 173

第2節　連邦政府報告書 …… 174
1. 提言 …… 174
   (1) 刑事手続上の既存の制度の活用　174
   (2) 刑事手続において被疑者・被告人に保障されている権利の活用　176
2. 評価 …… 177

第3節　刑事手続側の対応手段 …… 178
1. 裁判官の忌避 …… 178
   (1) 刑訴法上の要件　178
   (2) 判例の消極的な態度　179
   (3) 学説による判例の支持　180
2. 裁判の場所的・時間的変更 …… 181
3. 参審員の適格性の事前審査 …… 182
4. 職権による弁護人の付与 …… 183
5. 手続への予断の侵入後の対応手段 …… 184
   (1) 手続打切りに対する消極的姿勢　184
   (2) 量刑上の考慮　186

第8章◇予断の発生を防止する手段

第1節　報道の自由との関係 …… 189

第2節　処罰と予防効果 …… 190

第3節　裁判所侮辱罪と報道の自由 …… 192
1. 1962年刑法改正草案 …… 192
2. 連邦政府報告書による批判 …… 192
3. 学説からの批判 …… 193

第4節　民事法上の手段を通じた一般予防 …… *194*
　　1．意義と機能 …… *194*
　　2．限界と問題点 …… *196*
第5節　裁判の非公開 …… *196*
　　1．裁判公開機能の二面性 …… *196*
　　2．裁判の非公開 …… *197*
　　3．裁判公開の方法 —— テレビ・ラジオ放送の是非 …… *198*
　　4．小括 …… *200*

第9章◇手続関係者による情報提供活動の是非

第1節　捜査機関の情報提供活動の規制 …… *203*
　　1．刑事手続および過料手続に関する基準（RiStBV）…… *203*
　　2．捜査機関の情報提供の限界(1) —— 報道法の観点から …… *205*
　　　　(1) NW 州報道法4条1項　　*205*
　　　　(2) NW 州報道法4条2項　　*205*
　　3．捜査機関の情報提供の限界(2) —— 刑事司法政策的観点から …… *206*
　　　　(1) 被疑者追跡目的　　*207*
　　　　(2) 住民への警告目的　　*207*
　　　　(3) 刑事訴訟法上の写真撮影　　*208*
　　　　(4) 同時代史的人物　　*208*
　　4．実務における情報提供活動の展開と限界 …… *209*
　　　　(1) 判例の態度　　*209*
　　　　(2) 捜査機関の広報担当者に対する指示　　*210*
第2節　被疑者・被告人側の情報提供の可能性 …… *210*
　　1．反論権（Gegendarstellungsanspruch）…… *210*
　　2．共同記者会見 …… *212*

第3部 考察

第10章◇権利侵害の構造論

第1節　手続関係者への予断と適正手続を受ける権利 …… 216
  1. 権利侵害の理論的考察 …… 216
  2. 予断の実証性 …… 217
  3. 予断発生のおそれの判断方法 …… 219
     (1) 権利救済の実効性　　219
     (2) 公平な裁判所による裁判を受ける権利の意義　　220
  4. 予断発生による適正手続侵害の構造 …… 222

第2節　無罪推定法理違反の意味 …… 223
  1. 報道と無罪推定法理の保障との関係 …… 223
  2. 適正手続を受ける権利における無罪推定法理の保障の意義 …… 224
  3. 適正手続侵害構造における無罪推定法理の保障の位置付け …… 226
     (1) 公正な裁判所による裁判を受ける権利との共通性　　226
     (2) 権利侵害の判断基準の明確化機能　　226
     (3) 導かれる具体的基準　　227
     (4) 小括　　228

第3節　報道機関に対する適正手続を受ける権利の「適用」…… 229
  1. 適正手続の保障と私人間効力論 …… 229
     (1) 問題の構造　　229
     (2) 私人間効力論の標準型　　230
  2. 公平な裁判所による裁判を受ける権利と私人間効力論 …… 231
     (1) 公平な裁判所による裁判を受ける権利の侵害主体　　231
     (2) 報道規制の法的位置付け　　232
     (3) 国家の義務　　232
     (4) 社会復帰権の侵害 ── 無罪推定法理の保障の侵害のもう1つの意味　　233
     (5) 権利侵害の効果　　233
     (6) 基本権保護義務論からの検証　　234
  3. 弁護人の有効な援助を受ける権利と私人間効力論 …… 235
     (1) 公平な裁判所による裁判を受ける権利の適正手続権上の位置　　235
     (2) 弁護人の援助を受ける権利による検証　　235
     (3) 弁護人の援助を受ける権利と私人間効力論　　237
     (4) 弁護人の援助を受ける権利と基本権保護義務論　　237
  4. 結論 …… 238

第11章◇適正手続を保障する法的手段

第1節　手続打切りとの関係 …… 240
　1．量刑上の考慮の是非 …… 240
　2．手続打切りの必要性 …… 241

第2節　刑事手続側の対応手段 …… 242
　1．予断発生防止手段の検討の必要性 …… 242
　2．予断を有する事実認定者の排除(1)―― 裁判官の場合 …… 243
　3．予断を有する事実認定者の排除(2)―― 裁判員の場合 …… 244
　　(1) 裁判員法における不選任制度　244
　　(2) 不公平な裁判をするおそれの認定基準　245
　　(3) 裁判員候補者に対する質問手続　247
　4．裁判地の変更 …… 249
　5．有効性と射程 …… 250
　　(1) 有効性　250
　　(2) 事件の重大性による限界　251
　　(3) 予断の抽出および予断伝播防止に対する限界　251
　　(4) 適正手続侵害の危険性　252
　　(5) 小括　253

第3節　事前抑制的手法 …… 253
　1．手段選択の基本理念 …… 253
　2．刑事制裁・民事制裁の位置付け …… 254
　3．情報発信型規制と情報入手型規制との関係 …… 254
　　(1) 報道規制の2つのタイプ　254
　　(2) 情報入手型規制が選択される理由　255
　　(3) 表現の自由の制約度　256

第4節　手続関係者の報道関係者に対する情報提供の制限 …… 257
　1．捜査機関による情報提供の規制 …… 257
　2．規制されるべき予断誘発的情報の具体化 …… 259
　3．被疑者・被告人側による情報提供の可否 …… 261
　　(1) 予断中和の可能性　261
　　(2) 予断悪化の危険性　262
　　(3) 防御活動の一類型としての位置付け　263
　4．刑訴法281条の4・281条の5との関係 …… 263
　　(1) 開示証拠の目的外使用禁止と被疑者・被告人による情報提供　263

        (2) 開示証拠の目的外使用禁止規定の趣旨　*264*
        (3) プライバシー保護と防御権との関係　*264*
        (4) 本書の考え方　*266*
第5節　裁判公開制限の妥当性・有効性 …… *267*
    1. 予断防止手段としての位置付け …… *267*
    2. 表現の自由論からのアプローチの問題点 …… *268*
    3. 適正手続権としての公開原則からのアプローチと
       その修正可能性 …… *268*

第12章◇両当事者対等報道

第1節　情報発信型規制の必要性と危険性 …… *276*
第2節　両当事者対等報道モデルの提唱 …… *277*
    1. モデルの基本的枠組み …… *277*
    2. 表現の自由の制約度 …… *278*
    3. 予断排除方法の発想転換と実質的対等報道の必要性 …… *278*
    4. 実質的対等化の内容 …… *280*
        (1) 黙秘権についての正確な理解　*280*
        (2) 「疑わしきは被告人の利益に」原則の組み込み　*280*
        (3) 捜査側情報の伝え方　*281*
        (4) 両当事者対等報道モデルの全体像　*282*
    5. テレビ中継という手法の是非　*282*

むすび …… *284*

適正な刑事手続の保障と
マスメディア

序章 ◇ 問題関心

第1節　問題の所在

■ 1. 適正手続保障の観点からの検討の必要性

　日本においては、新聞をはじめとしたマスメディアの報道のなかで、個別の犯罪に関連する報道にかなりのスペースや時間が割かれている。とりわけ、世間の注目を集める犯罪が発生した場合、報道機関は一斉に、大量かつ集中的な報道を展開するのが常である。そして、その際に取られる報道姿勢は、報道が犯罪発生から被疑者の逮捕を経て起訴に至るまでの間に集中する傾向が強く、その間の情報のほとんどを捜査機関に依存せざるをえないという事情もあって、ともすれば被疑者を犯人として断罪する視点に立ちがちである。また、被疑者を犯人視する結果、被疑者に対する人格的非難を行ったり、被疑者本人のみならず、その周囲の人のプライバシーに該当する事項まで報道する傾向も見られるところである[1]。さらに、交通事故や単純な窃盗などの特に大きな社会的背景もなく、社会的課題としての重要性にも乏しいと思われる日常的な犯罪も、いわゆるベタ記事といわれる形式で連日報道されている。

　もちろん、犯罪対策は社会的病理として社会全体が取り組むべき課題であり、したがって、犯罪に関する事実は、日常的犯罪の場合も含めて、公共性を持った情報であることは否定できない。刑法230条の2第2項が、犯罪行為に関する事実を公共の利害に関する事実とみなしているのは、故なきことではない。しかし、

他方で、ある人が犯罪行為につながりを持っているという情報は、その情報が単なる疑いのレベルであっても、報道された人物に対する強い非難を生じさせ、その結果、報道された人の様々な権利や利益を侵害するおそれを常に内包している。

このように、犯罪報道は、表現の自由や公共的情報についての市民の知る権利と報道される者の名誉やプライバシーをはじめとする様々な権利・利益とが不可避的に衝突する場面である。それぞれの権利・利益は、憲法上の基本的人権であり、簡単に優劣をつけることのできない重要性を有している。両者の衝突状況を解決するのは容易な問題ではない。これまでも、憲法、ジャーナリズム論、刑事法などの関係する各分野から、それぞれの立場を基軸とした主張ならびに解決策の提案がなされてきたが、なお議論は尽きてないといえよう。そのような議論状況において、報道の自由および知る権利をできる限り保障しつつ、報道される者の権利・利益の保護を図る方法を探究したいというのが、本書の問題関心である。

とはいえ、犯罪報道が影響を与える権利・利益は多岐にわたり、関連する問題全てについて網羅的に検討することは、不可能であるばかりか、かえって議論を拡散させてしまうおそれさえある。また、犯罪報道をめぐって議論されている権利・利益のうち、名誉・プライバシーに関しては、刑法230条の2のように直接、解釈の手がかりとなる条文が存在し、判例から導き出された権利・利益間の調整ルールもある程度は確立し、判例法理に基づく裁判例も蓄積している状況にある。それに対して、犯罪報道が被疑者・被告人の刑事手続上の権利にどのような影響を及ぼし、そこから生じた問題にどのように対処すべきなのかという側面の検討は、これまで比較的手薄であったように思われる。

そこで、本書は、犯罪報道が引き起こす様々な報道被害のうち、名誉毀損・プライバシー侵害領域に比べて検討が遅れがちであった、被疑者・被告人の適正手続を受ける権利の侵害の側面に焦点を当てて、権利侵害の法的構造を明らかにしたうえで、権利侵害に対する実効的な救済、権利保障のあり方を提起することを課題とする。

なお、本書では、「適正手続を受ける権利」のことを略して「適正手続」と、また「適正手続を受ける権利の保障」あるいは「適正手続を受ける権利の侵害」のことをそれぞれ「適正手続保障」、「適正手続侵害」と表記している場合があることをあらかじめお断りしておく。

■ 2. 裁判員制度との関係

　犯罪報道と被疑者・被告人の適正手続保障をめぐる問題は、裁判員制度導入が間近に迫った現在、ますます重要な課題として認識されつつある。周知のとおり、裁判員制度の具体的制度設計についての検討が行われた司法制度改革推進本部裁判員制度・刑事検討会においても、裁判員・裁判員候補者の偏見防止の観点から報道のあり方が検討の俎上に乗せられた。すなわち、第13回の同検討会に提出された「裁判員制度について」（いわゆる「たたき台」）と題する提案では、8(3)アにおいて「何人も、裁判員、補充裁判員又は裁判員候補者に事件に関する偏見を生ぜしめる行為その他の裁判の公正を妨げるおそれのある行為を行ってはならないものとする」としたうえで、イで特に報道機関を取り上げて、「報道機関は、アの義務を踏まえ、事件に関する報道を行うに当たっては、裁判員、補充裁判員又は裁判員候補者に事件に関する偏見を生ぜしめないように配慮しなければならないものとする」との規定を置くように提案されたのである。

　「たたき台」の提案は、その後、第28回の検討会で出された「考えられる裁判員制度の概要について」（いわゆる「座長ペーパー」）では、検討会において「たたき台」のような定めを置くのが相当であるとの意見とともに報道機関の自主規制に委ねるべきだとする意見も出されたこと、報道の自由や国民の知る権利の保障に関わる微妙かつ重要な問題であること、報道機関による自主ルールの策定が進められている状況が報告されていることといった状況を踏まえて「さらに検討するものとする」とされ、結局、司法制度改革推進本部事務局が最終的に作成した「裁判員制度の概要について（骨格案）」には盛り込まれなかったが、とりわけ裁判員裁判を念頭に置いたとき、犯罪報道のあり方が適正な刑事手続の実現との関係で問題とされうることは、検討会における議論の経過を見てももはや明らかであるといわなければならない[2]。

　本書もまた、裁判員制度を意識し、同制度導入に伴う数多くの問題のなかの1つの側面に対する解決方法の提示をも狙っていることは否定すべくもない。しかし他方で、本書は、適正な刑事手続の実現との関係で現在の犯罪報道が抱えている法的な問題は、裁判員裁判の場合にだけ顕在化するのではないと考える。確かに、報道が裁判員に与える予断と事実認定への影響の問題は、問題のありかを分かりやすく私たちに提示してくれるものではある。しかし、犯罪報道と被疑者・被

告人の適正手続保障との抵触問題は、裁判員制度の導入に伴ってはじめて生じる問題ではない。適正手続侵害は、職業裁判官による裁判のもとでも起こりうるし、後述するとおり、実際に起こってきたといえよう。その意味で、本書で扱うテーマは、刑事手続に遍在している課題なのであり、本書も、必要に応じて裁判員制度との関係について言及しつつも、基本的には、裁判員裁判であるか否かを問わず、全ての刑事裁判に共通する問題と位置付けて検討を進めていくこととしたい。

ただ、そうはいっても、犯罪報道と適正手続保障との関係性については、従来、刑事訴訟法上の典型論点とは認識されがたかったことは事実であろう。したがって、まずは、犯罪報道と被疑者・被告人の適正手続保障をめぐる問題が、普遍的な広がりを持つものであることを確認しておく必要があるだろう。そこで、以下では、法的検討に先立ち、個別の事案で実際に行われた報道や、報道が集中した刑事事件に関わった関係者の体験などを手がかりにして、とりわけ大規模な事件で行われるセンセーショナルな犯罪報道が被疑者・被告人の適正手続を受ける権利の保障に侵害をもたらす現実的な危険を有していることを明らかにしておくこととする。

■ 3. 例証(1) ── オウム報道の検証

近年において、センセーショナルな犯罪報道が被疑者・被告人の適正手続を受ける権利の保障に対して悪影響を及ぼすのではないかと懸念された最も典型的な事例は、いわゆるオウム真理教(現アレフ)関連事件の報道であろう。1995年3月に目黒公証人役場事務長逮捕・監禁容疑に基づくオウム真理教施設に対する強制捜査が開始されてから、マスメディアは、オウム真理教信者が行ったとされる一連の事件に関して、大規模かつ継続的な報道を行った[3]。教団施設に対する捜索の様子や麻原被告人[4]の逮捕・護送の一部始終がテレビで中継され、新聞は連日オウム事件を中心に紙面を構成した[5]。また、その後も、麻原被告人の弁護人選任問題など、関連する事件が続発したこともあり、大量の報道が続けられた。そして、起訴後の裁判報道も活発に行われ、とくに麻原被告人の裁判については、公判が開かれるごとに公判の内容のみならず、被告人の様子にも焦点を当てて詳細に報道され続けた[6]。そして、これらの一連の報道は、以下、具体的に列挙するところから明らかなように、大規模事件に典型的に表れる報道の特徴をほぼ全て網羅しているといっても過言ではなかった。

(1) 報道の偏頗性

　報道界は、1989年の被疑者に対する「容疑者」呼称付け報道に始まる一連の犯罪報道改革の流れのなかで、捜査機関と同じ視点から報道する姿勢や捜査機関を源とする情報を真実であるかのごとく断定的に報道する姿勢を改めようとしていた[7]。しかし、オウム報道では、かかる「報道の客観化」に向けた取り組みは忘れ去られ、捜査・訴追当局と同一の視点から書かれた記事が多くを占めた。たとえば、朝日新聞は、上九一色村の教団施設に対する最初の強制捜査でリン化合物が発見されたことを、その時点では被疑事実となっていない地下鉄サリン事件と関連付け、「同教団が、サリンの生成に関与した疑いが強まった」と報道している[8]。また、その後も、被疑者逮捕を「信徒監禁の中心人物」、「『裏部隊』の行動仕切る」という断定的な見出しとともに伝えるといった報道の仕方が続けられた[9]。そして、検察側が冒頭陳述などで述べた主張をストーリー化した記事や検察側の描く事件像を前提とした解説記事などが書かれているところからも分かるように[10]、訴追側視点からの断定調報道の傾向は、基本的に公判報道においても変化がなかった[11]。

　このような報道姿勢に対しては、多くの論者から、報道が断定的、一方的で「麻原彰晃教祖に対する非難が全て真実であるかのように伝えられた」[12]とか、「オウム真理教団＝殺人集団」という単一の認識からの報道しかなされなかったなど[13]、数々の疑問が提起された。

(2) 顔写真・連行写真

　顔写真・連行写真についても、報道の偏頗性について指摘したところがそのまま当てはまるといえる。報道される側の人権問題の広がりのなか、当時、各報道機関は、顔写真や連行写真の掲載を差し控えつつあった[14]。しかし、オウム報道では、顔写真・連行写真の掲載が相次いだ[15]。たとえば、麻原被告人の逮捕を報じた当日の夕刊では、朝日新聞、毎日新聞など多くの新聞が連行写真を掲載した[16]。また、被疑者のなかには、逮捕の様子が繰り返しテレビで放映された者もいたようである[17]。

　報道機関は、麻原被告人逮捕時の連行写真などに関しては、これらの写真の掲載は、写真掲載を抑制する方針に転換した当初から予定されていた例外の場合にあたると説明するのかもしれない。しかし、オウム関連事件の被疑者の顔写真

を一斉に掲載するなど[18]、抑制方針から逸脱していると評価せざるをえない例もあった。オウム事件における写真の扱い方も、犯罪報道全体の改革の流れに逆行するものであったことは否定できないように思われる[19]。

(3) 捜査・訴追活動に対する姿勢

オウム真理教事件関連の捜査・訴追活動においては、微罪逮捕・起訴、捜索・押収の範囲の妥当性など、少なくとも当該捜査・訴追活動が適正であったかどうかの検討を要するものが多数見られた。とすれば、権力チェックをその重要な役割と自認している報道機関としては、捜査、訴追および公判が果たして適正に行われたのかということについて検証することが必須であったはずである。

しかしながら、捜査・訴追活動の検証を行った報道は、ほとんど見られなかった。わずかに、オウム捜査の再検証を求める毎日新聞の社説[21]および麻原被告人の公判に関して検察側の証拠開示などを要請する朝日新聞の社説[22]などが目に付く程度である。多くの報道が捜査・訴追側と同じ視点に立つことにより、結果的に捜査機関の行動を追認する形になってしまっている。そればかりか、なかには、微罪逮捕が続いている最中に捜査の徹底を促したり[23]、ミランダの会の弁護活動を誤解に基づいて批判するなど[24]、疑問の余地のある捜査を是認したり、捜査活動をチェックしようとする弁護活動を牽制したりしているようにも受け取れる記事さえ見受けられた。「警察からの一方的情報に基づく紙面づくりにより、本来許されるべきでない警察活動をバックアップすることになっている」[25]、「〔警察の〕法規行使の方法に、もっと疑問を提起する論がなされてもよかった」[26]など、報道姿勢に対して厳しい批判が出されたのも当然といえよう[27]。

(4) 被疑者・被告人側の言い分報道

オウム関連事件では、とりわけ捜査の初期の段階においては、オウム真理教側から、捜査側の見解に対する反論や批判が相当活発に行われた。また、事件の重大性から、刑事手続が公判に移ってからも報道が続いたため、公判の内容も詳細に報道されたという特徴を持つ。要するに、オウム関連事件は、被疑者・被告人側の主張を伝える報道を行うために極めて適切な環境が提供された事案であったのである。

しかし、残念ながら、新聞も放送もこの環境を十分に生かしきれなかったとい

わざるをえない。第一に、新聞は、初期にこそ不十分ながらオウム真理教側の反論を伝えていたが[28]、捜査・公判が進展するにつれて次第に反論の掲載を行わなくなった[29]。第二に、放送も同様に、「オウムの宣伝の場になる」という理由でオウム真理教側に主張させる機会を与えなくなった。第三に、反論の伝え方にも問題があった。というのは、マスメディアは、教団断罪という報道全体のフレームのなかで、オウム真理教の反論を教団を追及する側の攻撃材料として、あるいは捜査側の主張の正当性を印象付けるための材料としてしか用いなかったからである。要するに、被疑者側の言い分は、その直後に流される捜査側情報による打ち消しという枠組みでしか伝えられなかったのである[30]。

(5) 適正手続を受ける権利の侵害のおそれ

以上のような特徴を持つオウム報道は、総じて、各報道機関が相次いで被疑者に「容疑者」呼称を付けて報道し始めた1989年以前の状態に戻ってしまったといえるのではなかろうか[31]。もちろん、オウム報道でも「容疑者」や「被告」といった呼称は付されて報道された。しかしながら、「法的には、有罪判決確定までは無罪と推定される」[32]、「被疑者の人権への配慮」[33]などの容疑者呼称付け報道を行う意義ないし背景にある理念が、果たしてオウム報道においても貫かれていたかどうかは疑問である。むしろ、被疑者・被告人は一貫して「オウム＝犯罪者」という図式のもとで報道されたともいえよう。

そして、かかる特徴を持つオウム報道に対しては、事件を担当する弁護士などから、被疑者・被告人の適正手続を受ける権利の保障を危うくするのではないかという懸念が、早くから示されていた[34]。特に麻原被告人の弁護団は、「これまでの裁判報道を見るかぎり、……その多くは、予断と偏見に基づき、被告人の言動をおもしろおかしく扇情的に伝えるものでしかない。真に、事件の真相に迫ろうとする姿勢に乏しいというしかない」と、報道の姿勢を厳しく批判するとともに[35]、裁判所が報道の影響を排して白紙の状態で公判に臨むよう、初公判の意見陳述のときから注意を促すなど、公平な裁判所による裁判を受ける権利の保障が侵害される現実的な危険性を繰り返し指摘していた[36]。また、元信者の弁護人からも、書証の不同意部分を混入させた検察官の要旨陳述（刑事訴訟規則〔以下、刑訴規則〕203条の2）が報道されたことによって「弁護人の主張は『証拠によって』否定されたとの紙面ができた」との批判が出されているし、さらに、下された判決に対し

ても、「オウム＝犯罪者集団、オウム教義＝犯罪思想とのマスコミの論調が、裁判所によって何の審理も経ることもなしに前提『事実』とされ、判決を左右した」との指摘がなされている[37]。

　また、適正手続保障に対する報道の影響の指摘は、裁判所の予断の点以外にも及んでいる。ミランダの会の活動に対する非難が行われたり、無罪主張を行った弁護人が「被告人に反省させない弁護方針」として指弾された例などに表れているように[38]、刑事弁護人として通常の弁護活動を行うことさえ許されないかのような雰囲気が社会全体に醸成された結果、事件の弁護を引き受けた弁護人が悪質な嫌がらせを受けた例さえ報告されているが[39]、かかる雰囲気の醸成や嫌がらせの発生の原因の一端が報道のあり方にあることは否定しがたい[40]。そして、このような状況が弁護人の正当な弁護活動を萎縮させ、被疑者・被告人の防御権行使を困難にする十分な理由となりうることはいうまでもないだろう。

■ 4. 例証(2) ── 重大事件の弁護人に対する聴き取り調査

(1) 聴き取り調査結果

　オウム事件に見られた犯罪報道による被疑者・被告人の適正手続侵害発生の危険性は、同事件に特異な現象ではないように思われる。このような認識がどの程度正確なのかを確かめるために、本書は、2004年から2006年にかけて、犯罪報道による弁護活動や被告人の適正手続保障に対する影響の有無および内容を把握することを目的として、1990年代後半から2000年代前半に発生した世間の耳目を集めたいくつかの重大事件について弁護人からの聴き取り調査を行った。また、あわせて、数人の弁護士の方から事件を特定しない形で犯罪報道が弁護活動や裁判の結果に与える影響について、日ごろの弁護活動のなかでどのように感じているかをお聞きした。このうち、事件を特定して行った件数は5件にとどまるので、本調査結果を安易に一般化することはできないが、限られた数の聴き取りからも、いわゆる重大事件でセンセーショナルな報道が行われた事案では、程度の差はあれ、オウム事件と同じような現象が発生していることが窺えた。

　まず、センセーショナルに報道される事件において、報道のトーンは、しばしば被疑者を犯人視し、被疑者の悪性格を強調するものになりがちであるが、聴き取りに応じていただいた弁護人からも同様の指摘が複数なされた。たとえば、検察

側証人の証言内容はそのまま報道するのに対して、弁護側証人の証言は「あいまいな証言に終始した」という評価つきで報道された、「ふてぶてしい態度」といった評価が加えられていくら説明しても正しく報道されない、意図的に歪曲をしているのではないのだが、弁護人が話したことのうちマスメディアにとって興味のあることだけがつまみ食い的に報道されるので、最も伝えたかったことは報道されなかった、などの指摘がなされた。なかには、黙秘していることを非難・攻撃の材料にされ、取材において、黙秘している理由を話すように迫られた経験を持つ弁護人さえいた。

　そして、センセーショナルな報道が先行し、社会的な怒りの感情が被疑者に集中している状況では弁護人を受任すること自体を躊躇せざるをえない、という指摘がなされた。とりわけ、受任するかどうかを決断する際には、弁護人自身に対する嫌がらせや依頼人離れが起きるだろうかという心配よりも、弁護人の家族に嫌がらせの矛先が向かうことを懸念したという回答が多かった。一方、実際に受任した結果あらわれた弁護士業務への影響は、顧客離れよりも、弁護人に取材が殺到して対応に忙殺されるために業務への支障が生じるという形であらわれたようである。いずれにしても、弁護人のスムーズな受任の阻害につながりかねず、被疑者・被告人の弁護人選任権の実効的保障に影響を与える可能性があるといえよう。

　第二に、被疑者・被告人自身が報道から影響を受け、公判において十分な主張をしにくくなったり、自分がどのように報道されるかを気にするあまり、社会におもねった発言をしたりする例があることが明らかになった。

　第三に、証人や被害者が報道から影響を受け、その結果、公判における証言や意見陳述の内容が、真実とは限らないが広く報道された事実に引きずられたのではないか、との疑いを投げかける弁護人もいた。とりわけ、被害者の意見陳述については、量刑事情への部分的な算入を認める立場もあり[41]、また心証形成に事実上少なからずインパクトを与えることは否定しがたいと思われるから、報道における有罪視・犯人視が意見陳述の内容を左右するとすれば、被疑者・被告人の防御権をはじめとする適正手続を受ける権利の保障に与えるダメージは無視しえないといわなければならない。さらに、同様の問題として、報道の影響を受けたと思われる被害者のコメントが報道されることによって事実認定者の心証形成に悪影響を与えたのではないか、との懸念を表明した弁護人もいた。

　第四に、警察が取調べの状況をリークし、その内容が裏付けも取られないまま報道され、今度は、警察がそのような不確かな情報が報道された新聞記事等を被

疑者に見せて供述を迫るという、一種の偽計的取調べや切り違え尋問をしているとの指摘が複数の弁護人からなされた。かかる事象の中心論点は、いうまでもなく捜査機関の違法な取調べの問題であるが、報道も偽計的働きかけをより真実らしく装わせるための小道具として利用されることにより、適正手続侵害に間接的に力を貸していると見ることもできる。

　一方、裁判所の態度や訴訟指揮については、多くの弁護人が、傍聴人やマスメディアの目を意識してか、通常の事件どおりか、むしろ一層慎重に行われ、公正さの外観は保たれていたと答えた。このような裁判所の対応は、適正手続を保障する姿勢として正しく評価されるべきである。しかし、問題は、そのような裁判所の心構えと、報道や社会的雰囲気による影響を心証形成にあたって実際に遮断することができたかどうかという結果とが必ずしも直接結び付かないおそれがあるということである。実際、公正な訴訟指揮だったとの感想を寄せた弁護人が、他方で、判決結果に対しては社会的雰囲気に影響されていたとの不満を漏らした例も見られたところであり、裁判所の訴訟指揮や態度のみから公平な裁判所による裁判を受ける権利の侵害の有無を即断するのは必ずしも適切であるとは思われないのである。

(2)　文献調査

　犯罪報道が原因となって、結果的に被疑者・被告人の適正手続を受ける権利の侵害が発生するという状況は、弁護士グループが以前に行った調査によっても裏付けられている。青年法律家協会が、「犯罪報道と弁護士活動」と題して弁護人に対して行ったアンケート調査がそれである[42]。この調査は、1,000通のアンケートが発送されたのに対して回答数は58通であり、回答率は芳しいとはいえない。調査者自身も「統計的な価値については多少の疑問も残る」ことを認めている。しかし、その点を割り引いても、「犯罪報道が刑事弁護活動に与えた影響」という質問項目について、何の影響もなかったとする回答数が9通であったのに対して、合計18通（複数回答あり）が、「裁判官が偏見を持っているように感じた」、「証人に協力を得られなくなるなど立証活動が難しくなった」など、被疑者・被告人の適正手続を受ける権利の保障に何らかの悪影響があったことを指摘したことの重要性は無視できないであろう。

　さらに、個別の弁護人から、弁護活動の経験に基づいて、たとえば、量刑につ

いて有名事件の刑期は無名事件の刑期よりも概して重いように思われ、事案が同じように見えても報道において著名な事件になると被告人は不利な立場に立つとか[43]、報道によって予断を抱いた被害者の供述が裁判官の犯罪事実の認定に大きな影響を与え、真実究明を困難にした[44]などの指摘がなされていることをあわせて評価するならば、犯罪報道によって被疑者・被告人の適正手続を受ける権利が侵害される現実の危険性が存在することは否定できないのではなかろうか。

(3) 課題の実在

確かに、以上で試みた事例検討および聴き取り調査は、数としては必ずしも多くなく、今後も事例研究や聴き取り調査を積み重ねて、犯罪報道が被疑者・被告人の適正手続保障に対して具体的にどのような、またどの程度の影響を与えるものなのかについて、実証的な把握に努めていく必要がある。しかし、限られた検討・聴き取りからも、センセーショナルな犯罪報道が原因で、被疑者・被告人に対して適正手続を受ける権利を保障することができないという深刻な事態を招きかねない事案が現実に存在することは明らかになったように思われる。

それでは、このような犯罪報道を原因とする適正手続侵害問題に対して、学説や報道界は、どのような認識に立ち、いかなる議論、対応を行ってきたのだろうか。以下では、報道被害の実態把握と犯罪報道が有する法的問題をめぐる議論の発展史を簡単に振り返ることによって、現段階におけるこの問題に対する到達点を確認し、本書において取り組むべき課題を一層明らかにしたい。

第2節　従来の議論の到達点

■ 1.　犯罪報道による報道被害問題の顕在化

犯罪報道によって発生する利益侵害や権利侵害の実態は、1970年代以降、徐々に顕在化し、社会問題として取り上げられるようになった[45]。たとえば、1971年には、日本弁護士連合会（以下、日弁連）人権擁護委員会が、いわゆる3億円事件に関する報道について、マスメディアの報道による人権侵害があったとして、被疑

者の人権に最大限の配慮を行うように報道機関に勧告するという出来事が起こっている[46]。そして、1970年代後半から1980年代前半にかけて公表された2つの文献によって、報道による人権侵害、報道被害の問題は一気に顕在化し、ジャーナリストや法律家に広く知られるところとなった。

　1つは、1976年に日弁連が公表した『人権と報道』である。このなかでは、不当な犯罪報道が被疑者および関係者に回復不可能な損害を与えていることが指摘され、さらに「裁判というものに数々の不当な影響を及ぼし、司法制度のあり方にまで影響する可能性をはらんでいる」として、刑事手続に与える影響にまで踏み込んだ記述がなされている[47]。そして、改善策として、犯罪報道を原則として犯罪事実の報道にとどめること、弁護人に取材すること、記者の指導・教育の徹底を図ることなどが提案された[48]。

　犯罪報道による報道被害の実態を詳細に明らかにし、この問題が人権上看過できない問題であるとの認識を決定付けたのが、当時共同通信社の現役記者であった浅野健一が公表した『犯罪報道の犯罪』である[49]。そのなかで浅野は、具体的な事件に基づいて犯罪報道が報道される者やその周囲の人の権利を侵害していることを告発し、警察が逮捕しただけで犯人扱いして社会的に回復不可能なダメージを与えている報道の現状を厳しく批判した。そして、このような現状を改善する方法として、いわゆる権力犯罪を除いて被疑者・被告人の実名を公表しないこと（匿名報道主義）、報道界が自主的に人権侵害的報道を規制するルールを作り、報道評議会という各報道機関を通じて横断的に組織される被害救済機関を設置して日常的に報道をチェックし、ルール違反をしたメディアに対して指導、警告、謝罪文の公表などの被害回復措置を命じる制度を作ること（自主規制、自主救済制度）を提唱した。

■ 2. 犯罪報道と人権問題の理論的・実証的把握

　この2つの文献が契機となり、「犯罪報道と人権」問題は、社会問題として認知されるようになった[50]。とくに、『犯罪報道の犯罪』は、現役記者の「内部告発」であったことや、当時、少なくとも報道界においては正当性が全く疑われていなかった実名報道に対して正面から疑問を投げかける衝撃的な内容であったことから、ますます活発な議論を触発することとなった。

第一に、犯罪報道のあり方が理論的にも、また実際にも問題を含んでいることが、さらに明らかにされた[51]。理論的な観点からは、たとえば、平川宗信は、報道の内容ごとに侵害される権利を分析し、犯罪報道には、誤報による名誉毀損・プライバシー権侵害、行き過ぎた報道による名誉毀損・プライバシー権侵害、実名報道による名誉毀損・プライバシー権侵害、実名報道による社会復帰の権利の侵害、刑事手続上の権利侵害といった様々な人権侵害を生じさせるおそれがあることを指摘した[52]。また、横山晃一郎は、「日本の犯罪報道は、被疑者と会い、その言い分を聴くことは殆どなく、警察発表の問題点を共同の場＝記者会見の場で徹底的に問い糺すこともなく、捜査官宅への『夜討ち朝駆け』という個人的かつ隠微な方法でリークされた警察情報を、記者の想像力でふくらませ、それを犯罪『事実』のレポート、ペーパー・トライアルの証拠、有罪証拠としてきた」と述べて、「犯罪報道の犯罪性」、「問題性」を鋭く批判したうえで、とりわけ実名報道について、国民による国政（刑事政策）決定のために必要な情報ではなく、かえって被疑者・被告人の名誉を傷つけ、無罪推定原則に立つ刑事裁判制度の否認につながるとして、その法的問題点を鋭く指摘した[53]。さらに田中輝和も日本の犯罪報道の問題点として、捜査当局の発表を主たる根拠に被疑者を「犯人」ないし「有力容疑者」として扱い、証拠についての捜査当局側の発表を一方的に信用する点などを指摘したうえで[54]、このような警察依存型報道と被疑者・被告人の適正手続を受ける権利との関係を考察し、適正手続を受ける権利が誤った有罪認定を阻止しようとする役割を持っている以上、「報道機関もまた被疑者がこの権利を行使し終わらないうちに被疑者を犯人視すべきではない」という意味で報道機関は無罪推定法理および証拠裁判主義に対する尊重・配慮をする必要があると論じた[55]。

　第二に、各地で、犯罪報道によって報道された者やその周囲の人が実際にどのような不利益や権利侵害を受けたかを明らかにするための実態調査が行われるようになった。それぞれの調査結果からは、転職や転居を余儀なくされた、子どもがいじめを受けた、嫌がらせ電話・手紙の被害にあったなどの深刻な被害の実態が明らかになった[56]。また、弁護士に対する調査においても、立証活動が困難になったなどの悪影響があったことが報告されている[57]。さらに、報道された者自身が、自己が報道されたことによって受けた不利益について語ることも行われ始めた[58]。

　第三に、人権と報道・連絡会（1985年発足）をはじめ、マスメディアの報道による人権侵害を防止するための活動を目的とする市民団体が全国各地にあいついで

作られ、市民の間にも次第に、犯罪報道が報道された者に深刻な被害をもたらしかねないという問題点を抱えていることが共有されるようになった。

■ 3. マスメディア側の対応

　以上のような経緯で明らかになった報道被害の実態および報道のあり方への批判や問題提起に対して、マスメディアも手をこまねいていたわけではない。既に新聞界は、1946年に制定した「新聞倫理綱領」において、「報道、評論の限界」として、「人に関する批評は、その人の面前において直接語りうる限度にとどむべきである」という基準を明示していた[59]。しかし、この基準は、必ずしも犯罪報道の問題点を意識して作られたものとはいえず、実際にも犯罪報道による権利侵害の発生の防止に効果を有していたとはいいがたい。

　他方、1970年代に犯罪報道と人権問題が顕在化して以降は、犯罪報道のあり方を直接見直し、改善を模索する動きが徐々に出てくるようになった。まず、1980年代はじめに、いくつかの新聞社・通信社が編集のガイドラインや記事基準集をまとめ、記載基準などの統一化を図った[60]。また、従前は被疑者は逮捕されると「呼び捨て」で報道されていたが、1984年にNHKおよびフジサンケイグループが[61]、次いで1989年には毎日新聞に引き続いてマスメディア各社が一斉に被疑者の呼び捨てを廃止し、「容疑者」という呼称を付けて報道するようになった[62]。さらに、被疑者本人を特定する情報全般について見直しが進められ、住所表示が簡略化されたり、顔写真や連行写真の使用を一定の事案に限定するといった改革が各社ごとに行われた[63]。

　1980年代後半になると、改革の対象は、被疑者の特定情報だけにとどまらず、事案そのものの情報の出し方や被疑者に対する犯人視の是非の点にまで及んだが、そのなかでも、朝日新聞千葉支局の試みと西日本新聞の改革は特筆に価する。すなわち、前者は、より客観的な表現の実現を目指して、「確定的な要素と、不確定な要素を区別し、不確定要素は断定調を避け」情報源を明らかにするという改革を行い[64]、後者においては、当番弁護士制度が始まったことを受けて、弁護人を通じて被疑者の言い分を取材し報道するという試みが始められたのである[65]。また、報道機関そのものではないが、新聞社で働く記者によって組織されている日本新聞労働組合連合（以下、新聞労連）も、1997年2月、「新聞人の良心宣言」

を採択し、そのなかで、犯罪報道について、被疑者の人権に配慮し、捜査当局の情報に過度に依拠しないようにすること、被疑者側の声にも耳を傾けることなどを記者の行動指針として制定した[66]。

さらに、近年は、たとえば、新聞労連による「報道被害相談窓口」の開設[67]や日本民間放送連盟とNHKが1997年に共同で設置した「放送と人権等権利に関する」委員会（2003年7月より放送倫理・番組向上機構に統合）[68]など、報道被害が起こった場合の相談窓口や救済窓口も設けられるようになってきた。新聞界も、依然として各社横断的な救済機関は設置されていないが、新聞社ごとに「報道と人権」に関する社内組織を作り、委員に第三者を招くなどして、問題のある報道のチェックと権利侵害の救済を試みている[69]。

■ 4. 残された問題点と本書の課題

犯罪報道による権利侵害の救済と報道被害の発生防止に向けて報道関係者、法律学双方から行われている取り組みが一定の成果を挙げていることは、正しく認識しておく必要があろう。しかしながら、現在までのところ、報道関係者の対応も法律学からの検討も、犯罪報道による権利侵害の問題を根本的に解決する方策を提示するところまでは至っておらず、いくつかの問題点を抱えているといわなければならない。

まず、報道機関の改革に向けた動きは、まだ散発的に見られるにすぎず、全体として見れば、犯罪報道改革へ向けた報道側の動きは依然として鈍いと評さざるをえない[70]。また、とりわけ権利侵害に対する救済の枠組みから推察すると、報道による侵害を防止し、救済すべき権利としては、やはり主として名誉・プライバシーを念頭においているように見える。しかも、先にオウム事件報道の実例を検証したところから分かるように、改革方向への流れは、いったん世間の耳目を集める大事件が発生すると断ち切られてしまい、被疑者を犯人として指弾し、プライバシーを徹底的に白日の下に晒すタイプの報道に戻ってしまう。このような逆流現象は、オウム関連事件のみならず、神戸連続児童殺傷事件（1997年）、和歌山毒カレー事件（1998年）、大阪教育大学附属池田小学校事件（2001年）をはじめとして、大事件ではほとんど例外なく見られる現象である。

また、改革当初に有していた意義やインパクトが時間の経過によって薄れてきた

ように思われるものもある。たとえば、容疑者呼称付けは、導入当初は目に見える改革としてインパクトが強かったため、被疑者・被告人に対する無罪推定原則の理念を報道においても活かすという意義付けが読者・視聴者にも伝わりやすかったが、現在、かかる理念と結び付けた形で容疑者呼称を認識している読者等が導入当時と同じくらいの割合でいるかどうかは疑問であるし、報道機関自体がいわば惰性で行っているようにさえ思われなくはない。

　他方、犯罪報道によって引き起こされる権利侵害の救済、防止策をめぐる法的な議論にも、同様に不十分な点があるように思う。すなわち、本書冒頭に指摘したところであるが、法的論点をめぐる議論も、どちらかといえば報道による名誉・プライバシー権侵害の点に集中する傾向があり、その反面として、被疑者・被告人の適正手続を受ける権利の侵害構造を明らかにし、適正手続を保障するための法的対応策を検討する作業が遅れがちになっていることが否めないように思われるのである。

　しかしながら、先にいくつかの実例を検討したところからも明らかになったように、犯罪報道は被疑者・被告人の適正手続保障との関係でも重大な問題を抱えている。とすれば、報道による被疑者・被告人の適正手続を受ける権利の侵害に焦点を当てて、権利侵害の救済および防止に向けた検討を行うことは危急の課題であるといわなければならない。以上のような問題関心に基づき、本書は、①犯罪報道によって被疑者・被告人の適正手続を受ける権利がいかなる点でどのように侵害されるのか、すなわち、報道との関係での被疑者・被告人の適正手続を受ける権利の内容如何、②その権利侵害に対して、報道の自由との関係で、刑事手続上どのような対応が可能でありまた必要なのか、という2つの点の解明を通じて、課題の解決に向けた1つの試論を提示することとしたい。

　これらの課題に取り組むためには、問題全体を概観し、解決すべき個別の論点を析出する必要があるが、そのような検討を行う手がかりとして、本書では、まず、アメリカ法の議論を概観することとしたい。アメリカにおいては、犯罪報道が刑事裁判に影響を与えることがあり、そこから法的な問題が発生することについて早くから意識されて、"Fair Trial and Free Press"という1つのテーマとして確立し、相当の議論の蓄積が見られる。それゆえ、アメリカにおける判例・学説の発展を追うことは、日本における犯罪報道と適正手続問題を考えるうえでも、非常に有益であると思われる。特に、「犯罪報道と適正手続」は、適正手続、裁判公開、表

現・報道の自由、知る権利といった様々な憲法原則が複雑に交錯するテーマであり、それぞれの憲法原則が保障している核心部分を掘り崩すことのないような方法で解決策を探っていく必要があるが、それぞれの基本原則は、アメリカ合衆国憲法上保障されている基本原則と共通している部分が多いことから、他の基本的人権や基本原則との整合性を保ちつつ適切・妥当な解決方法の手がかりを得る点でも、アメリカの議論は大いに参考になるものと推測される。

また、日本において、犯罪報道と被疑者・被告人の適正手続を受ける権利との関係が論じられるときにはしばしば、無罪推定法理の意義が問題となってきた。すなわち、主として刑事法研究者からは、とりわけ刑事手続の初期の段階である捜査手続において被疑者のことをあたかも犯人であるかのように報じる報道のあり方は、少なくとも無罪推定法理の趣旨に反するとの指摘がなされてきた。これに対して、主として報道機関関係者は、無罪推定法理は捜査機関や刑事裁判所を規律する刑事手続上の原則であって、マスメディアには適用すべきではない、と反論してきた。

以上のような無罪推定法理の報道機関への適用ないし準用の可否をめぐる論争は、以下の2つの理論的な問題を背景にしている。1つは、いうまでもなく刑事手続上の人権が私人間に適用されるかという問題であるが、同時に、この論争において各論者は、無罪推定法理によって保障される権利の具体的内容を必ずしも明確にしないまま論じてきたうらみがあるように思われる。たとえば、マスメディアも無罪推定法理を遵守あるいは尊重すべきというときに、名宛人はマスメディアなのか、私人一般なのか、そしてマスメディアを名宛人にしているのだとすれば、私人一般とは異なる特別の義務が課されるのはなぜなのかといった点は必ずしも明確にされていない場合が少なくないように思われる。また、マスメディアが犯罪について報道する際に、被疑者・被告人について具体的にどのような情報を公表し、あるいは描写をしたときに無罪推定法理違反となるのか、という点にも認識のずれがあるように思われる。そして、これらの点について共通の認識がないために、マスメディアの側に、際限なく報道規制がされるのではないかとの疑心暗鬼の念を生じさせ、過剰な反発を招いている側面があるのではないだろうか。

以上の分析が間違っていないとすれば、無罪推定法理の権利内容を確定し、あわせて刑事手続上の私人間適用の可否の問題を解決することが是非とも必要となるが、これらの論点についてはドイツにおいて豊富な議論の蓄積がある。そこで、

本書は、アメリカの検討に続いて、ドイツの検討へと進み、無罪推定法理と犯罪報道との関係をめぐる議論を中心に、関連する議論全体を概観し、犯罪報道による適正手続を受ける権利の侵害の理論的構造の一層緻密な把握と解決方法についてのより広汎な手がかりを得ることとしたい。そして、アメリカおよびドイツの議論から得られる示唆を活かして、第3部で、日本における問題の理論的構造を明らかにし、問題の解決へ向けた法的対応方法を具体的に提言するという本書の最終的な課題に取り組みたい。

　もちろん、他方で、裁判員制度の採用により共通度が増したという側面はあるにしても、陪審制度・参審制度や連邦制をはじめとしてそれぞれの国の刑事法制度や刑事裁判制度の間には無視しえない違いもあり、そのような違いは犯罪報道と適正手続の問題を考えるにあたっても当然、考慮されなければならない。以下では、アメリカおよびドイツの議論のうち、どこまでが日本に妥当し、どこからが日本の状況にそのまま当てはめることができず、修正が必要なのか、またどのような修正を加える必要があるのかという点に注意を払いつつ、彼の地の議論の発展状況を概観していくこととしたい。

1　五十嵐二葉『犯罪報道』（岩波書店、1991年）2頁以下。
2　司法制度改革推進本部裁判員制度・刑事検討会の検討の経緯および資料については、参照、辻裕教『司法制度改革概説6　裁判員法／刑事訴訟法』（商事法務、2005年）。
3　オウム真理教事件に関する報道量について調査したものとして、水野博介＝見城武秀＝辻大介＝橋元良明＝石井健一＝福田充＝森康俊「オウム真理教をめぐるマスコミ報道と都民の意識調査」埼玉大学紀要総合篇31巻2号（1995年）66頁以下。
4　本書では、引用あるいは参照した文献のなかで被告人の実名あるいは通称が既に使用されていること、報道の特徴や権利侵害について明らかにするために、本事案の場合、特にケースを特定する必要があると考えたこと、具体的ケースには報道の特徴や報道被害を明らかにする文脈においてのみ触れていることなどの事情に鑑み、「麻原被告人」という名称を使うこととする。犯罪報道一般につき、本人特定報道をすることに賛成しているわけではないことを念のため付言しておきたい。
5　この時期の取材の経過について、参照、毎日新聞社会部『オウム事件取材全行動』（毎日新聞社、1995年）、共同通信社社会部編『裁かれる教祖』（共同通信社、1997年）。
6　たとえば、毎日新聞社会部編『オウム「教祖」法廷全記録1～8』（現代書館、1997～2004年）など。
7　前田修「事件・事故記事の小改革――朝日新聞千葉支局の試み」新聞研究450号（1989年）156頁以下、西日本新聞社社会部「事件と人権」取材班編『容疑者の言い分――事件

と人権』(西日本新聞社、1993 年) など参照。
8 朝日新聞 1995 年 3 月 23 日付朝刊。
9 朝日新聞 1995 年 4 月 12 日付夕刊。
10 読売新聞 1996 年 6 月 14 日付朝刊、毎日新聞 1996 年 4 月 25 日付朝刊など。
11 公判の過程を客観的かつ忠実に追うものとして、参照、佐木隆三『オウム法廷連続傍聴記』(小学館、1996 年)、同『オウム法廷連続傍聴記 2　麻原出廷』(小学館、1996 年)。
12 飯室勝彦「人権に優劣、軽重はない——オウム・サリン事件、裁判報道に求められること」新聞研究 536 号 (1996 年) 27 頁。
13 玉木明『ニュース報道の言語論』(洋泉社、1996 年) 243 頁。
14 参照、別所宗郎「写真と人権——最近の事例から考える」新聞研究 472 号 (1990 年) 71 頁以下。たとえば、朝日新聞は、1990 年 3 月、顔写真・連行写真の掲載の原則廃止を打ち出した。参照、朝日新聞 1990 年 3 月 11 日付朝刊。
15 顔写真・連行写真掲載の復活を指摘するものとして、参照、小川一「オウム報道をめぐって」法学セミナー 496 号 (1996 年) 70 頁、野川天文「アン・コントロールの日々」現代人文社編集部編『検証！オウム報道』(現代人文社、1995 年) 9 頁。
16 参照、朝日新聞 1995 年 5 月 16 日付夕刊、毎日新聞同日付夕刊、共同通信社社会部・前掲注 5 書・115 頁以下など。
17 参照、田村智＝小松賢壽『麻原おっさん地獄』(朝日新聞社、1996 年) 198 頁以下。
18 参照、読売新聞 1995 年 5 月 17 日付朝刊、東京新聞社会部編『オウム——組織犯罪の謎』(東京新聞出版局、1995 年) 170 頁。
19 麻原被告人の逮捕時連行写真の掲載を「無罪推定」の観点から明確に批判するものとして、参照、北村肇『腐敗したメディア——新聞に再生の道はあるのか』(現代人文社、1996 年) 195 頁。
20 オウム真理教事件の刑事手続上の問題点を指摘するものとして、参照、村井敏邦「刑事手続の原則とは」法学セミナー 494 号 (1996 年) 11 頁以下。
21 毎日新聞 1996 年 8 月 26 日付朝刊。
22 朝日新聞 1996 年 8 月 23 日付朝刊。
23 毎日新聞 1995 年 4 月 15 日付朝刊社説。
24 読売新聞 1995 年 6 月 2 日付朝刊社説。この社説および同年 6 月 1 日に同紙に掲載された同趣旨の投書に対するミランダの会の会員からの反論として、参照、萩原猛「刑事弁護士の職責」法学セミナー 494 号 (1996 年) 35 頁以下。
25 大出良知「オウム関連事件と刑事手続——問われているものは何か」季刊刑事弁護 5 号 (1996 年) 19 頁。
26 小林弘忠『マスコミ vs オウム真理教』(三一書房、1995 年) 50 頁。
27 その他に、捜査・訴追追認型報道を批判するものとして、たとえば参照、飯室勝彦「捜査と報道——その生理と病理 3」捜査研究 538 号 (1996 年) 57 頁以下。
28 朝日新聞 1995 年 3 月 22 日付夕刊、同年 5 月 5 日付朝刊など。
29 新聞研究 529 号 (1995 年) 56 頁以下に収められたパネルディスカッション「犯罪・事件と取材・報道の課題——"オウム事件"の投げかけたもの」において、オウム事件担当デ

スクであった楢崎憲二（読売新聞社会部次長）は、「無批判に彼ら〔オウム真理教側〕の言い分を載せることは、新聞の自殺行為」（66頁）であると述べている。しかし、果たしてオウム真理教事件において、報道機関が同じくらいの抑制的態度をもって捜査機関から提供される情報を取り扱ってきたといえるだろうか。

30 パトリシア・スタインホフ＝伊東良徳『連合赤軍とオウム真理教』（彩流社、1996年）74頁。
31 同様の認識に立つものとして、参照、浅野健一『メディア・ファシズムの時代』（明石書店、1996年）75頁、北村肇・前掲注19書・164頁。
32 毎日新聞1989年11月1日付朝刊。
33 朝日新聞1989年12月1日付朝刊。
34 なお参照、新倉修「刑事法から見たオウム報道」現代人文社編集部編・前掲注15書・34頁。
35 麻原国選弁護団「弁護団の基本方針と刑事裁判のあり方」季刊刑事弁護9号（1997年）19頁。
36 参照、毎日新聞1996年4月25日付朝刊。
37 五十嵐二葉「オウム事件による刑事手続の歪曲」法律時報68巻1号（1996年）22頁。
38 五十嵐二葉「公判報道のゆがみをさらに広げるな」新聞研究537号（1996年）69頁。麻原被告人の弁護団は、1997年4月25日、「いくら一生懸命説明しても弁護団の考え方がきちんと伝えられない」として、公判終了後に定期的に開いていた記者会見を中止した（参照、朝日新聞1997年4月26日付朝刊）。
39 大塚喜一「オウムの国選弁護」季刊刑事弁護6号（1996年）10頁。
40 飯室勝彦・前掲注27論文・60頁。なお、麻原被告人の国選弁護団も、子どもがいじめられる等の理由から、弁護団長と副弁護団長を除いて氏名の公表を差し控えていた。参照、毎日新聞1996年4月24日付夕刊。
41 松尾浩也編著『逐条解説犯罪被害者保護二法』（有斐閣、2001年）114頁〔甲斐行夫＝神村昌通＝飯島泰〕、酒巻匡「犯罪被害者保護等のための新法律」同26頁以下。
42 青年法律家協会・報道と人権分科会実行委員会「犯罪報道と弁護士活動」法学セミナー増刊『犯罪報道の現在』（日本評論社、1990年）335頁以下。
43 竹内誠「弁護人の側から見た刑の量刑の基準」刑法雑誌12巻2＝3＝4号（1962年）229頁。
44 大塚喜一「腸チフス事件と報道」自由と正義30巻2号（1979年）2頁。
45 法的な観点から「犯罪報道と人権」問題をこの時期に取り上げたものとして、参照、芦部信喜＝伊藤正己＝鴨良弼＝佐藤毅＝篠原一「〈座談会〉マスコミをめぐる諸問題──名誉・プライバシー、人権、捜査・裁判と報道、出版妨害」ジュリスト449号（1970年）18頁以下。
46 朝日新聞1971年3月21日付朝刊。
47 日本弁護士連合会編『人権と報道』（日本評論社、1976年）7頁。
48 日本弁護士連合会編・前掲注47書・104頁以下、124頁以下、178頁以下。
49 浅野健一『犯罪報道の犯罪』（学陽書房、1984年）。
50 この時期に犯罪報道の問題性を指摘したものとして、なお参照、上前淳一郎『支店長はなぜ死んだか』（文藝春秋社、1977年）。
51 犯罪報道による権利侵害を公害と捉えるものとして、横本宏「生活問題としての情報被

害──匿名報道をめぐる議論を素材として」国民生活研究 24 巻 4 号（1985 年）74 頁以下。
52 平川宗信「犯罪報道と人権をめぐる諸問題」名古屋大学法政論集 123 号（1988 年）343 頁以下。
53 横山晃一郎「犯罪報道、人権そして『知る権利』」名古屋大学法政論集 109 号（1986 年）296 頁以下。
54 田中輝和「刑事『事件報道』の実態と刑事訴訟法──東北の三大再審無罪事件の場合」東北学院大学論集・法律学 27 号（1985 年）1 頁以下および、同「刑事『事件報道』と刑訴法との関係（覚書）──両者の関係説の提唱、または、それへの賛同」東北学院大学論集・法律学 51 = 52 号（1998 年）45 頁以下。
55 田中輝和「適正手続の保障を受ける権利と捜査報道──警察視点依存報道の法的問題点」梶田英雄判事＝守屋克彦判事退官記念論文集『刑事・少年司法の再生』（現代人文社、2000 年）159 頁以下、とりわけ 165 頁。
56 大出良知「報道被害者アンケート調査報告」静岡大学法経研究 36 巻 2 号（1987 年）69 頁以下、「人権と報道」研究会（仙台）＝東北大学法学部自主ゼミ「人報研」「報道される側の『声』」法学セミナー 427 号（1990 年）116 頁以下、梓澤和幸「報道された側の言い分にみる『事件報道と人権』はいま──事件報道被害者の調査から」法学セミナー増刊『資料集　事件と犯罪報道』（日本評論社、1986 年）226 頁以下。
57 日本弁護士連合会編・前掲注 47 書・89 頁以下、青年法律家協会・報道と人権分科会実行委員会・前掲注 42 論文・335 頁以下。
58 シンポジウム「市民とメディアの接点を求めて　第一部＝報道被害者からの報告」前掲注 42 書・3 頁以下、三浦和義「マスメディアのなかの『私』」法学セミナー増刊『人権と報道を考える』（日本評論社、1988 年）249 頁以下など。なお参照、木部克己『甲山報道にみる犯人視という凶器』（あさを社、1993 年）。
59 日本新聞協会『取材と報道　新聞編集の基準〔改訂 2 版〕』（日本新聞協会、1990 年）13 頁以下。
60 共同通信社「記事を書くための基準集　58 年度版」（1983 年）など。1980 年代の新聞、通信各社の報道基準は、法学セミナー増刊・前掲注 56 書・337 頁以下に掲載されている。
61 NHK と産経新聞の呼び捨て廃止について、参照、山田健太『『報道と人権』『調査報道のあり方と問題点』──第 24 回紙面審査全国懇談会」新聞研究 396 号（1984 年）70 頁以下。
62 参照、毎日新聞 1989 年 11 月 1 日付朝刊、朝日新聞 1989 年 12 月 1 日付朝刊など。
63 実際に、この時期に新聞において犯罪関係の写真が減少傾向にあることを指摘したものとして、別所宗郎・前掲注 14 論文・71 頁以下。
64 前田修・前掲注 7 論文・56 頁以下。
65 西日本新聞社社会部「事件と人権」取材班・前掲注 7 書。
66 新聞労連＝現代ジャーナリズム研究会『新聞人の良心宣言』（新聞労連＝現代ジャーナリズム研究会、1997 年）。
67 参照、朝日新聞 1997 年 10 月 23 日付朝刊。
68 参照、朝日新聞 1997 年 8 月 26 日付朝刊。なお参照、http://www.bpo.gr.jp/

69 たとえば、毎日新聞は、2000年10月、取材・報道による名誉毀損・プライバシー権侵害の訴えや疑いがある場合に問題の解決を図る第三者機関として、社外の有識者を委員とする「開かれた新聞委員会」を設置した。他に、朝日新聞「報道と人権委員会」(2001年1月設置) など。なお、毎日新聞開かれた新聞委員会の活動については、参照、毎日新聞社編『開かれた新聞　新聞と読者の間で』(明石書店、2002年)。
70 新聞各社は、報道基準・報道指針の改訂を重ねているが、犯罪報道の基本的スタイルに抜本的な改革をもたらすには至っていない。たとえば、参照、読売新聞社『新・書かれる立場　書く立場——読売新聞の「報道と人権」』(読売新聞社、1995年)、朝日新聞社「事件の取材と報道」編集委員会『事件の取材と報道』(朝日新聞社、2005年)。

第1部

アメリカにおける
「公正な裁判と表現の自由」論の
展開

第1章 ◇ 予断発生後の事後的救済

第1節　予断法理の確立

■ 1. 予断法理への胎動

　アメリカにおいては、第二次世界大戦後のマスメディアの発達に伴って、1950年代に入ると、刑事手続についての報道が被疑者・被告人に保障されるべき適正手続を侵害するという事態が生じるのではないか、という問題が認識され始めた[1]。そして、その後この問題は、「公正な裁判と報道の自由 (Fair Trial and Free Press)」という刑事手続に関する1つの固有の問題領域になるほど活発な議論の対象となるに至った。

　連邦最高裁は1952年の Stroble v. California 判決[2]において、現代のマスメディアによる報道のもとで公正な裁判をどう保障するかという問題に本格的に直面することとなった[3]。本事案において、上訴人 Stroble は殺人の嫌疑で逮捕されたが、その際に多くの新聞報道がなされた。上訴人は新聞記事のなかで「狼人間」、「悪魔」などと描写され、さらに、逮捕の当日に地区検事局において行った自白の詳細が地区検事の公表を通じて公衆に報道された。裁判の結果、上訴人は第1級殺人罪で有罪判決を受け、死刑を宣告されたが、これに対して上訴人は、逮捕および自白についての新聞報道は、たとえ逮捕および自白から公判の開始までに6週間という期間が経過していたとしても、公正な裁判 (fair trial) の実現を不可能にするほど扇動的な (inflammatory) ものであったがゆえに、適正手続の保障を

欠く手続であったと主張して上訴に及んだ。しかし、本事案では、連邦最高裁は、次のように述べて上訴人の有罪判決を維持した。

> 「我々は、上訴人の逮捕の日に上訴人が行った自白のかなりの詳細を報道機関に公表した地区検事の行動を非難することができるけれども、他方で我々は、その自白の反訳記録（transcript）が4日後の11月21日に裁判所における予備審問（preliminary hearing）で記録に取り入れられたと認定する。したがって、……ともかくもその自白は、その時点で報道機関に利用できるものになっていた」[4]。

> 「彼〔上訴人〕（〔〕内は渕野による補足。以下同じ）は、単に当裁判所がそれらの記事を読み……それらが彼から適正手続を奪ったと宣言することを当裁判所に求めた。少なくとも本件のように、新聞報道が上訴人の公判の始まる約6週間前になされ、かつ何らかの共同体的予断がそのとき存在するか、あるいはともかくも陪審の審議に影響を与えたということを積極的に示すものが何もないという場合には、我々はそうする〔適正手続を奪ったと宣言する〕ことはできない」[5]。

このように、本事案においては、結論として連邦最高裁は、報道を理由とする有罪判決の破棄を認めなかった。しかし、判決の論理からすれば、共同体における予断が陪審員の審議に影響を与えるような場合には適正手続に反すると判断することができるということになる。そして、実際に、1961年のIrvin v. Dowd 判決[6]において連邦最高裁は、報道が陪審員の公平性に影響を与えたことを理由として有罪判決を破棄することとなった。

■ 2. 現実的予断法理の採用

インディアナ州で発生した6件の連続殺人事件に関連して、上訴人Irvinは新聞、ラジオ、テレビによる大量の報道に晒された。報道機関は彼の自白や前科を含む経歴を報道し、彼が仮釈放の遵守事項の違反者であると非難した。多くの記事で上訴人は「6人についての明白な殺人者」と評された。このため弁護人は3回の裁判地の変更（change of venue）と8回の公判の延期（coutinuance）の申立を行っ

たが、隣接するカウンティへの裁判地の変更が1度認められたのみで、その他の申立は全て却下された。その後行われた刑事裁判の結果、上訴人は有罪判決を受けた。連邦最高裁は、裁量上訴を認めた。

クラーク裁判官執筆の法廷意見は、まず一般論として、陪審裁判を求める権利は刑事被告人に対して公平（impartial）で冷静な（indifferent）陪審員からなる陪審による公正な裁判を保障しているが、しかしながらマスメディアの最近の発達等を考慮すると、陪審員が事件に関する事実と論点について完全に知らないでいることは必要ではなく、そのような知識を持っていたとしても、陪審員が自ら自己の受けた印象や意見を無視することができ、公判で提出された証拠に基づいて評決を出すことが可能であればそれで十分であると述べた[7]。しかし、法廷意見は以上の一般論に続けて本事案の検討を行い、以下のように述べてIrvinの有罪判決を破棄した。

すなわち、本事案における「継続的で敵意に満ちた（adverse）報道が持続的な興奮を引き起こし、〔公判が行われた〕Gibsonカウンティの人々の間に存在した強い予断を助長したことは否定しがたい」[8]。実際、陪審員選択手続（voir dire）の結果、上訴人の罪責についての意見を持っているかどうか質問された者の9割が何らかの有罪方向の予断を抱いていたことが明らかになり、裁判所は430人の陪審員候補者のうち268人をこのことを理由に忌避（challenge for cause）していた。しかも、実際に選ばれた「12人〔の陪審員〕のうち8人は、上訴人が有罪であると考えていた」[9]。さらに、「いったん形成された意見に潜む影響は非常にしつこいので、無意識のうちに平均人の思考過程からの分離に抵抗する」ため、各々の陪審員が「自分は上訴人に対して公正かつ公平である」と誠実に述べたとしても、「これほど多くの人が何度も予断を認めた場合には、公平であるという主張はほとんど価値を持たない」[10]。このような状況において、「上訴人が、公衆の激情の巨大な波（wave of public passion）によって混乱させられない雰囲気のなかで裁判を受けるべきであり、陪審員の3分の2が法廷での証言を聞く前に被告人が有罪であるとの意見を有しているような陪審ではない陪審によって審理されるべきであるというのは、過大な要求ではない」[11]。

■ 3. 本来的予断法理の採用

このようにIrvin判決において連邦最高裁は、「現実的予断(actual prejudice)」法理を採用し、陪審員の具体的な予断が立証されたとして有罪判決を破棄したが[12]、2年後のRideau v. Louisiana判決[13]に至って連邦最高裁は、「本来的予断(inherent prejudice)」を根拠として有罪判決を破棄することがありうると認めた。

Rideau判決の事案は、拘置所における上訴人Rideauと保安官との「面談」が撮影され、その映像が3回にわたってテレビで放映されたというものであった。放映された映像には、保安官による取調べに応じて上訴人が銀行強盗、誘拐および殺人を犯したとする事実を承認する様子が含まれていた。弁護人は裁判地の変更を申し立てたが、事実審裁判所は申立を斥け、上訴人に有罪判決を下した。しかし、スチュワート裁判官執筆の法廷意見は次のように述べて、有罪判決を支持したルイジアナ州最高裁判決を破棄した。

> 「……我々は、Rideauが後に彼が起訴されることとなる犯罪についての詳細を個人的に自白している光景に、〔公判が行われた〕Calcasieu Parishの人々が繰り返し徹底的に晒されたのちに、〔裁判所が〕裁判地の変更の要求を拒否したことは、適正手続違反であったと判示する。……そのような光景にそれほど大規模に晒された地域においては、その後のいかなる裁判手続もうわべだけの形式(hollow formality)以外のものではありえないだろう」[14]。

> 「……我々は、陪審構成員の陪審員選択手続の際の個々の反訳記録を振り返って調べることなく、本件における適正手続は、放映されたRideauの『面談』を視聴しなかった人々から構成される地域から選び出された陪審の前での裁判を要求すると判示する」[15]。

個々の陪審員の予断の有無や程度を調べることなく有罪判決を破棄するというRideau判決で採用された「本来的予断」の法理は、その後、陪審員の予断を理由として有罪判決の破棄を求める事案において、連邦最高裁によって一貫して考慮される原理として確立することとなった。したがって、Irvin、Rideau両判決以降は、論点は、犯罪報道を理由とした有罪判決の破棄が認められるか否かという点から、

その点については認められることを前提として、当該事案で行われた報道との関係で「本来的予断」あるいは「現実的予断」があったといえるかどうかという点に移ったと見ることができるだろう。

第2節　予断法理の適用基準

■ 1.　公判前報道

　連邦最高裁は、Rideau判決以降も報道によって生じる陪審員の予断に関する事例をいくつか扱っている。
　まず、Rideau事件で問題となった公判前報道（pretrial publicity）に関しては、1975年のMurphy v. Florida事件[16]において再び争点とされた。
　Murphy判決は、次のような事案であった。強盗を犯したとして逮捕された上訴人Murphyは、以前にニューヨーク美術館のサファイア窃盗事件等で有罪を宣告されるなどして、本事案発生前から報道の対象とされていたため、本事案が発生すると、やはり公判前に大規模な報道を受けることとなった。上訴人は、陪審員が上訴人が以前の窃盗あるいは殺人事件について有罪を宣告されたことがあると知っているということを理由にして、選ばれた陪審員を解任するよう求め、さらに予断に満ちた公判前報道を理由とする裁判地の変更を求める申立を行ったが、いずれの申立も拒否され、有罪判決を受けた。連邦最高裁は、上訴人から求められた人身保護令状による救済について裁量上訴を認めたが、結論としては、次のように述べて、上訴人の訴えを斥ける判断を下した。

>　「……地方裁判所は、上訴人に関する新聞記事はほとんど全て1967年12月から1969年1月までの間に現れ、後者の日付は本件における陪審が選択される7カ月前であったと認定した。そのうえ、それらは大部分、本質的に事実に関するものであった」。
>　「本事案の場合、質問された78人のうち20人〔だけ〕が、上訴人に対して有罪の意見を持っていると述べた」。

「要するに我々は、本件で提出された状況においては、上訴人は公正な裁判を受けなかったと結論付けることはできない。上訴人は裁判の環境が本来的に予断に満ちていたということ、あるいは彼が不満を述べている陪審員選択手続は現実の予断の推論を許すものであるということの証明を怠った」[17]。

1984 年の Patton v. Yount 判決 [18] も、公判前報道への予断法理の適用が争われた事案である。事案は、以下のような経過を辿った。被上訴人 Yount は、1966 年に発生した殺人事件の犯人であるとして事件の翌日警察に出頭した。Yount に対する大規模かつ敵意に満ちた報道が行われ、報道に触発された公衆の激怒の感情が地域に充満し、報道と怒りの感情は公判の始まる前に最高潮に達した。事実審裁判所は Yount に対して、第 1 級殺人罪および強盗罪の罪で有罪判決を下したが、この判決は、警察が Yount が自白する前に彼に対して弁護人を求める権利を十分に告知しなかったことを理由に州最高裁によって破棄され、新たな公判のために差し戻された。

差戻し後の公判は 1 回目の公判から 4 年も経過した 1970 年になって行われ、まず、陪審員選択手続が行われた。その際には予断に満ちた報道は著しく減少していた。Yount は、地域に広まった予断に満ちた情報が陪審員候補者の心から拭い去られていないと主張して裁判地の変更を申し立てたが、拒否された。2 回目の公判でも陪審は彼に対して再び有罪判決を下したため、Yount は人身保護令状を求める申立を提出した。この申立は連邦控訴審で認められたため州側が上訴し、この上訴を認めたのが本判決である。

法廷意見は、2 回目の公判のための陪審員の選択が 1 回目の公判の 4 年後に行われ、しかもそのときには予断に満ちた報道は非常に少なくなり、共同体の心情は穏やかになっていたという事情に鑑みると、「陪審が全体として公平であると認定した際に事実審裁判所は明白な誤りを犯さなかった」し、「陪審員選択手続での証言および報道に関する記録は全体として、選び出された陪審による公正な裁判を実現の見込みのないものにしてしまうであろう『公衆の感情の波』を明らかにしていない」と判示した。さらに、陪審員個人の現実的予断に関しても、陪審員がその資格を失わせるような意見を持っているか否かという問題は事実問題であるから、州の裁判所の事実認定は正確であるとの推定が働くという一般論を適用したうえで、理由つき忌避が求められた「陪審員の証言における曖昧さは、事実審裁判所の認定に

当然与えられる正確性の推定を覆すには不十分である」と結論付け[19]、結局、人身保護令状の申立を認めた控訴審判決を破棄したのである。

■ 2. 公判のテレビ中継

　他方、公判前報道とは場面を異にし、公判の模様を取材し、報道する場面について、公判をテレビ放映することが陪審員の予断を招来するかどうかが争点となった一連の事例群がある。

　この点が最初に争われたのは、1965年のEstes v. Texas判決[20]である。本事案は公判前からマスメディアの注目を集め、実際に公判が始まるとテレビ局およびラジオ局が法廷内に入り込んで公判を中継しようとした。そのため弁護人は、裁判開始時に、テレビおよびラジオの放送と報道写真の撮影の中止を求める申立と公判の延期を求める申立を行った。裁判所は後者のみを認めたが、皮肉なことに、これらの申立に対する審理自体が、テレビおよびラジオによって生放送され、報道写真の撮影も無制限に許されるという状況下で行われた。

　以上の状況について、連邦最高裁は、「48の州と連邦規則は、法廷においてはテレビの使用は不適切であると考えてきた。この事実がテレビの使用を許すいかなる手続の変革もこの分野における適正手続についての我々の考え方と矛盾するであろうという結論を最も効果的に支えるであろう」と述べて、本事案においては裁判手続への現実的影響の有無を検討するまでもなく予断が本来的に存在するとの理由で有罪判決を破棄するという準則が適用されるべきであるのは明らかであると結論付けた[21]。また、ウォーレン裁判長（ダグラス、ゴルドバーグ裁判官同調）も補足意見で次のように述べて、法廷意見の主張を確認している。

> 　「私は、本事案における上訴人は、これらの手続の遂行〔裁判のテレビ放映〕によって自分が現実に予断を受けたということを明らかにしたと考えるが、しかし私は、『現実的予断』が証明された場合に限ってテレビ放映された裁判は被告人から公正な裁判を奪うとする立場に賛成することはできない。テレビから受ける予断は非常に理解しにくいので、通常の方法の証明では明らかにされないことがありうるが、それ〔を設置すること〕は次第に、裁判についての我々の基本的な概念を侵蝕するであろう」[22]。

このようにEstes判決が、裁判のテレビ放映という形態での報道に対しても「本来的予断」、「現実的予断」の２つの法理がセットで適用されることを明らかにしたことで、２つの予断法理が犯罪報道による適正手続侵害の有無を判断する一般的基準として確立したことは一層明確になったといえよう。しかし、他方で、Estes判決は、判示の及ぶ射程については、重大な疑問を残した。すなわち、同判決が、裁判のテレビ放映という報道形態は、常に本来的予断を引き起こすと判示したのか、それとも本事案のような状況の下でのテレビ放映に限って本来的予断法理を適用したのか（つまり事例判断だったのか）が、判示からは一義的に確定できなかったのである[23]。

　本来的予断法理はあくまで個々の事案の具体的な報道状況と照らし合わせて、アドホックに適用されていくものなのか、それとも事案ごとの具体的な報道状況の違いを超えて特定の報道形態には一律に適用される場合があるのかという点は、同法理の適用範囲のみならず基本的性格をも左右する重要なポイントである。しかし、この問題は、公判のテレビ放映が再び問題とされたSheppard v. Maxwell判決[24]でも、解決されないまま積み残された。というのは、Sheppard判決は、裁判がテレビ放映されたという事情のほかに、被告人が自白剤の使用を拒んだり、矛盾した供述をしたことが報道されたことや、１人を除いた全ての陪審員が陪審員選択手続で事件についての報道を視聴したり、読んだりしたと証言したことなど、手続と報道をめぐる「状況全体から判断して」本来的予断法理が適用されると判断したからである[25]。

　しかしながら、1981年のChandler v. Florida事件[26]に至って、テレビ放映という報道形態自体が本来的予断になるか否かという点にも、決着が図られることになった。

　事案は、フロリダ州最高裁が行った電波メディアの裁判取材に関するパイロット計画の評価を反映して修正された実験綱領３A(7)の違憲性をめぐって争われた[27]。同条項は、「ⅰ法廷手続の遂行を規制し、ⅱ節度を保ち、注意の散漫を防止し、ⅲ係属事件における公正な司法を確保する裁判長の権限に常に服することを条件として、当州の上訴裁判所および事実審裁判所における公開の訴訟手続の電波メディアおよび写真取材は、フロリダ州最高裁が公布した行為基準および技術基準に従って許可される」と規定されていたが、住居侵入謀議、重窃盗等の疑いで告

発された上訴人は、公判前の申立において、同条項が文面上あるいは適用上違憲であることを宣言するように求めた。

連邦最高裁は、まず、Estes 判決の射程について解釈を行うことから検討を始めた。最高裁は、Estes 判決において結論を支持するのに必要な第5番目の票を投じたのがハーラン裁判官であったことから、同判決の判断内容を理解するにはハーラン裁判官の意見を分析することが不可欠であるとして、ハーラン意見に焦点を合わせ、同裁判官が「現時点で私は、テレビ放映された裁判は、少なくとも本件のような場合においては、裁判手続の規則正しい進行を妨げる可能性が非常に高いので憲法上禁止されると結論付けることができるのみである」と述べていた点に着目した。そして、Estes 判決について、次のような理解を示した。すなわち、「我々は、Estes 判決は、あらゆる事件および状況において写真、ラジオおよびテレビの〔裁判〕取材を禁じる憲法上の法理を宣言したものと解されるべきではないと結論付ける」[28]。

そのうえで、連邦最高裁は、次に、先例とは関係なく、映像メディアの法廷取材を文面上違憲を宣言すべきかどうかの検討に進み、次のように述べて、この点についても上訴人の主張を否定した。

「公判の放送取材に対する絶対的な憲法上の禁止は、予備審問や公判での出来事についての放送メディアによる予断に満ちた報道によって、有罪、無罪の争点を決定する陪審の能力がいくつかの事件において傷つけられるかもしれないという危険の存在のみを理由にしては、正当化されない」[29]。

Estes 判決について、スチュワート、ホワイト両判事は、同判決は全ての刑事裁判のテレビ放映を禁止する明白違憲の法理を確立したものと解釈すべきであり、したがって、本事案の判決は、Estes 判決を変更したものと理解すべきであると述べるが[30]、いずれにしろ、結論として憲法は全ての刑事裁判のテレビ放送を禁じているわけではないという点では一致しており、Estes 判決以来、曖昧なままにされていた裁判のテレビ放送に対する本来的予断法理の適用方法・基準問題は、本判決において決着がつけられたことになる。

■ 3. 小括

　以上に概観したいくつかの判例から、連邦最高裁は、本来的予断法理および現実的予断法理の適用の可否を判断するにあたって、様々な要素を考慮していることが分かる。

　第一に、本来的予断法理を判断する際に考慮されている要素としては、報道の共同体への浸透度、報道の時期、報道への国家の関与の程度・有無、訴訟において許容されない情報の報道の有無などが挙げられる。とくに、訴訟において許容されない情報の報道のうち、被疑者・被告人の前科、自白、被疑者・被告人の供述拒否の事実、ポリグラフテスト等の結果や被疑者・被告人がそのようなテストを受けることを拒否した事実などは、予断を認定するに際して積極方向で考慮されている。たとえば、本来的予断法理を採用した Rideau 判決自体、自白の報道を有罪判決破棄の主たる理由としているし、Sheppard 判決でも、被告人が自白剤の使用を拒んだり、矛盾する供述をしたことが報道されたという事情が本来的予断法理の適用を認める要素として考慮されている。

　第二に、現実的予断については、この法理が報道が陪審員へ与えた実際の影響に根拠を置くことから、法理を適用させるためには申立人は陪審員が既に存在する予断のために公平な評決ができないことを立証しなければならないということになるが、その際、立証に積極方向で働く要因として、たとえば、Irvin 判決では、事実審裁判官が裁判地の変更などの手段を取ることを求められたにもかかわらず応じなかったことが考慮された。逆に、Murphy 判決や Pattonn 判決に顕著に見られるように、報道から公判までに相当の時間的間隔があるとか、予断を持つ陪審員候補者の割合が低いといった事情は消極的な要因として強く働くということができるだろう。

　しかしながら、本来的予断法理、現実的予断法理とも、予断法理を適用する方向に積極的に考慮される要素を抽出することはできるとはいっても、これらの要素の存在を認め、さらに消極方向での考慮要素と衡量したうえで有罪判決の破棄にいたる事例は、Sheppard 判決以降、連邦最高裁においては存在しない。それゆえ、現在では、この法理の適正手続保障に対する実効性について、学説から疑問を呈する意見も出されている[31]。有罪判決の破棄という結論が与える社会的影響の大きさもあってか、1970 年代以降の判例の判断を見ると、次に検討する予断発生

を防止する手段の活用に重点を置き、かつ手段選択に関して事実審裁判所に広範な裁量権を認めることで、結果として、予断法理は「伝家の宝刀」的な位置付けを与えられているように見受けられる。

---

1 この問題一般につき、see, D.Campbell, *Free Press v. Fair Trial*(1994); R. Holsinger and J. Dilts, *Media Law* 264(3rd. ed. 1994): Drechsel, An Alternative View of Media-Judiciary Relations: What the Non-Legal Evidence Suggests about the Fair Trial-Free Press Issue, 18 Hofstra L. Rev. 1(1989).
2 Stroble v. California, 343 U.S. 181(1952).
3 Stroble 判決前後の時期に、事案に即して個別的に有罪判決を破棄したものとして、See, Shepherd v. Florida, 341 U.S. 50(1951); Marshall v. United States, 360 U.S. 310(1959).
4 Stroble v. California, 343 U.S. 181, at 193(1952).
5 *Id.*, at 195.
6 Irvin v. Dowd, 366 U.S. 717(1961).
7 *Id.*, at 722.
8 *Id.*, at 726.
9 *Id.*, at 727.
10 *Id.*, at 727-728.
11 *Id.*, at 728.
12 J. Ballon and C. Dienes, *Handbook of Free Speech and Free Press* 524(1979).
13 Rideau v. Louisiana, 373 U.S. 723(1963).
14 *Id.*, at 726.
15 *Id.*, at 727.
16 Murphy v. Florida, 421 U.S. 794(1975).
17 *Id.*, at 802-803.
18 Patton v. Yount, 467 U.S. 1025(1984).
19 *Id.*, at 1040.
20 Estes v. Texas, 381 U.S. 532(1965).
21 *Id.*, at 544.
22 *Id.*, at 578.
23 W.Rafave and J. Israel, *Criminal Procedure*, 867(1985).
24 Sheppard v. Maxwell, 384 U.S. 333(1966).
25 *Id.*, at 352.
26 Chandler v. Florida, 449 U.S. 560(1981).
27 本パイロット計画は、1975年1月にポスト―ニューズウィークフロリダ局がフロリダ州綱領3A(7)の修正をフロリダ州最高裁に申し立てたことをきっかけに行われたものである。申

立を受けてフロリダ州最高裁は、一定期間、電波メディアに、訴訟関係者の同意の有無にかかわらず、技術面とその操作要員の行動についての詳細な基準に従うという条件のもとでフロリダ州の全ての訴訟手続を取材することを許可するパイロット計画を立てて実施した。そして、パイロット計画終了後の各種の調査・研究の資料を検討したうえで同州最高裁は、「比較衡量すると、基準に服することを条件として、訴訟手続の電波メディアによる取材を許容することによって得られるものは失われるものよりも多い」(In re Petition of Post-Newsweek Stattions, Florida, Inc., 370 So. 2d 764,780(1979)) と結論付け、本文に掲げたような綱領3Ａ(7)の修正へと至った。See, Chandler v. Florida, 449 U.S. 560(1981).

28 Chandler v. Florida, 449 U.S. 560, at 573(1981).
29 *Id.*, at 574-575.
30 *Id.*, at 583, 587.
31 Joanne Armstrong Brandwood, Note, You Say "Fair Trial" and I Say "Free Speech": British and American Approaches to Protecting Defendant's Rights in High Profile Traials, 75 New York Univ. L. Rev. 1412, at 1429, 1444(2000). しかし、このような批判に対しては、公平性の要請から事実認定者が事件について事前の知識を有しないことを過度に求めるべきではないとする意見もある。たとえば、Kevin E. Sralla, Note, The Speech for Harmful Prejudice: An Analysis of People v. Budzyn and the underlying Purpose of the Jury System, 46 The Wayne L. Rev. 259, at 282(2000).は、陪審員の人間的経験を判断に活かすという陪審制度の理念からすれば、理想的な制度のあり方は陪審員が有害な予断を有しない程度に最大限の知識と意見を持って裁判に参加することであり、陪審員が犯罪報道に触れているからといって、安易に予断を有していると評価すべきではないと主張している。

第2章 ◇ 予断発生の防止論と
　　　　報道の自由

第1節　Sheppard 判決

■ 1.　予断発生防止論への展開

　第1章において概観したように、連邦最高裁は Stroble 判決以来、刑事手続について報道がなされた結果、被疑者・被告人が受けるべき適正手続の保障が侵害された場合に、手続法上どのように対応すべきかという問題に取り組み、現実的予断と本来的予断という2つの法理を確立した。そして判例は、問題が顕在化した当初は、もっぱらこれらの事後的救済方法に目を向け、2つの法理をどのような基準・方法で適用すべきかという観点から判断を積み重ねた。しかし、1960年代半ばになると連邦最高裁は、もう1つの方向、すなわち報道によって適正手続が侵害されること自体を「予防」する方法の検討も行うようになった。その嚆矢となったのが Sheppard 判決[1]である。

　前述したように、Sheppard 判決はセンセーショナルな公判前報道や公判のテレビ取材・放映に晒された被告人が、公平な裁判を受けることができなかったとして予断法理の適用を求めた事案である。したがって、判決は、直接的には、「州の事実審裁判官が、地域社会を満たした本来的に予断に満ちた報道から Sheppard を保護し、法廷における破壊的な影響をコントロールする義務を果たさなかった」[2]ことを問題にしたのであるが、このコントロール義務に関して判決は、それまでの事後的救済に関する判決の場合とは異なり、さらに踏み込んで、そのような義務を果

たすために事実審裁判官が取ることのできる手段について具体的に検討を行ったのである。

■ 2. 予断発生防止手段の具体化

　報道による適正手続を受ける権利の侵害を防止するために、Sheppard 判決は多くの手段を提示した。第一に、報道に触れさせないようにするために、陪審員を隔離することができる、とした。第二に、証人が報道から影響を受けた状態で証言することを防ぐために、証人の隔離も可能であるとした。第三に、判決は、「〔事実審〕裁判所は、報道機関に対する警察官、証人および弁護人、検察官による手がかり、情報そして噂の公表をコントロールする何らかの努力をすべきであった」と述べた。その意味は、具体的には、「事実審裁判所はおそらくたとえば、Sheppard が取調べやポリグラフテストを受けることを拒否したこと、Sheppard によって捜査官になされた全ての陳述、予想される証人の身元や彼らの予想される証言内容、有罪あるいは無罪についての意見、事案の本案部分に関する陳述などの予断を抱かせる事柄を暴露しようとする検察官、弁護人、当事者、証人および裁判所職員の法廷外での発言を禁止することができるだろう」というものである。第四に、「公判前の予断に満ちた報道が公正な裁判を妨げる合理的な可能性が存在する場合には、事実審裁判所はそのおそれが和らぐまで訴訟を延期するか、あるいは報道にそれほど侵食されていない他のカウンティに裁判地を変更するかすべきである」とした[3]。

　のちに見るように、Sheppard 判決が提示した各々の手段が適切な手段であると評価できるかどうかは、論者の間で議論が分かれている。特に、当該手段が表現・報道の自由と抵触する危険性があったり、手段自体が適正手続を受ける権利を侵害する契機を含むものである場合には、そのような手段を活用することが適切かどうかは一層慎重に検討する必要があるだろう。その意味で、Sheppard 判決は、様々な予防手段を提示することで、適正手続侵害の事後的救済から侵害の予防へと大きく視点を転換させたと同時に、侵害防止のために取られるべき適切な手段は何かという問題を考えるための素材を提供した点に一番の意義がある判例として位置付けることができるものと思われる。

第2節　Nebraska Press 協会判決
　　　──事前抑制の可否

■ 1．事案

　ところで、適正手続侵害を防止するために有効な手段という観点から考えると、報道機関に対する報道禁止命令も有力な手段であり、かかる手段の是非について検討せずに済ますことはできないだろう。ただ、この手段は報道の自由と鋭く対立する手段であることが明らかであり、そのためもあってか Sheppard 判決では明示的には触れられなかった。しかし、1976 年の Nebraska Press Association v. Stuart 判決[4]で、連邦最高裁はついに報道機関に対する事前抑制という手段の検討を正面から迫られることになった。

　事案は以下のような経過を辿った。1975 年 10 月 18 日、6人の家族全員が自宅で殺されるという事件が発生し、翌朝、被疑者 Simants が逮捕された。犯罪の発生および被疑者逮捕に伴って、大規模な報道が行われたために、犯行の3日後、カウンティの検察官と Simants の弁護人はともに、公平な陪審員の選択を不可能ではないにしても困難にし、公正な裁判を阻害するであろう予断に満ちた大量の報道が引き続き行われることが予測されるとして、報道に対する制限命令を出すようにカウンティ裁判所に求めた。これに対して、カウンティ裁判所が求めに応じて包括的な報道制限命令を出したため、報道機関は制限命令の無効を申し立てた。

　ネブラスカ州最高裁は、申立に応えて、被告人の公正な裁判を求める権利と公判前の出来事を報道することに対する報道機関の利益の双方に適応するようにカウンティ裁判所が出した命令を修正し、報道禁止の対象となる情報を限定した。しかしながら、修正後の命令でも、被告人によって法執行官になされた自白あるいは不利益な事実の承認の存在およびその内容、報道機関の記者以外の第三者に対してなされた自白あるいは不利益な事実の承認、被告人に「強度に関連する」その他の事実の3事項については、引き続き報道が制限されたため、報道機関は連邦最高裁に修正された命令の無効を申し立てた。

■ 2. 法廷意見

　バーガー裁判長執筆の法廷意見は、既に1976年1月7日に陪審員が選ばれたために当該命令は満了し本申立には実益がないとする被上訴人側の主張を否定したうえで、制限命令の是非の問題の検討へと進んだ。法廷意見はまず、「事件を公正に解決するために最終的に選ばれた陪審の能力は、報道のトーンおよび範囲に影響を受ける。そしてその報道は、部分的に、そしてしばしば大部分、ニュース放送を引き起こすために法律家、警察および他の公務員によって取られた行動によって方向付けられる」ことを認めた[5]。そのうえで、「本事案の状況において使われた〔報道禁止命令という〕方法が憲法の他の規定によって妨げられるかどうか」を検討し、一般論として、「最高裁は、これら〔修正1条〕の保障について、特定の情報あるいは論評の出版あるいは放送を禁止する命令——すなわち、発言に対して『事前』の抑制 (prior restraint) を課す命令——に対する特別の保護を与えているものと解釈してきた。事前抑制に関するいかなる我々の判決も、被告人の公正かつ公平な陪審を求める権利を保護するために制限命令を出すことが必要であるとはしなかった」[6]ことから考えて「事前抑制〔を認めること〕に対する防壁は、……高いままであることは明らか」であると述べた[7]。そして次に、それにもかかわらず本事案において事前抑制が許されるか否かという具体的問題の検討に移った。

　この部分で、法廷意見は3つの事項、すなわち、(a)公判前のニュース放送の内容および範囲、(b)他の方法が制限されない公判前報道の影響を緩和するかどうか、(c)どの程度効果的に制限命令が機能するか、が事前抑制が認められるか否かを判断するための基準であるとした。しかし、公判前報道が広範囲にわたり集中的であることが自動的に、かつ全ての種類の刑事事件について不公正な裁判を導くということにはならないし、代替策 (alternative measure) が Simants の権利を守らなかっただろうという結論は得られないし、また事実審裁判官が報道禁止命令を効果あるものとするためにどの情報を伏せるべきかを決めることは困難であり、かつ本事案では報道されなかったとしても噂によって予断に満ちた情報は広まったと考えられるから、いずれにしても本事案では基準は充足されていないとした。そしてさらに、本事案で出された制限命令には制限の範囲が曖昧かつ広範囲すぎるという問題点もあることなどを指摘したうえで、次のように結論付けた。

「実際に、公判前報道は、それが真実であれ虚偽であれ、陪審員として呼ばれるかもしれない人の姿勢に有害な影響を与える危険があった。しかし、いま我々の前にある記録のもとでは、抑制されないさらなる報道が陪審員候補者の考えをあまりに歪めてしまい、〔その結果〕適切な説示のもとで、もっぱら公開の法廷で提示される証拠のみに基づいて公正な評決をなすべき彼らの宣誓される義務を果たすことのできる 12 人を見つけ出すことができない、ということは明らかにされない。また我々は、実際に出された制限命令がその意図した目的の達成に役立つだろうとも結論付けることができない。合理的な考えからすると、公判前報道がもたらしうる害の重大性についてほとんど疑いはないが、本事案ではそのような〔害が発生する〕蓋然性は、事前抑制に関して我々の判例が要求する確実性の程度までは論証されなかった」。

「我々は、表現の自由の保障は全ての状況下での〔事前抑制の〕絶対的禁止を意味するものではないが、事前抑制に対する防壁は高いままであり、したがって事前抑制という手段を使用することはできないとの推定が働くことを再確認する。我々は、本事件において出されたところの、公開で行われた裁判手続についての報道あるいは論評を禁止する命令に関して、防壁は乗り越えられなかったと考える……」[8]。

■ 3. 補足意見

一方、ブレナン裁判官の補足意見(スチュワート、マーシャル両裁判官同調)は、さらに徹底して、被疑者・被告人の公正な裁判を受ける権利を保障する方法として事前抑制を使うことは、憲法上許されないと主張した。

「自己の同輩からなる陪審 (jury of one's peers) による公正な裁判を求める権利は、疑う余地なく、権利章典 (Bill of Rights) に記されている最も貴重かつ神聖な保障規定である。しかしながら私は、報道の自由に対する事前抑制に頼ることは、その〔公正な裁判を求める〕権利を守らせるためには憲法上許されない手段であると考える。裁判官は、基本的な公正さが被疑者・被告人に与えられることを保障するための広範な手段を彼らの権限として行使することができるので、自由な社会における公衆の関心事についての論議は司

法の検閲官〔裁判官〕の暫定的恩恵 (preliminary grace) に頼ることはできないという、同様に基本的かつ有益な憲法上の要求への〔事前抑制という方法による〕徹底的な (drastic) 侵入は必要ではない」[9]。

第3節　アメリカ法律家協会（ABA）の対応

■ 1.　刑事裁判基準の策定

　Sheppard、Nebraska Press 協会両判決と相前後して、アメリカ法律家協会（ABA）も報道の自由と適正手続とを両立させる手段の検討に取り組み始めた。ケネディ大統領暗殺に関するウォーレン委員会が、公衆の知る権利と適正手続との間に適切なバランスが取られることの必要性に触れたことをきっかけとして、ABAは1964年に、犯罪報道が刑事司法の運営に与える影響を調査させ、報道の自由を損なうことなく公正な裁判を受ける権利を保障・強化する方法を検討させるために、公正な裁判と報道の自由に関する諮問委員会を任命した[10]。同委員会は、1968年に刑事裁判基準草案をABAに提出し、この草案は同年2月、承認された[11]。
　承認された基準の内容は多岐にわたるが、ここでは予断防止の手段という観点から重要と思われる点を要約的に紹介することとしたい。
　第一に、弁護人、検察官、法執行官、裁判所職員等の訴訟に関与する法律家は、公正な裁判を妨害するような情報を公表しないようにする義務がある、とした。とりわけ、前科記録、自白の存在や内容、陳述を拒否したこと、ポリグラフ検査等の実施の事実や被疑者がテストを受けることを拒否した事実、予定される証人および証言内容、有罪・無罪についての意見は、原則として公表すべきでないとした。ただし、逮捕の状況（時刻、場所、武器の使用等）、捜査官の氏名、捜索された証拠物、告発の内容、公的記録からの引用、裁判手続の日程および結果、被疑者・被告人が否認しているという事実などを公表することはできるとしている。
　第二に、予断を生じさせる報道が生じた場合には、裁判地の変更、裁判の延期、陪審員選択手続における陪審員候補者に対する詳細な質問等が必要であると

した。
　第三に、公判中においても、報道による影響を遮断するために、陪審員を隔離することや陪審員に対して報道に触れないように警告することが求められている。また、陪審員が立ち会わない審問等については、報道機関や公衆に対してその手続を公開しないようにすることも考えられるとする。

■ 2. その後の改定

　刑事裁判基準はその後、1980 年、1992 年と改定を重ねてきているが、当初の基準を踏襲している部分も多い。ただし、内容的に重要な変更が加えられているところもいくつかあるので、その点についてのみ簡単に触れておくこととする。
　1980 年の第 2 版は、事前抑制に対して非常に厳格な態度を取った Nebraska Press 協会判決にも影響されて、全体的に表現の自由の価値を重視する方向でいくつかの修正が施された[12]。第一に、刑事事件や法執行に関する発言は表現の自由の核であって、修正 1 条の最も強い保護を受けるとの理解に基づいて、弁護人等の発言禁止を命じることができる場合の基準を厳格化し、第 1 版のように発言すべきでない事項を範疇的に定めることをやめた。第二に、報道機関に対する報道禁止についての項を設けたうえで、Nebraska Press 協会判決をさらに進めて、報道機関に対する事前抑制を絶対的に禁止した。第三に、手続の非公開を命じうる基準を厳格化して、公開することが原則であることを明確化した。
　1992 年の第 3 版では、第 2 版で表現の自由の保護に偏りすぎたとの認識のもと、公正な裁判あるいは報道の自由の一方に重きを置くのではなく、両者の適切なバランスを取るという方向で修正がなされた[13]。具体的には、第一に、弁護人等の法廷外の発言を禁止する基準を第 1 版の合理的可能性 (reasonable likelihood) 基準と第 2 版の明白かつ現在の危険 (clear and present danger) 基準との間の中間的な基準である実質的可能性 (substantial likelihood) 基準によることとした。また、弁護人等の発言に関連して、被疑者・被告人側の反論権についての規定も置かれた。第二に、報道機関に対する事前抑制の絶対的禁止を放棄し、明白かつ現在の危険が存在するときは事前抑制も許されるとした。もっとも、依然として Nebraska Press 協会判決の影響力は強く、事実上は絶対的禁止に近いものとして理解されている。第三に、手続に対する公衆や報道機関のアクセス権を明

確化した。

　このように ABA は、刑事裁判基準に修正を加えながら適切な予断の防止手段を追求し続けており、次に見る学説の議論と並んで参考になるものと思われる。

第4節　学説における議論

■ 1．予断防止手段の是非および有効性

　Sheppard、Nebraska Press 協会両判決で検討された報道による適正手続を受ける権利の侵害を防止する手段をめぐっては、学説においても様々な角度から活発に議論されている。ここでは本書の目的に照らして、両判決が提起した2つの相互に関連する問題点に関する学説を見ることとする。その問題点とは、第一に、Sheppard 判決が提示した手段を用いることによって実際に予断を防止し被疑者・被告人に適正な手続を保障することができるのか、できるとしてもその手段を用いることで他の問題を生じさせないか、さらに Sheppard 判決が提示した手段以外の手段はないか、という点であり、第二に、Nebraska Press 協会判決が事前抑制の是非に関して取った結論は妥当か、という点である。

　第一の点については、数ある手段のなかでどの手段に重きを置くかによって各々の論者の主張は異なってくる。たとえば、オコンネル (P. O'Connell) は、裁判所が陪審員候補者に対して予断を抱かせるような公判前報道があると判断した場合、(1)公判の延期、(2)陪審員選択手続における詳細な質問、(3)他の地域の陪審員候補団の使用 (foreign venire)、(4)裁判地の変更の4つの手段を取ることができるが、そのうち(1)〜(3)については有効な手段とはならない場合があるとする[14]。すなわち、公判の延期は、迅速な裁判を受ける憲法上の権利と抵触する可能性があり、かつ証人の記憶が時の経過によって薄れることにより当事者の公正な裁判を受ける権利が危険に晒されることもありうる。実際上の効果としても、訴訟を再開したときに陪審員が事件についての予断を持っていないという保証はなく、報道が再燃しないという保証もないので、大規模に報道された事件の裁判にはほとんど効果がない。また、陪審員選択手続における詳細な質問についても問題がある。

なぜなら、陪審員になりたがっている者は嘘をつくかもしれないし、率直に答えている陪審員であってもその答えは彼らの無意識下の考えと異なるかもしれないからである。さらに、他の地域の陪審員候補者団の使用については、陪審員候補者の移動の負担が重過ぎたり、逆に過重な負担にならないように隣接したカウンティの陪審員候補者団を使ってしまうと結局同じような予断に満ちた報道に晒されていることがある、とされるのである。そして、(1)〜(3)について以上のような問題点を指摘したオコンネルは、結局、「公平な陪審による公正裁判が得られそうもない場合、あるいは公判前報道が本来的に予断に満ちている場合には、裁判地の変更が認められるべきである」とし[15]、とくに激しい報道のあった事案において裁判所が被告人の裁判地の変更の申立を拒否する気なら、地域の予断の程度を判断するために世論調査を行うべきであると主張した。

しかし、裁判地の変更について、ラファエブ゠イスラエル (W. Rafave & J. Israel) は、「予断に満ちた報道が特定の地域社会に独特の状況に根付いたものである場合には」別の場所へ事件を移動させることは最も効果的な救済であるとして、オコンネルよりは限定的な意義付けを与えている[16]。また、ラファエブらは、他の手段の有効性についても検討し、それぞれ問題点を指摘している。すなわち、公判の延期は、「公判を設定した時間の直前に生じた何らかの出来事や報道のゆえに問題が発生した場合のように、敵意が合理的な時間内に和らぐことが期待されうるとき」には有効な手段だが、報道が被疑者に対してあまりに激しい反目を引き起こすような場合には延期によってそれが収まるとは考えられず有効とはいえないとする。また、陪審員の隔離 (sequestration) については、州の費用がかかる点、陪審員に不便を強いるために陪審員を怒らせて結果的に当事者の一方に対して不利に働く可能性がある点が指摘されている[17]。

アイザックソン (R. Issacson) も Sheppard 判決が提起した予断防止手段の有効性には懐疑的な態度を取る。アイザックソンは、各々の代替手段について、以下のように激しく批判している。すなわち、第一に、公判の延期という方法は、予断が和らいだかどうかを判断することが困難なうえ、手続の再開はほとんど確実に報道の新たな猛攻撃に火をつけることになる。さらに、理論的にも、被告人の迅速な裁判を求める権利を侵害する危険がある。第二に、裁判地の変更は、変更先が州内の最も遠く隔たったカウンティであったとしても報道が州全体にわたっている場合には被疑者・被告人にとってほとんど利益はないし、犯罪が発生した地域

における陪審員によって審理されるという被告人の憲法上の権利と抵触するおそれもある。第三に、陪審員の隔離という方法は公判の間に限って利用できる手段であるから、陪審員選択前になされた報道に対しては効果がない。第四に、陪審員候補者が無罪あるいは有罪に関する予想的な意見を無視すべき義務について説示されたとしても、陪審員は、自分がそのようにできる能力について過大評価するかもしれない[18]。

一方、シュトゥンテル (Stntelle) は全国的に報道される事案の場合には裁判地の変更はあまり有効ではないとしてラファエブらと似たような評価をしつつも、そのような事案であっても事件からの距離は、より冷静な判断を可能にするとも述べ、裁判地変更という方法の有効性についてラファエブらほどには否定していないように見える。また、シュトゥンテルは、陪審員選択手続については、報道による予断から被告人の公正な裁判を受ける権利を保護する主要な方法であり続けていると積極的な評価を与えている[19]。

しかし、陪審員選択手続の有効性については、懐疑的な意見もある。ブレーダー (D. Broeder) は、実証的研究に基づいて陪審員選択手続の効果についての評価を行っている。ブレーダーは、1950年代後半に審理された23件の陪審裁判につき、それらの事案に関わった法律家および陪審員225人に対して面接調査を行い、次のような結果を得たという。すなわち、陪審員選択手続においては、法律上禁止されているとか、陪審員の感情を害するおそれがあるなどの理由から質問することができない項目があり、また陪審員の意見に影響を与える可能性のある予断全てを予測することは不可能である。さらに、陪審員選択手続において、陪審員はしばしば意識的にあるいは無意識のうちに嘘をつく。これらの事情から、陪審員選択手続は予断を有する者をふるい分ける装置としてはほとんど効果がない。しかし、陪審員選択手続を陪審員に対して予断に基づいて判断してはならないことを教育する場と考えれば、このような教育効果があることは否定されない[20]。

■ 2. 事前抑制の可否

一方、第二の点については、Nebraska Press 協会判決を受けてシンポジウムが行われており、判決の評価や事前抑制の是非について詳細に論じられているので、そこでの議論を追っていくこととしたい。

公正な裁判を確保するために裁判所が報道機関に対する事前抑制という手段を用いることに消極的な立場を取った Nebraska Press 協会判決に賛成する論者としては、ザック (R. Sack) が挙げられる。ザックは、表現の自由について「我々は、政府は、どれだけ啓蒙的であったとしても、その可能な範囲まで、自由で行動的な〔政府を批判する〕報道がなされることで自分たちの権限や地位が脅かされるという事態の発生をできる限り減少させたいと思っている、と想定しなければならない。憲法は、『報道の自由』を切り詰めることを禁じている」と理解する[21]。そして、表現の自由に対するかかる理解を前提にして、報道機関に対する制限命令について、「報道機関に対する『口止め (gag)』は、憲法によって保障された報道の自由への直接的干渉であり、ジャーナリストと読者との関係への許されない介入である」と主張する[22]。ザックによれば、Nebraska Press 協会判決は、口止め命令を有効のままにしておくことを拒否した点で意義ある勝利であるが、法廷意見の立場では、「その基準がいかに高くとも、自ら出した命令が連邦最高裁の基準に適合することを願って事実審裁判官が報道機関を制限する命令を課し続けることを効果的に妨げることができない」という点で不徹底であるとされる[23]。ただし、ザックは他方で、政府は秘密を保持しようと試みることはできるから、裁判所職員に情報を漏らさないように誓わせたり、報道機関の手続の傍聴等を拒否したりすることは一般論としては許されるとも述べており、したがってまた、訴訟関係者に対して沈黙命令を出すことは許されると考えている[24]。

　カプラン (J. Kaplan) も報道の自由を優先する。カプランは、原則として「新聞報道あるいは他の何らかの法廷外でなされた事件についての事実の主張は、結局、事案を審理している陪審員に対して何らの影響も与えない」と評価する。もっとも常に影響を与えないとまで考えるのではなく、「新聞が、許容されない詳細な被疑者・被告人の前歴あるいは、後に憲法上の違反のゆえに禁止されることとなる証明力の高い被疑者・被告人にとって不利な証拠を報道する場合には、……陪審員の責任感や彼が報道機関より多くの知識を持っているという態度が〔報道の〕影響を中和するとは確信していない」ことを認める[25]。そして、まさに問題となるこのような場合について、カプランは被疑者・被告人側を救済することをあきらめるという選択をするのである。すなわち、「予断を抱かせる報道による公判手続に対する妨害は、……より効果的に〔妨害を防止する〕ことが可能な矛盾のない制度がないがゆえに、甘受されなければならないだろう。裁判官たちが Nebraska Press 協会判決で確

認したと思われるのだが、裁判地の変更、陪審員選択手続などの、報道機関に口止めすることなく予断を避けるために自由に使える全措置を使えば、ほとんどの事件では十分である。十分でない数少ない事件について、我々は、この世は完全ではなく、実際に公判前報道によって害を被る被告人は極めてわずかしかおらず、我々は被告人にできるかぎりの公正な裁判を与えるであろう、という事実に慰めを得ることができるだけである」[26]。

　このように表現の自由を重視して、事前抑制という方法について否定的な態度を取る論調は最近においても、たびたびなされている。たとえばベルナーベ・リーフコール（A. Bernabe-Riefkohl）は、2000年に発表した論文で、公正な裁判の文脈での事前抑制の可否に関する問題において利益衡量アプローチを取る現実的必要性は全くなく、本問題の解決は、20年以上前にブレナン裁判官が提案した事前抑制の絶対的禁止ルールを採用することによって図られるべきであると主張している[27]。

　これに対して、被疑者・被告人の公正な裁判を受ける権利を重視して、Nebraska Press 協会判決に批判的な立場を取る論者もいる。そして、この立場に立つ論者の多くは、その根拠として、Nebraska Press 協会判決が Sheppard 判決で提示されたような代替策を使うことで被疑者・被告人の権利を守ることができると示唆した点を問題としている。たとえば、シェロウ（J. Shellow）は、公判の延期や裁判地の変更という代替手段は、「公平な陪審員のもとでの裁判を確保しようとするために他の多くの重要な権利を放棄することを被告人に強いるであろうことが明らか」であると考えられるので、被告人を守るために他の選択肢を利用できたという上訴人 Nebraska Press 協会および連邦最高裁の前提は誤っていると主張する[28]。

　また、アイザックソンも前述したように、Sheppard 判決等によって提示された被疑者・被告人を保護する手段の問題点を詳細に指摘したうえで、「それ自体では被告人の公正かつ公平な陪審裁判を求める権利を守るには全く不十分であるので、連邦最高裁がこれらの措置〔の有効性〕を強調するのは不適当である」と評価している[29]。

■ 3. 表現の自由と公正な裁判との同調論

　ところで、これまで取り上げた論者は、表現の自由・報道の自由を重視するにせよ、公正な裁判を受ける被疑者・被告人の権利を重視するにせよ、報道の自由と公正な裁判とは互いに相反するものであるという前提に立って議論を進めていた。しかし、この前提とは逆の考え方を基礎とする論者もいる。要するに、これらの論者は、表現の自由・報道の自由と公正な裁判とは決して対立するものではなく、表現の自由を尊重することがすなわち公正な裁判に資することになるというアプローチでNebraska Press協会判決を評価し、事前抑制の是非を考えるのである。このタイプの論者として、フリードマン＝スターウッド (M. Freedman & J. Starwood) の議論を見てみよう。

　フリードマンらは、Nebraska Press協会判決は、一方で、報道機関の修正１条の権利に関心を払って報道機関に対する事前抑制に消極的態度を示しつつ、他方で、「事前抑制ほど制限的でない他の代替手段」として事実審裁判官が被疑者・被告人およびその弁護人に事前抑制を課しうることを示唆しているという[30]。そして、被疑者・被告人らの表現の自由が公正な裁判の確保という名のもとに否定されうることを支持するならば、報道機関は公正な裁判の利益を理由に口止めされないという結論と全く矛盾することになると批判するのである[31]。

　そのうえでフリードマンらは、被疑者・被告人側が表現の自由を行使することによって、果たして公正な裁判が阻害されることになるのかという点に疑問を投げ掛け、そもそもそのような結果は生まれないと主張する。すなわち、まず、理論上、被疑者・被告人の表現の自由と公正な裁判の実現との間には対立がないとする。なぜなら、「検察側に不利な予断によって傷つけられない裁判手続は確かに価値ある目標ではあるが、しかしその点は憲法に関する限りでは重要な権利ではない。むしろ憲法レベルで重要な事柄は、単に、被疑者・被告人の表現の自由と検察側に不利な予断との間には何らの対立も存在しない、ということである。修正１条は前者を保障し、後者を保障する憲法の条項はない」からである。また、実際上も、被疑者・被告人が表現の自由を行使することによって検察側に害を与えるという懸念はわずかなものであるというのである[32]。

　さらにフリードマンらは、検察官は起訴状などを通じて、訴訟以外の文脈ではほとんど全て名誉毀損にあたるような事柄を公表する特権を与えられているのだか

ら、「〔検察側の〕不正義について最も知りうる者〔被疑者・被告人側〕が最も異議を申し立てたいと思っているまさにそのときに沈黙を強いられるならば」、司法の誤りを予防する報道機関の機能も深刻に損なわれるであろうとも指摘し、次のように結論付ける。すなわち、「報道機関への事前抑制に反対する圧倒的な議論は、同等の力をもって、その表現の自由の権利も明らかに修正1条によって保障されているところの被疑者・被告人および弁護人〔の発言〕に対する事前抑制に当てはまる。さらに、最初の正当化事由——予断を抱かせる報道が発生する懸念——は、被疑者・被告人および弁護人に関しては全く存在しない。修正6条は公正な裁判を国家ではなく被疑者・被告人に保障するものであり、被告人の修正1条の権利の行使はその〔修正6条〕保障に対する何らの脅威ももたらさない。さらに重要なことには、被疑者・被告人は検察官の告発に対して答える修正1条の権利を持ち、公衆は刑事司法の無瑕性（integrity）に対する継続的な関心から……、被疑者・被告人側の応答を聞く権利を持つ」[33]。

第5節　小括

　以上に概観したように、Sheppard、Nebraska Press 協会両判決は、報道による適正手続侵害を防止するための手段およびそれぞれの手段の問題点に関して活発な議論を巻き起こした。様々な議論が行われるなかで、いくつかの注目すべき点が浮き彫りになってきたといえよう。
　第一に、Sheppard 判決や ABA、そして学説が提案した報道機関に対する事前抑制以外の手段は、実際上の効果という点からも、被疑者・被告人の他の憲法上の権利との抵触という点からも、それぞれに問題を抱えるものであった。したがって、これらの手段を組み合わせて活用した場合にも、なお被疑者・被告人の適正手続を受ける権利を十全に保障できない場合が残るものと思われる。
　第二に、Nebraska Press 協会判決に対する評価は大きく分かれるが、被疑者・被告人の適正手続を受ける権利に重きを置く論者も、直ちに報道機関の事前抑制を積極的に容認する態度を取っているわけではないことに注目する必要がある。むしろこの点に関しては、各論者とも報道機関を対象とした事前抑制には消極的な

態度を取っているとさえいえよう。つまり、被疑者・被告人の適正手続を重視する論者が直接的に批判しているのは、実は Sheppard 判決なのであり、しかもその批判の方向は、Sheppard 判決が提案した代替策のうち、裁判地の変更などの情報の流通・管理のあり方に手をつけない代替策の不十分性あるいは不適切性に向けられているのである。したがって、結論としては、適正手続を効果的に守るためには、訴訟関係者が情報を公表することこそを規制すべきであるという主張がなされることになる[34]。

　第三に、しかしながら、訴訟関係者が情報を公表することを禁ずるという手段に対しては、事前抑制の相手方によってその可否が変わるというのでは理論的に矛盾しているとのフリードマンらによる厳しい批判があったことを忘れてはならないだろう。確かに、フリードマンらが整合性を問うているのは、被疑者・被告人側の表現行為の禁止と報道機関の表現行為の禁止との間についてであり、その他の論者が主として念頭に置いている捜査機関の表現行為の禁止と報道機関の表現行為の禁止との間についてではない。それどころか、修正6条を媒介にして、被疑者・被告人側の発言を正当化しているところからは、文脈上、捜査機関の表現行為に対する抑制であれば許容されうるという論理にも結び付きうる。また、被疑者・被告人側から発信される情報は、一般的に言って被疑者・被告人に有利な性質を帯びた情報であるから、被疑者・被告人の適正手続を受ける権利と抵触しないのは当然である。しかし、訴訟関係者の情報公表を禁止すべきだと主張する論者は、主として、捜査機関の関係者からの情報提供、すなわちまさに被疑者・被告人の適正手続を受ける権利と抵触するおそれが強い被疑者・被告人に不利な情報を提供する場面を問題にしているのだから、フリードマンらの批判は的外れであるといわざるをえない。

　しかしながら、それでもフリードマンらが、発言の主体によって事前抑制の可否についての結論が変わることの不合理性を指摘した点は、正しく評価されるべきであろう。捜査機関側から提供される情報についても、確かに捜査機関関係者個人の表現の自由権の行使と位置付けるのは適切ではないだろうが、国民の知る権利という観点からは表現の自由の保障の一翼をなす。したがって、情報の公表を禁止する当事者を捜査側に限定することによって直ちに表現の自由との抵触がクリアされ、フリードマンらが喚起した問題が解消されるわけではない。Sheppard、Nebraska Press 協会両判決をめぐる議論は、刑事手続のなかで発見され、ある

いは生まれる様々な情報を社会に対してどのように還元していけば、適正手続保障と表現の自由の2つの側面からの要求を満たすことができるのかという、情報の流通・管理のあり方をトータルに検討する必要性を浮かび上がらせたとまとめることができよう。

ところで、いずれにしろ Nebraska Press 協会判決が出されたことによって、少なくとも事実上、報道機関を対象とした事前抑制を行うことは不可能になった。実際、その後の下級審判例でも、報道機関に対する事前抑制の使用は否定されている。たとえば、C.B.S. v. U.S. Dist. Ct. for C.D. of California 判決では、Nebraska Press 協会判決が事前抑制を許すための基準として提示した3要件に従って検討したうえで、捜査段階で作成された政府側の資料（テープ）の報道を制限する命令を破棄した[35]。United States v. McKenzie 判決[36]でも同様に、特定の刑事事件に関するニュースを放送することを禁じた命令の執行が停止された[37]。したがって、判例はその後、報道機関に対する事前抑制以外の手段の妥当性について、さらに検討を進めていくこととなった。次章以下では、多様な手段のうち、とくに、手続の非公開と手続関係者、とりわけ被疑者・被告人側と訴追側の情報公表禁止という手段に焦点を当ててアメリカにおける判例および判例をめぐる議論の推移を見ていくこととしたい。後者を取り上げる理由は、直近に述べたとおりである。

一方、裁判の非公開も、裁判公開原則という表現の自由および適正手続条項以外の第三の憲法原則と関わる論点であり、また近時、裁判公開は刑事手続上の被告人の権利であるから公開を強める方向で議論する限り適正手続との間で問題は生じないという単純な図式で裁判公開原則を捉えることを疑問とせざるをえない場面が存在することが指摘されつつある状況にあって、検討を欠かすことのできない論点であるといえよう。

1　Sheppard v. Maxwell, 384 U.S. 333(1966).
2　*Id.*, at 363.
3　*Id.*, at 363.
4　Nebraska Press Association v. Stuart, 427 U.S. 539(1976).
5　*Id.*, at 554-555.
6　*Id.*, at 555-556.
7　*Id.*, at 561.
8　*Id.*, at 569-570.

9   *Id.*, at 572-573.
10 ABA PROJECT ON STANDARDS FOR CRIMINAL JUSTICE, STANDARDS RELATING TO FAIR TRIAL AND FREE PRESS 1(Tentative Draft, December 1966).
11 ABA PROJECT ON STANDARDS FOR CRIMINAL JUSTICE, STANDARDS RELATING TO FAIR TRIAL AND FREE PRESS 15(Approved 1968).
12 ABA STANDARDS FOR CRIMINAL JUSTICE, Ch. 8(Fair Trial and Free Press)(2d ed. 1980).
13 ABA STANDARDS FOR CRIMINAL JUSTICE, Ch. 8(Fair Trial and Free Press)(3rd ed. 1992), see, http://www.abanet.org/crimjust/standards/fairtrial.pdf
14 O'Connell, Pretrial Publicity, Change of Venue, Public Opinion Polls-A Theory of Procedural Justice, 65 University of Detroit L. Rev. 169,177(1988).
15 *Id.*, at 179.
16 W. Rafave and J. Israel, *Criminal Procedure* 861-862(1985).
17 *Id.*, at 863-865.
18 Issacson, Fair Trial and Free Press: An Opportunity for Coexistence, 29 Stanford L. Rev. 561, 563-565(1977).
19 Stntelle, The Courts and the Media, September 2001 The Federal Lawyer 25,40.
20 Broeder, Voir Dire Examinations: An Empirical Study, 38 Southern California L. Rev. 503(1965).
21 Sack, Principle and Nebraska Press Association v. Stuart, 29 Stanford L. Rev. 411, 417(1977).
22 *Id.*, at 427.
23 *Id.*, at 414.
24 *Id.*, at 428.
25 Kaplan, Of Babies and Bathwater, 29 Stanford L. Rev. 621, 623-625(1977).
26 *Id.*, at 625-626.
27 Bernabe-Riefkohl, Another Attempt to Solve the Prior Restraint Mystery: Applying the Nebraska Press Standard to Media Disclosure of Attorney-Client Communications, 18 Cardozo Arts & Entertainment 307, 334(2000).
28 Shellow, The Voice of the Grass: Erwin Charles Simant's Efforts to Secure a Fair Trial, 29 Stanford L. Rev. 477, 479-484(1977).
29 Issacson, *supra* note 18, at 561.
30 Freedman/Starwood, Prior Restraints on Freedom of Expression by Defendants and Defense Attorneys: Ratio Decidendi v. Obiter Dictum, 29 Stanford L. Rev. 607, 613(1977).
31 *Id.*, at 609.
32 *Id.*, at 612-613.

33 *Id.*, at 618.
34 Issacson, *supra* note 18, at 563; Portman, The Defense of Fair Trial from Sheppard to Nebraska Press Association: Benign Neglect to Affirmative Action and Beyond, 29 Stanford L. Rev. 393, 406(1977).
35 C.B.S. v. U.S. Dist. Ct. for C.D. of California, 729 F. 2d. 1174(9th Cir. 1983).
36 United States v. McKenzie, 697 F. 2d. 1225(5th Cir. 1983).
37 なお、Nebraska Press 協会判決以前に事前抑制を否定した下級審判例として、see, United States v. Dickinson, 465 F. 2d. 496(5th Cir. 1972).

第3章 ◇ 手続の公開制限の可否

第1節　手続公開の根拠

■ 1.　修正6条の権利内容 ── Gannett 新聞社判決

　裁判の公開を制限するという方法は、報道機関がいったん得た情報について公表することを禁止することができないのなら、そもそも報道機関に情報を得させないようにしようという発想に基づくものである。しかし、この手段は、当然のことながら、報道機関の反発を招いた。
　マスメディア報道と裁判の公開原則との関係について連邦最高裁には、既に1965年の Estes 事件において検討するチャンスがあった。しかし、既に紹介したように、Estes 事件は公判のテレビ中継の是非をめぐって争われた事案であったために、公開そのものの是非ではなく公開のやり方が中心的な争点となった。このため、連邦最高裁は、Estes 判決においては、公開／非公開問題に関しては、「公開裁判を要求する目的は、被疑者・被告人が公正に取り扱われ、不公平に有罪判決されないように保障することにある」との一般論を述べるにとどまったのである[1]。しかし、連邦最高裁は、1979年の Gannett Co. v. Depasquale 事件[2]に至って、公正な裁判を受ける被疑者・被告人の権利を守るために裁判を非公開にすることが許されるか否かという問題に直面することとなった。
　Gannett 事件で提起された問題は、マスメディアは、仮に被疑者、検察官および事実審裁判所の全てが公正な裁判を保障するために公判前の刑事手続を非公

開とすることに賛成している場合であっても、当該手続へのアクセスを要求できる独立した憲法上の権利を持つかどうか、持つとしたら憲法上のどの権利に基づくのか、という点であった。事案が連邦最高裁に至った経緯は、おおよそ次のとおりである。

　ある男性が、釣りをしに湖にボートで出て行った日以来消息を絶ってしまった。その際、釣りに同行していた２人の連れが、消息を絶った男性所有の小型トラックで湖から走り去っていた。警察は、男性がボートに乗っている間に変死したと判断して、立ち去った２人の男の徹底的な捜索を開始した。５日後、２人の男と共犯とされた女の３人が逮捕され、その後、大規模な報道が起こった。その報道は、たとえば、警察は被害者が銃で撃たれ金品を盗まれたうえ湖に投げ込まれたと考えていること、被疑者らが逮捕されるまで滞在したホテルの主人へのインタビュー、被疑者らが拳銃を埋めた場所に警察官を案内したこと、起訴の事実およびその内容、アレインメント手続の詳細、２人の男の被疑者が無罪を主張したという事実などを含む広範かつ詳細なものであった。一方、被疑者側は、警察官に対する供述が任意になされたものではないと主張して証拠排除の申立を行ったため、まずこの申立に対する審理が行われることになった。

　証拠排除申立の審理で弁護人は、有害な報道が公正な裁判を受ける被疑者の法的資格 (ability) を危険に晒したと主張し、公衆および報道機関を審理の場から排除することを求めた。検察官も異議を述べず、非公開の申立は認められた。これに対して上訴人 Gannett 新聞社等は、裁判所に非公開命令を取り消すよう求めることを内容とするいくつかの申立を行ったが、下級審においてはいずれも認められなかったため、連邦最高裁への上訴へ及んだ。連邦最高裁は裁量上訴を認めた。

　法廷意見はまず「当裁判所は長い間、予断に満ちた報道は公正な裁判を受ける被疑者・被告人の権利を危険に晒すことがありうるということを認めてき」ており、とくに「公判前の証拠排除申立に対する審理 (suppression hearing) に関する報道は……不公正への特別の危険を引き起こす」ものであるから、「被疑者・被告人の適正手続を受ける権利を守るために、事実審裁判官は予断に満ちた公判前報道の影響を最小限にするべき積極的な憲法上の義務を負う」と述べた[3]。そして、憲法は公衆の側の刑事裁判に対するアクセス権については言及していないので、Estes 判決が認めたように公開裁判の憲法的保障は被疑者・被告人の個人的な権

利であると一般論を述べたうえで、さらに、公衆の一員が訴訟の当事者とは別に裁判の公開を強制する権利を持っているか否かという問題を検討した。

この点について、法廷意見は、公開は公衆に裁判制度を観察する機会を与えるものであって、裁判の公開に対する強い社会的利益があることは認めつつ、「しかしながら、修正6条の実現に関する公衆の独自の利益を認めることは、公衆の側に憲法上の権利を創り出すこととは大いに異なる。当事者主義 (adversary system) の刑事裁判においては、司法の運営に関する公衆の利益は訴訟当事者によって保護される」と述べた[4]。そして、修正6条の公開裁判の権利の理解の仕方について、従来の見解に従って、「公衆の一員は、修正6条および14条に基づいて刑事裁判に出席する権利は持たない」と判示したのである[5]。また、判決は、さらに公衆が修正1条に基づいて刑事裁判に出席する権利があるかどうかについても検討し、本件の状況下では、「刑事裁判に出席する上訴人の修正1条および14条の権利は何ら侵害されなかった」と述べて[6]、修正1条を根拠とする公衆の裁判アクセス権も認めず、結局、上訴人敗訴の結論を下した。

■ 2.　修正1条と裁判公開(1) ── Richmond 新聞社判決

このように、Gannett 判決は、修正6条の裁判公開を求める権利は被疑者・被告人に与えられた個人的な権利であって、一般公衆および報道機関が修正6条に基づいて裁判へのアクセスを求めることはできないという結論を出したが、修正1条に基づく公衆のアクセス権の有無に関しては、事案の結論としては否定したものの、「本件の状況下では」という留保をつけた。そのため、この点に関する連邦最高裁の意思は、Gannett 判決では必ずしも明確にならなかった。しかし、連邦最高裁は、翌年の1980年の Richmond Newspapers, Inc. v. Virginia 事件[7]において、修正1条に基づく公衆の裁判アクセス権が認められるか否かについて正面から扱うこととなった。

本事案では、Stevenson という人物が、刺殺体で発見されたホテルの支配人を殺したとして起訴されたが、様々な理由から3回にわたって新たな公判が開かれるという事態になった。4回目の公判の始まる前に弁護人は、公判を公衆に対して非公開とするように申し立てた。検察官も反対せず、事実審裁判所は非公開を命じたため、上訴人 Richmond 新聞社は非公開命令を取り消す申立を行った。こ

れに対して、裁判所は取消しの申立を拒絶したため、Richmond 新聞社はヴァージニア州最高裁に職務執行令状等の請願および非公開命令に対する上訴を行った。しかし、いずれも認められなかったために、Richmond 新聞社は連邦最高裁の上訴へと及んだ。

　事案の争点は、「公正な裁判を求める被告人の優越する権利を守るために非公開が必要であるという点の論証なしに、あるいは他の何らかの最重要な考慮が非公開を要請することの論証なしに、〔検察側も〕異議を唱えていない被告人の要請に基づいて、刑事公判自体を公衆に対して非公開とすることができるか否か」であった[8]。連邦最高裁は、本事案において法廷意見を形成することはできなかったが、修正１条に基づく公衆の公判へのアクセス権については、レンキスト裁判官を除いては、結論として認める立場を取った（パウエル裁判官は判決に関与していない）。すなわち、まずバーガー（執筆）、ホワイト、スティーブンス裁判官からなる相対多数意見は次のように述べた。

　　「……修正１条の表現および報道の自由についての保障は……修正条項が採用された時代からずっと公衆に対して開かれていた法廷の扉を政府が簡単に閉じることを禁止している」。
　　「もし公判を見守るためのアクセスが、本事案でそうであったように任意に妨げられうるならば、公判で行われることに関して話をしたり報道したりする明白かつ保障された権利は多くの意義を失うだろう」[9]。
　　「我々は刑事裁判に出席する権利は明らかに修正１条の保障の範囲内にあると判示する」[10]。

　同様に、スチュワート裁判官の結果同意意見も「修正１条および 14 条は明らかに、刑事においても民事においても、公判自体にアクセスする権利を報道機関と公衆に与えている」と述べている[11]。さらに、マーシャル裁判官が同調したブレナン裁判官の結果同意意見も、公開裁判は刑事被告人に公正かつ正確な有罪あるいは無罪の判決を保障するための我々の司法制度の努力を促進するに際して重要な役割を果たし、また裁判の遂行は著しく公衆の利益に関わる問題であるから、他に事情がなければ、「事実審裁判官と当事者の同意では、憲法上、公衆に対して裁判を非公開とすることはできないと判示した同士の人々に賛成する」と述べて[12]、

修正1条に基づくアクセス権を認めたのである[13]。ただし、これらの各意見は、一方で、公衆および報道機関の修正1条の権利は絶対的であることを意味するものではないという趣旨の表明をしており、被疑者・被告人の適正手続を受ける権利をはじめとした他の利益を理由として、修正1条のアクセス権が制限される場合はありうることを前提としていることにも注意しなければならない。

■3. 修正1条と裁判公開(2) ── Globe 新聞社判決

　Richmond 新聞社判決によって、報道機関および一般公衆は修正1条に基づいて刑事裁判にアクセスすることができるとされたが、この趣旨は、Globe Newspaper Co. v. Superior Court 判決[14]において一層明らかにされた。

　Globe 新聞社事件で提起された問題は、18歳未満の性犯罪被害者が関係する公判においては一律に、被害者が証言する間、報道機関および一般公衆を法廷から排除するよう事実審裁判所に求めているマサチューセッツ州法が修正14条を通じて州に適用される修正1条に違反するか否かである。事案は、被告人が裁判当時16歳および17歳であった3人の少女に対する強姦罪等で告発されたために、予備的申立に関する審理中に事実審裁判所が手続の非公開を命じたというものであった。非公開命令に対して、上訴人 Globe 新聞社は非公開命令の撤回を求め、また州最高裁に対して差止め命令による救済を求めたが、いずれも拒否され、さらに上訴も失敗したことから、連邦最高裁に審査を求めた。

　法廷意見はまず、Richmond 新聞社判決が報道機関および一般公衆は刑事裁判に対する憲法上のアクセス権を有すると結論付けたことの正当性を以下のように説明した。

　　「Richmond 新聞社判決における様々な意見において強調された刑事司法制度の2つの特徴がともに、特に刑事裁判へのアクセス権が正当にも修正1条による保護を与えられた理由を説明するのに役立つ。第一に、刑事裁判は歴史的に報道機関および一般公衆に対して公開されてきた。……第二に、刑事裁判に対するアクセス権は裁判手続および全体としての統治の機能にとって特に重要な役割を演じる。公衆による刑事裁判の監視は、……事実を発見する手続の質を高め、その無瑕性を守る。そのうえ、刑事裁判に対する公衆のア

クセスは公正さの外観を作り出し、そのことによって裁判手続に対する尊敬を高める。そして、最も一般的な言い方では、刑事裁判に対する公衆のアクセスは、公衆が裁判手続に参加することを可能にし、〔公衆が〕裁判手続に対するチェックとして役立つことを可能にする」[15]。

以上のようなアクセス権の正当性から、法廷意見は、アクセス権は絶対的なものではないがしかし、「報道機関および公衆が刑事裁判から締め出される状況は限られている。アクセスを拒否する際の州の正当化事由は重大なものでなければならない」と考え、アクセスを拒否するためには「拒否がやむにやまれぬ (compelling) 政府の利益によって必要とされ、かつその利益に適うように厳格に調整されている」ことが示される必要があるとした[16]。

そのうえで、法廷意見は、この基準のもとでマサチューセッツ州法が正当化されるかどうかについて検討し、確かに未成年者の身体的および精神的福祉の保護はやむにやまれぬ利益であるが、保護の必要性は必要的非公開命令までを正当化するものではなく、事実審裁判所は非公開が未成年被害者の幸福を守るために必要か否かを事件ごとに決定できること、〔非公開によって〕未成年の性犯罪被害者が名乗り出て正しい証言をすることが促進されるという利益は経験的に推論にすぎないばかりか、証言の反訳記録等へのアクセス権は禁じられていないのだから、論理的・常識的にも非公開は正当化されないことを指摘し、マサチューセッツ州法は修正1条、14条に違反すると結論付けた[17]。

■ 4. ABAの対応

裁判の公開に対する報道機関および公衆の権利の根拠付けに関する議論の焦点が、判例上、修正6条を離れて修正1条に移ったという状況変化は、ABA刑事裁判基準にも反映された。第2章第3節2.で触れたように、ABA刑事裁判基準は、1980年の第2版では、刑事手続には公開の推定が働くことを修正6条を根拠にして導き出していた[18]。しかし、1992年の第3版では、Richmond新聞社判決およびそれ以降の判例の発展に合わせるためとして、刑事手続に対する公衆のアクセス権に関する条項を新設したうえで、この権利を修正1条から根拠付けたのである[19]。

第2節　修正1条による裁判公開の射程

■ 1.　Enterprise出版社判決 I

　裁判公開に関して、次に連邦最高裁判例上問題となったのは、公開される「裁判」が公判に限られるのか、公判前の一定の審理も含まれるのかということであった。この点は、連邦下級審では、Richmond新聞社、Globe新聞社両判決で修正1条に基づく公衆のアクセス権が肯定された直後から問題とされ、公判前の手続についても公衆および報道機関のアクセスを肯定する判決もあったが[20]、連邦最高裁がこの問題に正面から取り組んだのは、1984年のPress-Enterprise Co. v. Superior Court 判決（以下、「Enterprise出版社判決 I」という）[21] および、1986年のPress-Enterprise Co. v. Superior Court of Cal. 判決（以下、「Enterprise出版社判決 II」という）[22] においてであった。

　Enterprise出版社事件 I では、陪審員選択手続が刑事裁判における公開の手続の保障のなかに含まれるか否かがテーマになった。この事案では、後に強姦罪および殺人罪で有罪判決を受けることになる被告人の刑事手続に関して行われた陪審員選択手続が始まる前に、上訴人Enterprise出版社が、手続を公衆および報道機関に対して公開するように申し立てた。申立に対して、州側は反対し、事実審裁判所は「一般的陪審員選択手続 (general voir dire)」を除いて手続を非公開としたため、手続に費やされた6週間のうち3日間を除いた残りの全てが公衆および報道機関に対して公開されないままに進められた。そこでEnterprise出版社は、陪審員が選択された後になって、陪審員選択手続の完全な反訳記録を公表するように事実審裁判所に申し立てたが、事実審裁判所はこの申立も却下した。そこでさらにEnterprise出版社は、反訳記録を公表させ、かつ陪審員選択手続を非公開とした命令を無効にさせる職務執行令状を求めたが、この申立も結局、カリフォルニア州最高裁によって拒絶されたため、連邦最高裁に上訴した。連邦最高裁は裁量上訴を認めた。

　法廷意見は、陪審員選択プロセスを「単に当事者だけでなく、刑事司法にとっても重要な事柄である」と位置付けた[23]。そのうえで、歴史的に陪審員の選択プロセスは公開の手続で行われるとの推定を受けてきたこと、被疑者・被告人の権

利の優越性は公正さを促進する性質を有する公衆のアクセス権から切り離しがたいことを理由にして、「〔陪審員選択手続の〕公開の推定は、非公開がさらに高い価値を保護するために必要であり、その利益に適うのに必要な最小限度に合わせられているという認定に基づいた優越する利益〔の存在〕によってのみ破られる」と述べた[24]。そして、この一般的基準を本事案に当てはめ、本事案において非公開が保障されるとは結論付けられないとした。

■ 2. Enterprise 出版社判決 II とその後の連邦下級審の対応

このように、Enterprise 出版社判決 I は、陪審員選択手続には公開の推定が働くことを認めたが、さらに同判決が、推定を破って非公開にするためには非公開を必要とする事情についての特別の認定が必要であり、かつ非公開に代わる手段の検討が不可欠であるとして、非公開の条件を具体的に示した点も注目に値する[25]。判決が提示した非公開の条件は、次に挙げる Enterprise 出版社判決 II でさらに詳細に述べられており、非公開の条件・基準として連邦最高裁判例上、確立したものということができよう。

Enterprise 出版社事件 II は、予備審問 (preliminary hearing) の公開が問題となった事案である。看護士である被疑者は、大量の心臓薬リバカインを投与して 12 人の患者を殺害したという嫌疑で告発された。予備審問で被疑者は、公衆を手続から排除するように申し立てた。裁判所は、事件が全国的に報道の興味を引き、「マスメディアにおいて、一方側のみが報道される状態になりうる」ので非公開は必要であるとして、申立を認めた。上訴人 Enterprise 出版社は、予備審問の反訳記録を公開するように求めたが、カリフォルニア州最高裁は、予備審問に対する一般的な修正 1 条のアクセス権は存在しないと判示して、職務執行令状の発付を拒否した。そこで Enterprise 出版社は、連邦最高裁に上訴を行った。連邦最高裁は、裁量上訴を認め、カリフォルニア州最高裁判決を破棄した。

法廷意見は、はじめに、以下のような論点に対する基本的な立場を示した。

> 「カリフォルニア州最高裁は、手続が刑事公判ではなくて予備審問であるので修正 1 条は関係しないと結論付けた。しかしながら、修正 1 条の問題は、とりわけ予備審問が完全な公判とほとんど同様の機能を果たす場合には、催

しに対して『公判』というレッテルが貼られているかどうかということのみに基づいて解決することはできない」[26]。

そして、刑事手続に対する修正1条のアクセス権の主張を扱う事案において連邦最高裁が、当該場所および手続が歴史的に見て報道機関や一般公衆に対して公開されてきたか否かという点の考察および、問題となっている特定の手続の作用に関して公衆のアクセス権が重要な積極的役割を果たすか否かという点の考察が必要であることを強調してきたことを指摘して、一般論として、「もし問題となっている特定の手続がこれらの経験と論理の基準を満たすならば、修正1条のアクセス権が〔手続に〕付随する」と述べた。しかし、本判決も、アクセス権は絶対的なものではないとして、結局、「〔一般的には〕公開の刑事手続は公衆と被疑者・被告人に公正さを保障するけれども、一定の限られた状況においては、被疑者・被告人の公正な裁判を求める権利が公開によって蝕まれることがある。そのような場合には、事実審裁判所は、被疑者・被告人の権利が修正1条のアクセス権に優越するような状況にあるか否かを決定しなければならない」とした[27]。そして判決はさらにかかる決定を行うための基準、すなわち、被疑者・被告人の公正な裁判を受ける権利を理由として、原則公開の手続を非公開にする条件について、次のように述べてEnterprise出版社判決Ⅰの趣旨を一層明らかにした。

「主張された利益が被疑者・被告人の公正な裁判を受ける権利であるときには、予備審問は、以下のことを論証して特別の認定がなされる場合に限って非公開とされなければならない。すなわち、第一に、非公開が妨げるであろう報道がなされることによって被疑者・被告人の公正な裁判を受ける権利が損なわれる実質的な蓋然性があること、第二に、非公開に対する他の合理的な代替手段が被疑者・被告人の公正な裁判を受ける権利を十分に保護しないこと、である」[28]。

Enterprise出版社をめぐる2つの連邦最高裁判決によって、刑事手続に関して、原則として公開される手続の範囲と例外的に非公開が認められる条件が示されたことで、その後の連邦下級審は、連邦最高裁が設定した範囲と基準に従って個々の手続の非公開の可否を判断することになった。たとえば、Cable News

Network, Inc. v. U.S. 判決[29]では、Enterprise 出版社判決 I で示された条件が満たされていないとして陪審員選択手続の非公開が否定されたし、In re State-Record Co., Inc 判決[30]も Enterprise 出版社判決 II の基準に従って判断した結果、公判前手続書類へのアクセスを認めた[31]。

第3節　修正6条の公開裁判条項の射程

■1.　Waller 判決

　ところで、裁判の公開については被疑者・被告人の側も独自の権利を持つ。被疑者・被告人の公開裁判を求める権利については、Gannett 新聞社判決が、修正6条はもっぱら被疑者・被告人の権利を念頭に置いたものであることを明らかにしたが、連邦最高裁は、Waller v. Georgia 判決において、修正6条に基づく裁判公開を求める権利についても、修正1条に基づくそれと同じ広がりを持つことを明らかにした[32]。

　Waller 判決の事案は、被疑者が公開を求めているにもかかわらず裁判所が非公開にしたという事案であって、大要次のような経過を辿った。

　ジョージア州警察は多数の電話に盗聴器を設置し、盗聴によって得た賭博の情報に基づいて上訴人 Waller らの自宅を含む多くの場所に対して一斉に捜索令状を執行した。Waller らは告発され、起訴された。公判の前に上訴人らは、捜索で押収された証拠を排除するよう申し立てた。申立に対して州側は、審理において被疑者以外の人のプライバシーにわたる証拠を提出しなければならないことを理由に、証拠排除申立に対する全ての審理を公衆に対して非公開にするよう申し立てた。事実審裁判所は、Waller らの反対を押し切って州側の申立を認めた。事件はその後、公開法廷における陪審裁判に付され、Waller らは一部有罪の判決を受けた。有罪判決はジョージア州最高裁によっても維持されたが、州最高裁は、有罪判決を維持する際に、公開問題に触れて、事実審裁判所はジョージア州法および修正6条に基づいて公開の審理を求める Waller らの権利と他の人のプライバシーとを適切に衡量したと述べた。連邦最高裁は、修正6条の公開裁判を求める

被疑者・被告人の権利が証拠排除申立手続に当てはまるか否かを決定するために裁量上訴を認め、次のように述べて、証拠排除申立に対する審理全体を非公開とすることは正当化されないと結論付けた。

　「これらの〔被告人を公正に裁くという刑事裁判の中心的な〕目標と利益は、誤って押収された証拠を排除するための審理においても同様に差し迫ったものである。Gannett 判決においていくつかの個別意見が認めたように、証拠排除申立に対する審理はしばしば公判それ自体と同じほど重要である」。
　「我々は、修正6条のもとでは、被疑者・被告人の反対を押し切ってなされるいかなる証拠排除申立に対する審理の非公開も、Enterprise 出版社判決 I およびそれ以前の事案で確立された基準に適合しなければならないと判示する」[33]。

■ 2.　裁判公開をめぐる修正1条と修正6条との関係

　このように Waller 判決は、「裁判」の範囲についても、非公開の条件についても、修正1条と修正6条とを同内容のものと解した。すなわち、前者について Waller 判決は、証拠排除申立に対する審理を修正6条の保障のもとに置いた。また後者については、修正1条に関して Enterprise 出版社判決が提示した基準がそのまま当てはまるとした。たしかに、Waller 判決が出されたときには、Enterprise 出版社判決 II は出されていなかったから、判決が依拠しているのは Enterprise 出版社判決 I である。しかし、Enterprise 出版社判決 II の基準自体、Enterprise 出版社判決 I を受けたものであることから考えて、修正1条と修正6条の公開の範囲、非公開の基準は同一であるといって差し支えないであろう。
　以上が、修正1条と修正6条の両方を含めた連邦最高裁の裁判公開についての考え方のおおよその流れである。

1　Estes v. Texas, 381 U.S. 532, 538-539(1965).
2　Gannett Co. v. Depasquale, 443 U.S. 368(1979).
3　*Id.*, at 378.
4　*Id.*, at 383.

5 *Id.*, at 391.
6 *Id.*, at 393.
7 Richmond Newspapers, Inc. v. Virginia, 448 U.S. 555(1980).
8 *Id.*, at 564.
9 *Id.*, at 576-577.
10 *Id.*, at 580.
11 *Id.*, at 599.
12 *Id.*, at 585.
13 修正1条に基づくアクセス権を認めることについては、ブラックマン判事も賛成している。
14 Globe Newspaper Co. v. Superior Court, 457 U.S. 596(1982).
15 *Id.*, at 605-606.
16 *Id.*, at 606-607.
17 *Id.*, at 610-611.
18 ABA, STANDARDS FOR CRIMINAL JUSTICE, Ch. 8-3.2(Fair Trial and Free Press)(2d ed. 1980).
19 ABA, STANDARDS FOR CRIMINAL JUSTICE, Ch. 8-3.2(Fair Trial and Free Press)(3rd ed. 1992), see, http://www.abanet.org/crimjust/standards/fairtrial.pdf
20 United States v. Brooklier, 685 F. 2d. 1162(9th Cir. 1982) (陪審員選択手続および証拠排除申立に関する予備審問について); Associated Press v. U.S. Dist. Ct. for C.D. of Cal., 705 F. 2d. 1143(9th Cir. 1983) (公判前手続書類について).
21 Press-Enterprise Co. v. Superior Court, 464 U.S. 501(1984).
22 Press-Enterprise Co. v. Superior Court of Cal., 478 U.S. 1(1986).
23 Press-Enterprise Co. v. Superior Court, 464 U.S. 501, at 505(1984).
24 *Id.*, at 510.
25 *Id.*, at 513.
26 Press-Enterprise Co. v. Superior Court of Cal., 478 U.S. 1, at 7(1986).
27 *Id.*, at 9.
28 *Id.*, at 14.
29 Cable News Network, Inc. v. U.S., 824 F. 2d. 1046(D.C. Cir. 1987).
30 In re State-Record Co., Inc., 917 F. 2d. 124(4th Cir. 1990).
31 そのほか、公判前手続あるいは書類へのアクセスを肯定したものとして、see, Matter of New York Times Co., 828 F. 2d. 110(2nd Cir. 1987); In re Charlotte Observer, 882 F. 2d. 850(4th Cir. 1989). ただし、In re South Carolina Press Ass'n, 946 F. 2d. 1037(4th Cir. 1991) は Press-Enterprise 両判決によりつつ、陪審員選択手続の非公開を認めている。
32 Waller v. Georgia, 467 U.S. 39(1984).
33 *Id.*, at 46-47.

第4章 ◇ 手続関係者の情報提供の規制

第1節　Gentile 判決前の連邦下級審の動き

■ 1．判例

　次に、手続関与者の法廷外での発言を禁止する手段についての議論を見る。

　この手段については Sheppard 判決が、「裁判所の権限内に入ってくる検察官、弁護人、被疑者・被告人、証人、裁判所職員および法執行官のいずれも、裁判所の機能を台無しにすることを許されるべきではない。刑事裁判の公正さに影響を与える情報についての弁護人と報道機関との協力は、規制の下に置かれるだけでなく、極めて非難すべきものであって、懲戒手続を取るに値するものである」[1]と判示したことを契機として、下級審から検討が始まった。

　まず、Sheppard 判決直後の 1969 年に出された United States v. Tijerina 判決[2]では、公判前報道が公平な陪審員の選択を困難にすることを防止するために、訴訟関係者が法廷外で発言することを禁じた裁判所の命令が問題となった。判決は、陪審員を選択することを一層困難なものにし、公正な裁判を阻害する傾向にあるという合理的な可能性があれば、裁判所は法廷外での発言を禁じることができると判断した[3]。

　Chicago Council of Lawyers v. Bauer 判決[4]では、公正な裁判を侵害するような法廷外の発言を法律家、とりわけ弁護人が行うことを禁じている裁判所の規則が憲法上許されるか否かが問題となった。

ところで、本事案で問題とされた裁判所規則は、合衆国司法会議のいわゆるカウフマン報告[5]を雛形としていた。そして、このカウフマン報告はABA刑事裁判基準と内容的にほぼ一致する。したがって、本事案においては、直接的には裁判所規則の合憲性が論点であったが、それと同時にカウフマン報告やABA刑事裁判基準の妥当性も問われていたと見るべきであろう。

　前述したように、1968年のABA刑事裁判基準[6]は、法律家（弁護人）が刑事手続に関する事柄を法廷外で発言すべきでない場合があるとした。そして、その基準については公表することによって公正な裁判等を妨害する合理的可能性（reasonable likelihood）が存在するかどうかというところに求め、さらに前科記録や自白など一般的に公表されるべきでない事項を範疇的に列挙したわけだが、かかる基準をもとにして作られた本事案の裁判所規則は、判決の受け入れるところとはならなかった。すなわち判決は、「合理的可能性」では過度に広範であり憲法上の要請を満たさないとして、司法の公正な運営を妨害する「重大かつ差し迫った危険（serious and imminent threat）」をもたらす発言のみが憲法上禁止されうると判示したのである。

　しかし、Chicago Council判決とは逆に、Hirschkop v. Snead判決[7]は合理的可能性基準を支持した。本事案でもABA刑事裁判基準を模範としたヴァージニア州弁護士責任規定（Code of Professional Responsibility）の合憲性が問われたが、判決はChicago Council判決に正面から異を唱え、公表することが司法の運営にとって有害である合理的可能性を有するか否かという判断基準で足りるとした。

■2.　ABA

　さらに、Chicago Council判決で自らの判断基準を否定される形になったABA刑事裁判基準は、1980年の第2版では方針を変更し、明白かつ現在の危険基準を採用した[8]。ABAはそのコメントで、判例が合理的可能性、明白かつ現在の危険、重大かつ差し迫った脅威という3つの基準に割れている状況を指摘しつつ、第1版が採るところであった合理的可能性基準では弁護人の表現の自由を保護するための基準としては不十分で、表現規制を緩やかに認めすぎたとした。そして、公正な裁判を受ける権利を損なうことなく第1版の欠陥を補うためには、明

白かつ現在の危険基準によることが適切であると述べたのである。

しかも、ABA は、刑事裁判基準とは別に、1983 年に採用した法律家の行動倫理について規定した専門家行動模範規則 (Model Rules of Professional Conduct) においては、特定の事件の刑事手続や捜査に関与している法律家は、継続中の手続に予断を生じさせる「実質的な可能性」があると認識し、あるいは合理的認識すべきである発言を法廷外でしてはならないと定めた[9]。そのため、適用すべき基準はますます輻輳することになった。

第2節　連邦最高裁 Gentile 判決

■ 1. 事案

このように下級審や ABA の態度が揺れているなかで、連邦最高裁は、1991 年の Gentile v. State Bar of Nevada 判決[10]において、手続関与者の情報提供制限の可否・基準問題を扱う機会を得た。

大規模に報道されていた刑事事件の被告人の弁護人を務めていた Gentile は、彼の依頼人が起訴されてから数時間後に記者会見を開き、あらかじめ準備していた陳述を行った。記者会見において Gentile は、依頼人が無実であって、むしろ依頼人が起訴されている薬物取引やトラベラーズチェック窃盗などの事件の真犯人として疑わしい警察官がいること、また、被害者と称されている人物は薬物の売人であったり、マネーロンダリングの前科のある人物であって、警察との関係で何らかの利益を得ようとして警察に協力的な証言をしたことが疑われるので信用できないことなどを話した。この記者会見と Gentile の発言を報道する記事は地方紙に掲載された。

依頼人の刑事公判は、記者会見についての報道が行われた約6カ月後に行われた。事実審裁判所はマスメディアの報道に影響を受けていない陪審員を選択することができた。審理の結果、依頼人は全ての起訴事実について無罪となった。

ネバダ州法律家協会は、刑事裁判終了後、Gentile の記者会見における発言は、ABA 専門家行動模範規則 3.6 とほとんど同一の文言で公判前の事件情報の公

表を規制しているネバダ州最高裁規則 177 に違反するとして懲戒を申し立てた。規則 177(1)は、訴訟関係者が「継続中の手続の判決に影響を及ぼすような予断を与える実質的可能性 (substantial likelihood) があると法律家が知りあるいは合理的に知るべきであった場合には、公的なコミュニケーションの方法で広められると合理的な人ならば予測しうる裁判外の陳述をすること」を禁止していた。申立を受けた州法律家協会は、Gentile は、自分が犯人の疑いがあると指摘した警察官が検察側証人になるであろうと認識し、また、マネーロンダリングをしているとか薬物の売人であると指摘した人物も検察側の証人として呼ばれるであろうと信じたうえで記者会見を開いており、その目的も公衆に向けて依頼人側の主張を呈示することにあったのだから、Gentile は、自己の発言が依頼人の刑事裁判に影響を及ぼす実質的可能性があると知っていたか、知っているべきであったと認定し、Gentile を懲戒処分に付した。この懲戒処分に対して Gentile が争ったのが本件である。

■ 2. 判決

　以上のような経緯から、連邦最高裁は手続関与者の情報提供制限の可否・基準のあり方について検討する機会を得た。しかしながら、この問題に対して連邦最高裁が出した結論は、必ずしも明快とはいえない部分が残った。すなわち、本事案では、ケネディ、マーシャル、ブラックマン、スティーブンス各裁判官のグループとレンキスト、ホワイト、スカリア、スータ各裁判官のグループとで意見が大きく分かれ、結局、オコーナー裁判官がついたほうのグループが法廷意見を形成することになった。ところが、オコーナー裁判官は、中心的な争点である訴訟に関係する法律家の発言禁止を認める基準については、規制を合憲とするレンキスト裁判官側に付きながら、ケネディ裁判官側の主張である規制は曖昧ゆえに無効であるという部分にも同調した。そのため、事案の解決としては、逆にケネディ裁判官側の判断が通ったのである。

　さて、肝心の争点について、レンキスト裁判官側は、弁護人の発言は Nebraska Press 協会判決で報道機関に対する規制を許容する基準として確立した基準よりも低い基準で規制されうると Sheppard 判決が示唆したこと、弁護人は証拠開示等を通じて情報に対して特別にアクセスすることができるからその発言がとりわけ

権威あるものと理解されがちであり、それゆえ事件の公正さに脅威をもたらす危険性があることなどを根拠に挙げて、規則177の「実質的に予断を生じさせる相当の可能性」基準は合憲であるとした[11]。

これに対して、ケネディ裁判官側は、弁護人の発言を封じるには、「明白かつ現在の危険」が必要であると主張したが、この主張を支える根拠として、ケネディ裁判官は以下の点を挙げた。

第一に、国民の知る権利という観点からの刑事事件情報の重要性である[12]。

第二に、刑事事件の弁護人としての職責に刑事事件情報の公表も含まれるという点である。すなわち、ケネディ裁判官は、弁護人は、とりわけ、起訴が外見上不正であるように思われたり、不適切な動機に基づいて開始されたと考えられる場合には、起訴状の却下 (dismissal of an indictment) や告発の対象となった犯罪のより軽い犯罪への切り下げを得るために合法的な戦略を追求することができ、そのなかには、依頼人の評判を保護し、依頼人が公判に付されるに値しないということを世論に対して示すことも含まれるとした[13]。

さらに、第二の点と密接に関連するが、予断発生の防止のために、捜査機関による情報公表との間でバランスを取る必要性の点も指摘されている。すなわち、ケネディ裁判官によれば、捜査機関は刑事被告人に不利益な情報を公表する数え切れない手段を持っており、それらの多くは規則177あるいは他の規制の範囲内には入っていないのに対して、被疑者・被告人側は、自己負罪あるいは防御にとっての不利益の発生を恐れることなしに事件に関する情報を公表することはできないうえに、ほとんどの刑事被告人は、検察側の発言に対抗する目的のために弁護人と離れて公衆との関係を維持するための充分な手段を有していないとされる。そして、これらの要因は、弁護人の発言を制限する包括的な規制は修正1条の慎重な審査なしには受け入れられないという私〔ケネディ裁判官〕の結論を際立たせることになるというのである[14]。

■ 3. Gentile 判決後の連邦下級審の対応

訴訟関係者の法廷外発言を制限することの可否・基準について、連邦最高裁はGentile 判決において、ともかくも一定の判断を下した。しかし、法廷意見と反対意見は拮抗し、かつ争点に関する主張と結論との間でねじれが生じていたことから、

訴訟関係者の発言は、マスメディアの報道よりも低い基準で禁止・規制できるとする法廷意見の見解は、なお不安定さを内包していた[15]。

実際、Gentile 判決以降も下級審の判断は必ずしも統一されたとはいいがたい[16]。たとえば、弁護人が大陪審の際に被告人に不利益な証言をした証人に対してインタビューを行い、インタビューにおいて不利益証言の大部分を撤回した様子をビデオで撮影し、検察官の中止要請にもかかわらずこのビデオを記者会見で流したことが地方規則違反に問われた In re Morrissey 事案では、再び「合理的可能性」基準が用いられた。判決は、Gentile 判決が「実質的可能性」基準を採用したことを明示的に確認したうえで、「〔Gentile 判決は〕『実質的可能性』基準が修正1条のもとで、法律家の発言に対する制限として憲法上許容される唯一の基準であるとは述べていないし、『合理的可能性』基準が、法律家の発言に対する保護が薄いとも述べていない」と述べた。そしてさらに、「本裁判所は Gentile 判決と Hirschkop 判決とは両立すると判断する。Gentile 判決が Hirschkop 判決を黙示的に覆したとは考えない」として、合理的可能性基準を採った Hirschkop 判決を踏襲すると宣言したのである[17]。

他方で、テロ関連犯罪で訴追された被告人らの裁判に関して、裁判所が適正手続および公正な裁判を受ける権利の侵害を懸念して、審理中の問題に関する公式記録に綴じられていない機密および封印された情報を公表することを当事者に禁じた口止め命令に対して被告人が異議を唱えた Koubriti 事件では、判決は、Gentile 判決に忠実に従って「実質的可能性」基準を適用し、本件口止め命令を適法であると判断した[18]。

このように、Gentile 判決の含意や射程に対する理解が必ずしも容易でないという事情も相俟って、Gentile 判決後、同判決の理解の仕方も含め、手続関係者の発言規制の是非・基準をめぐっては、学説でも一層華々しい議論が展開されることとなった。

第3節　学説における議論

■ 1.　弁護人の法廷外発言に対する消極説

　手続関係者の法廷外での発言規制の基準をめぐって学説は、当初、主として弁護人を念頭に置いた手続関係者の表現の自由と被疑者・被告人の公正な裁判を受ける権利とを対立するものと位置付けて、両者の調整を適切に図るためにいかなる基準が妥当なのかを論じる傾向が見られた。しかしながら、次第に、そもそも弁護人の発言は被疑者・被告人の公正な裁判を受ける権利を侵害する効果を持つものなのか、という点に議論が拡大ないし集中するようになった。

　現在、弁護人が被疑者・被告人側の主張や情報を報道機関に提供することについては、被疑者・被告人の公正な裁判を受ける権利の保障との関係で、弁護人は発言を控えるべきなのか、それとも逆に被疑者・被告人側の主張を積極的に社会に説明すべきなのか、意見は割れている。

　論者のなかには、Gentile 判決の法廷意見と同じ方向の認識に立つ者も少なくない。たとえば、シュトゥンテル（D. Stntelle）は、注目を集める裁判の始まる前や公判中に記者会見するという検察官および弁護人の悪癖によって、報道に触れることによる陪審員の予断の問題がさらに大きくされていると分析している[19]。

　また、マウテ（J. Maute）も、一方の当事者側の法曹からなされる係属中の刑事事件に関する公判外での発言は、公正な裁判を受ける権利を深刻な危機に晒し、法律専門家に対する市民の不信を高めて司法制度に対する信頼感を低下させる「お祭り騒ぎの雰囲気」を作り出す可能性があるとの認識に立ち、法曹の「表現の自由」についてどのような主張がなされようとも、訴追側であるか弁護側であるかを問わず刑事事件に関係する全ての人間は、事件について法廷外で話すことを実質的に全て差し控えるべきであると主張している[20]。

　ブランドウッド（J. Brandwood）も、手続関係者の発言規制が予断的報道を減らす方法として有効であることを認めたうえで、被疑者・被告人の公正な裁判を受ける権利を保護するために弁護人の発言が厳格に規制されるべきだし、検察官や捜査機関のリークを抑制する効果的な方法が考えられるべきであると主張する。また、ブランドウッドは、予断を生じさせるおそれが強いがゆえにとくに規制すべき

情報として、被疑者・被告人の前科、自白、ポリグラフ検査を拒否したことなどを例示している[21]。

■ 2. 弁護人の法廷外発言に対する積極説

　しかしながら、弁護人の法廷外発言が事実認定者に対して予断を生じさせるとする認識に対しては、疑問を提起する見解も強い。たとえば、ベルナーベ・リーフコール（A. Bernabe-Riefkohl）は、公衆は弁護人の発言を権威的で信頼できる情報として受け取るとの認識に立った Gentile 判決のレンキスト裁判長の意見について、レンキスト裁判長は、法律家のほうが他の情報源よりも信頼できると市民が認めていることを実証する証拠を何ら提供していないと批判したうえで、真実は逆であり、弁護人が依頼人の最上の利益を代表しようと試みる存在であると分かっているから、むしろ市民は弁護人の発言に対して懐疑的であると分析している[22]。
　一方、事実認定者に有罪の予断を生じさせないようにするためには、むしろ弁護人が積極的に被疑者・被告人側の主張を報道機関に対して伝え、世論に訴えるべきであるとする見解も有力に主張されている。
　たとえば、ワトソン（J. Watson）は、マスメディアと弁護人との関係をめぐる現状について、大規模に報道される刑事裁判が続発した結果、もはや弁護人が被疑者・被告人の社会におけるイメージ作りのために報道機関と関係を持つことは珍しくなくなっており、現に、ロースクールのなかには、報道の興味を引くような訴訟のやり方についてのトレーニングプログラムを提供しているところもあると紹介したうえで、問題の所在は、既にそのような関係が適切かどうかということから、どのようにすれば最も効果的にイメージ作りをすることができるかという点に移っているとまでいう[23]。そして、ワトソン自身も、弁護人による情報提供に積極的意義を見出している[24]。すなわち、報道機関は、犯罪についての情報を収集するために日常的に検察官のところを訪れており、検察官も限られた範囲ではあるが、市民の刑事事件情報に対するアクセス権を保障するために、情報を提供する義務を有している。実際に、著名な事件では、しばしば検察官は記者会見をして情報提供をしている。このような検察官と報道機関とのある程度制度化された関係は、犯罪報道における有罪推定を促進させる機能を有している[25]。とりわけ、一部の例外を除く全ての州において、市民が刑事事件に関してアクセスすることを認めている

基本的情報のなかに、容疑者の名前と起訴事実とが含まれており、この2つの情報を結び付けると被告人の処罰が正義の実現であるという枠組みが作り出されるから、かかる枠組みに対抗する枠組みがないままの状態にしておくことは、無罪推定法理を無視することになる[26]。ワトソンはこのように述べたうえで、有罪推定の枠組みに対抗するためには、弁護人が被疑者・被告人側の主張を積極的に報道機関に伝えて、報道が一方的で偏ったものになることを防ぐ必要があり、そのような目的のために弁護人が情報提供をすることは弁護人の訴訟上の義務であるとまで主張するのである[27]。

ただしワトソンは、弁護人の法廷外における発言権を被疑者・被告人の修正1条の権利から根拠付けていることには留意しておく必要があろう。つまり、ワトソンは、弁護人の法廷外発言によって守るべき被疑者・被告人の利益として、公正な裁判を受ける権利などの適正手続の保障というよりもむしろ、社会のなかに被告人を犯人視する世論が形成される結果、被疑者・被告人が社会的に疎外され、社会に戻ったときに正常な市民生活を送れなくなることから被告人を保護するという点に重点を置いているといえよう。このことは、彼が、「世論の法廷における敗北は、法廷における無罪判決によってもたらされるべき修復的効果を無にするだろう」[28]と述べているところからも窺われる。

ディーンズ (C. Dienes) も手続関係者の法廷外での発言制限は予断の発生を防止することはできず、かえってそれを助長するおそれがあると指摘する。すなわち、手続関係者の発言規制を行えば、報道機関は、捜査機関のリークを通じた情報収集を多用することになり、情報はさらに予断に満ちた、不確かな、市民にとって情報源の明らかでないものになる、と警告するのである[29]。そして、手続関係者の発言規制に対する以上のような認識から、ディーンズはGentile判決を次のように厳しく批判している。「弁護側からの事件についての見方を示し、被告人の無罪主張をしたGentileの発言が自白や目撃証人の証言などの関連証拠についての報道よりも害が大きいとは信じがたい。にもかかわらず、自白などの予断を生じさせる可能性のある情報の報道は、弁護人の発言よりも手厚い憲法上の保護を享受している。さらに、連邦最高裁Nebraska Press協会判決およびそれ以降の判決は、直接規制以外の方法が予断の発生を効果的に防止できるとするが、弁護人の法廷外での発言を制限することが本当に情報の流れを干上がらせることができるのかは不確かである。むしろ報道機関は、より正確でなく、より予断に満ちた情報源に

頼ることを強いられるように思う」[30]。

　ディーンズにおいても、上のような弊害的結果を発生させる手続関係者の発言規制は、主として、報道機関の取材の自由、手続関係者自身の表現の自由および市民の知る権利の保障の観点から問題とされ、かかる規制は厳格審査ないし事前抑制法理のもとに置かれるべきであるという主張につながっている。しかし、ディーンズは修正1条とあわせて、被疑者・被告人の公正な裁判を受ける権利が侵害されるおそれも指摘しており[31]、この点からも、他の制限方法が利用できない場合に限って、手続関係者の発言規制は認められるべきであるとの結論が導き出されていることは注目に値する[32]。

■ 3. 検察官の法廷外発言の是非

　ところで、弁護人の発言を禁ずると報道が有罪方向に偏ると主張する論者の多くは、同時に、検察官は弁護人側に比べて自由に発言できる範囲が広いことも、報道において有罪方向の偏りが生じる原因に挙げている。そして、論者のなかには、検察官側が相対的に自由に発言できるという点を問題視する者も見られる。

　たとえば、ブランドウッドは、過去の実証研究は、報道機関が刑事裁判に関する多くの情報を法執行機関および検察官から入手していることを示しており、このことは、当局によるリークを防げば予断的報道の問題は劇的に取り除かれる可能性があることを意味しているとしたうえで、被疑者・被告人の前科、自白、ポリグラフ検査の拒否などの法執行機関だけが公表できる情報は特に予断を生じさせるおそれが強いので、被疑者・被告人の公正な裁判を受ける権利を保護するために、弁護人の発言のみならず、検察官や法執行官のリークを抑制する効果的な方法が考えられるべきであると主張するのである[33]。

第4節　ABAの対応

■ 1.　専門家行動模範規則の改定

　ABAは、Gentile判決の後、第2章第3節において簡単に触れたように、刑事裁判基準を修正し、「実質的可能性」基準を採用するとともに、被疑者・被告人側の反論権についての規定をおいた。
　一方、専門家行動模範規則のほうは、既にGentile判決以前から実質的可能性基準を取っていた。しかし、Gentile判決を受けてABAは、1994年に同規則にいくつかの実質的な修正を加えた[34]。そのうち、専門家の法廷外での発言に対する規制のあり方に関する代表的な変更点は、以下のとおりである。第一に、実質的可能性基準のもとで法廷外の発言が規制される法律専門家の対象範囲が、事件の捜査あるいは裁判に関与している法律家に限られることが明確にされた。第二に、法律専門家が、不公正で不利益な報道から依頼者を保護するために法廷外で必要な応答をすることを許す例外規定が追加された。第三に、法廷外での発言が禁止される範囲を法律専門家のスタッフで当該事件の処理に関わっている者にも拡大した。その結果、法律専門家の法廷外発言に関して、刑事裁判基準と専門家行動模範規則は、内容的におおよそ共通の考え方が取られることとなり、現在に至っている。
　学説において法律専門家の法廷外発言と被疑者・被告人の公正な裁判を受ける権利との関係について、発言者が弁護人か検察官かに応じて異なる評価をすべきか否かという点も含めて議論が噴出している状況で、ABAがいかなる考え方を取っているかを確認することは、問題の理論的本質を探る意味でも、日本において取るべき方向性を検討するうえでも極めて大きな意味があると思われる[35]。以下、やや長くなるが、より包括的に規定されている専門家行動模範規則の関係部分を引用しながら、ABAの現時点での姿勢をまとめておくこととしたい[36]。

■ 2.　規則3.6

　専門家行動模範規則において、法律専門家の発言のあり方については、まず、

規則 3.6（裁判報道）が、法律専門家全てに適用される一般的なルールを定めている[37]。

　規則 3.6　裁判報道
　　(a) ある事件の訴訟あるいは捜査に関与しているあるいは関与した法律家は、公衆に向けたコミュニケーション手段によって広められ、事件について係属中の手続に予断を生じさせる実質的な可能性があると認識し、あるいは合理的に認識すべきである法廷外の発言をしてはならない。
　　(b) (a)項にかかわらず、法律家は、以下の事項について発言することができる。
　　　(1) 請求〔の内容〕、関連する攻撃あるいは防御および、法律で禁止されている場合を除いて関係する人物の身元。
　　　(2) 公式記録に含まれている情報。
　　　(3) 事件についての調査が現在進行中であるということ。
　　　(4) 訴訟上の行動についての日程および結果。
　　　(5) 事件に関して必要な証拠および情報を得るために援助を求めること。
　　　(6) 個人あるいは公益に対する実質的な損害が発生する可能性が存在すると信じる合理的な理由がある場合に、関係する人物の行動に関して危険を警告すること。
　　　(7) 刑事事件においては、(1)から(6)に加えて、
　　　　(i) 被疑者の身元、住所、職業および続柄。
　　　　(ii) 被疑者が逮捕されていない場合には、当該人物を逮捕するために必要な情報。
　　　　(iii) 逮捕の事実、時間および場所。
　　　　(iv) 捜査官および逮捕した警察官あるいは機関を特定する情報および捜査に費やされた期間。
　　(c) (a)項にかかわらず、法律家は、法律家あるいは法律家の依頼者が引き起こしたのではない直近の報道によって実質的に不適正な予断を引き起こされることから依頼人を守るために必要であると、合理的な法律家であれば信じるであろう発言をすることができる。本項に従って行われる発言は、直近の偏見をもたらす報道の影響を減少させるために必要な情報に限られなければならない。

(d) (a)項の規制を受ける法律家とともに法律事務所あるいは行政機関において事件に関わる法律家は、(a)項によって禁止された発言をするべきではない。

(a)項では、予断を生じさせるおそれのある情報、したがって法廷外での発言を差し控えるべき事項は具体的に規定されていない。しかし、(a)項に付されたコメントが[38]、この点について、次のように詳細に敷衍しており、ABAも学説で頻繁に指摘される類型の情報について予断を生じさせるおそれが強いと評価していることが明らかになる。

とりわけ、陪審裁判に付される民事的な事柄、犯罪に関する事項あるいは、拘禁につながりうる何らかの手続について言及される場合、手続に実際に予断を生じさせる効果を持つことがありそうな特定の項目がある。そのような事項とは、次のようなものである。
 (1) 当事者、犯罪捜査における被疑者あるいは証人の性格、信用性、評判あるいは前科、あるいは証人の身元、あるいは当事者あるいは証人の予想される証言。
 (2) 刑事事件あるいは拘禁につながりうる手続において、有罪答弁の可能性あるいは、被疑者・被告人によってなされた何らかの自白、事実の承認、あるいは供述の存在あるいはその内容、あるいは供述することを拒否したかあるいは供述できなかったという事実。
 (3) 何らかの試験あるいはテストを行ったこと、あるいはその結果、あるいは被疑者・被告人が試験あるいはテストを受けることを拒否したか、あるいは受けることができなかったという事実、あるいは提出が予定されている身体的証拠の内容および性質。
 (4) 刑事事件あるいは拘禁につながりうる手続において、被疑者・被告人の有罪あるいは無罪についての何らかの意見。
 (5) 法律家が公判において証拠として許容されないと認識しているか、合理的に認識すべきであって、もし開示されれば、公平な裁判に予断を生じさせる実質的な危険を生じさせるであろう情報。
 (6) 起訴は単なる告発にすぎず、被告人は有罪であることが証明されるまで、そして証明されない限り無罪が推定されると説明する発言が含まれてい

る場合を除いて、被告人がある犯罪で起訴されたという事実。

さらに、(c)項は、ABAが、とりわけ有罪の予断を生じさせるような法廷外発言がなされている場合に弁護側が反論することに対して、積極的な意味を見出していることを示しているといえよう。実際、(c)項のコメントでは、「予断を生じさせるような発言が他人によって公になされた場合には、応答的発言は、係属中の手続に対する有害な影響を弱める有益な効果を持ちうる」と述べられている。

■ 3. 規則3.8 ── 検察官の責任

他方、専門家行動模範規則は、検察官や捜査機関側から提供される情報が有罪視報道を作り出す大きな要因となっており、それゆえ訴追側からの情報提供こそ適切に規制されるべきであるという考え方も基本的に共有しており、上記の一般的規則に加えて、特に検察官に対しては規則3.8を設け、追加的な規制を加えている[39]。

規則3.8 検察官の特別な責任
刑事事件における検察官は、
〔中略〕
(f)市民に対して検察官の行為の性質および範囲について知らせるために必要な発言および、正当な法執行の目的にかなう発言を除いては、被疑者に対する市民の非難を高める実質的な可能性がある法廷外の発言を差し控えなければならず、捜査官、法執行官、職員あるいは刑事事件において検察官に協力し、あるいは連携している他の人物が、検察官が規則3.6あるいは本項のもとで禁止されている法廷外の発言をすることを防止するために合理的な注意を払わなければならない。

このように、ABAは、訴追側による情報提供がとりわけ被疑者・被告人に対する有罪の予断を生じさせる危険性が高いという認識に立ち、検察官による法廷外発言を特に厳しく制限している。本項に対してABAによって付されたコメントでは、「(f)項は、規則3.6を補足するもので、有罪・無罪を決する手続に対して予断を生

じさせる実質的な可能性のある法廷外の発言を禁止している。刑事訴追の文脈においては、検察官の法廷外の発言は被告人に対する市民の非難を増加させるという別の問題も生じうる。たとえば、起訴の公表は必然的に被告人にとって深刻な結果をもたらすが、検察官は、正当な法執行の目的を持たず、被告人に対する市民の非難を増加させる実質的な可能性のあるコメントを避けることができるし、避けなければならない。このコメントは、検察官が規則3.6(b)あるいは3.6(c)に従って行うことのできる発言を制限しようとするものではない」と述べられており[40]、ABAが検察官の発言の有罪誘発的効果に非常に大きな警戒感を持っていることが一層明示されている。

しかも、同コメントはさらに続けて、「(f)項は、検察官に、刑事事件における不適切な法廷外発言の有する独特の危険に関するこれらの義務の重要性を思い出させる。(f)項は、検察官に対して、検察官を補助し、あるいは検察官と協力している人々が不適切な法廷外発言をしないように、たとえそれらの人々が検察官の直接の監督下にはない場合であっても合理的な注意を払うことを要求している。通常、合理的な注意基準は、検察官が法執行官および他の関係する人々に対して適切な警告を出した場合に満たされる 」と指摘している。すなわち、検察官には、自らが有罪の予断誘発的な発言をしないだけでなく、検察官以外の捜査関係者にも同様の発言をさせない強い義務までもが負わされているのである。ABAが捜査・訴追側の情報提供活動が社会における有罪視的雰囲気を発生させる危険を有していることを強く認識し、相当に徹底的に捜査機関の行動を規制しようとする姿勢をとっていることが見て取れるだろう。

1　Sheppard v. Maxwell, *supra* note, at 363.
2　United States v. Tijerina, 412 F. 2d. 661(10th Cir. 1969).
3　同じ基準によりつつ裁判所の制限命令を否定したものとして、see, Chase v. Robson, 435 F. 2d. 1059(7th Cir. 1970).
4　Chicago Council of Lawyers v. Bauer, 522 F. 2d. 242(7th Cir. 1975).
5　Committee on the Operation of the Jury System, Judicial Conference of the United States, Repcrt of the Committee on the Operation of the Jury System on the "Free Press-Fair Trial" Issue, 45 F.R.D. 391(1968).
6　ABA, ABA PROJECT ON STANDARDS FOR CRIMINAL JUSTICE, STANDARDS RELATING TO FAIR TRIAL AND FREE PRESS Ch1.1.(Approved 1968).

7　Hirschkop v. Snead, 594 F. 2d. 356(4th Cir. 1979).
8　ABA, ABA STANDARDS FOR CRIMINAL JUSTICE, Ch. 8(Fair Trial and Free Press), (2d ed. 1980).
9　ABA MODEL RULES OF PROFESSIONAL CONDUCT.
10　Gentile v. State Bar of Nevada, 501 U.S. 1030(1991).
11　Id., at 1074-1075.
12　Id., at 1035.
13　Id., at 1043,
14　Id., at 1056.
15　Bernabe-Riefkohl, Silence is Golden: The New Illinois Rules on Attorney Extrajudicial Speech, 33 Loyola University Chicago Law Journal 323, 346(2002); Croft, Free Speech & Fair Trials-Striking the Balance: A Case Comment and Analysis of the Maryland Trial Publicity Rule as Applied in Attorney Grievance Commission of Maryland v. Douglas F. Gansler, 19 Geo. J. Legal Ethics 345, at 352, 364(2006).
16　連邦最高裁が明確な指針を示さないがゆえに、とりわけ弁護人以外の訴訟関係者に対する口止め命令の場合にどの基準を適用するかという点について、連邦控訴裁判所の各々の巡回裁判所ごとに判断が分かれていると指摘するものとして、Robert N. Sidman, Note, Gagging Louisiana's Politicians: The Fifth Circuit Reviews the Constitutionality Gag Orders Against Trial Participants in United States v. Brown, 76 Tulane L. Rev. 233,238(2001).
17　In re Morrissey, 168 F. 3d 134, 139(4th Cir. 1999).
18　United States v. Koubriti, 307 F. Supp. 2d 891(E.D. MIch. 2004).
19　Stntelle, The Courts and the Media, September 2001 The Federal Lawyer 25, 40.
20　Maute, What does it mean to practice law "In the Interests of Justice" in the Twenty-First Century?: "In Pursuit of Justice" in High Profile Criminal Matters, 70 Fordham L. Rev. 1745, 1746, 1756(2002).
21　Brandwood, You Say "Fair Trial" and I Say "Free Press" : British and American Approaches to Protecting Defendant's Rights in High Profile Trials, 75 New York Univ. L. Rev. 1412, 1448-1450(2000).
22　Bernabe-Riefkohl, *supra* note 15, at 359-360.
23　Watson, Litigation Public Relations: The Lawyer's Duty to Balance News Coverage of Their Clients, 7 Comm. L. & Pol'y 77, 78(2002).
24　See too, Ramsey/McGuire, Litigation Publicity: Courtroom Drama or Headline News?, 22 Communication and the Law 69(2000).
25　Watson, *supra* note 23, 90.
26　See too, Bernabe-Riefkohl, *supra* note 15, at 373. 報道機関に情報提供をしたいと考える検察官は、望む情報を全て起訴状に盛り込むことができるとする。

27 Watson, *supra* note 23, at 102-103.
28 *Id.*, at 102.
29 Dienes, Trial Participants in the Newsgathering Process, 34 Univ. of Richmond L. Rev. 1107, 1110(2001).
30 *Id.*, at 1139-1140
31 *Id.*, at 1163-1164.
32 See too, Bernabe-Riefkohl, *supra* note 15, at 378. 知る権利の観点から裁判報道の広範囲にわたる規制は憲法上疑問であるが、他方、公正な裁判を受ける権利の保護のために法律家の発言を規制することは正当化されるとしつつ、それはあくまで憲法の範囲内に限定される必要があるとして、明白かつ現在の危険基準の採用を求めている。
33 Brandwood, *supra* note 21, at 1148-1150.
34 修正の経緯については、see, Croft, *supra* note 15, at 348.
35 実際、ABAの影響力は小さくなく、ABAの対応を受けて、裁判所規則に検察官による法廷外での発言を規制する条項を取り入れた州もある。たとえば、イリノイ州最高裁規則 3.8(d)は、検察官は、「検察官の行動の性質と範囲について公衆に知らせる必要のある発言および正当な法執行の目的にかなった発言を除いて、被告人に対する公衆の非難を高める重大かつ差し迫ったおそれをもたらすであろう法廷外での発言を差し控えるべきである」(ILL. SUP. CT. R. P. C. 3.8(2000))。ただし、当然のことながら、イリノイ州最高裁規則が定めたようなやり方には、批判もある。たとえば、Bernabe-Riefkohl, *supra* note 15, at 375 は、検察側が弁護側よりも自由に発言できることを問題としつつ、検察側の発言を規制することで両者のバランスを取ろうとしたイリノイ州最高裁規則のやり方には批判的である。また、検察官は公衆の知る権利を充足するために被告人の身元、職業あるいはその他の個人情報を明らかにすることを許されているが、これらの情報は同時に被告人に対する公衆の非難を高める危険性を持っているから、検察官は、この種の情報を開示してよいのか、開示してはならないのか混乱することになる、と指摘している。
36 なお、拙稿「犯罪報道と適正手続との交錯――共生モデル構築へ向けての序論的考察」法学60巻3号（1996年）129頁以下では、刑事裁判基準と専門家行動模範規則との関係を正確に把握していなかったため、両規定の区別が明確でない表現になっていた。不明を恥じたうえで、本書において改めて整理した。
37 "http://www.abanet.org/cpr/mrpc/rule3_6.html"
38 "http://www.abanet.org/cpr/mrpc/rule3_6.comm.html"
39 "http://www.abanet.org/cpr/mrpc/rule3_8.html"
40 "http://www.abanet.org/cpr/mrpc/rule3_8.comm.html"

第5章◇まとめ

第1節　実証研究

■ 1.　予断法理の適用の限定化と実証研究の高まり

　以上、マスメディアが急速に発達してきた1950年代以降のアメリカにおける報道の自由と公正な裁判の保障をめぐる判例・学説を概観してきた。アメリカが既に1950年代から、マスメディアの発達に伴って犯罪報道が事実認定者に事前の有罪視的な予断を与える危険性を認識して、公正な裁判の保障に関わる重大な問題として正面から受け止め、問題構造の把握および問題点の解決に向けた対応方法について真摯な議論を重ねてきたことが、かなりの程度浮き彫りになったのではないかと思う。

　ところで、アメリカにおいては、センセーショナルな犯罪報道が事実認定者に予断を生じさせるおそれがあることは、いわば経験則的に共通の認識とされたうえで、かかる予断が理論的にどのような問題を生じさせ、法政策的にどのような対応を取るべきなのかについての議論が積み重ねられてきたように思われる。たとえばIrvin事件のように、陪審員選択手続で9割もの人々が有罪の予断を抱いていることを認めるような状況に接するとき、この経験則には充分な根拠があるといえよう。しかし、他方で、問題の所在を経験則のみに頼る議論は、基準としての脆弱性を孕んでいたことも事実である。時代が下るにつれて、とりわけ、有罪判決の破棄＝処罰の断念という手法について裁判所は、その極めてラジカルな結果によってもた

らされる影響力を意識して、適用範囲を極小化していくようになった。つまり、裁判所は、報道が作り出した予断によってもはや公正な裁判が保障できなくなることがありうることを総論としては認めつつ、目の前の事案では、いまだ伝家の宝刀を抜くほどまでには至っていないという判断を繰り返すようになったのである。

このような状況が生じるにつれて、有罪視報道による公正な裁判の侵害が現実にどの程度ありうる事態なのかを実証的に明らかにするという、報道の自由と公正な裁判問題に関する議論の当初から伏在していたニーズが近年、ますます顕在化するようになってきたといえよう。と同時に、Sheppard 判決、Nebraska Press 協会判決、Gentile 判決などで提示されてきた予断の発生を防止し、あるいは予断が法廷に持ち込まれないように遮断する様々な対応策が、実際にどれくらいの効果を有するのか、という点についての実証的データも、真に有効な法制度、法政策を選択するうえでますます必要にされるようになってきている。

そして、実証的データに対するニーズの高まりに対して、近時、「法と心理学」の分野からの応答が活発に行われるようになった。実証的データが全ての経験則を正しく表すことができるとは限らないから、問題の存在根拠を実証研究のみに求めることは必ずしも適切ではないが、少なくとも、事実認定者に対する無前提的かつ素朴な信頼感のみに依拠することで、現に問題が発生している状況から眼をそらし、解決すべき課題をネグレクトしてしまうことを防ぐためには一定程度有効な方法であるように思われる。そこで、アメリカの法的議論から得られた知見をまとめるのに先立って、アメリカで行われている実証研究の一端を紹介することとしたい。

■ 2. ファインらの実験

ファイン (S. Fein) らは、公判前報道が陪審員の判断に影響を与えるか否かを調べるために、心理学の学生を使って2つの実験を行った[1]。このうち第一の実験では、別居している妻と近所の男が一緒に居るところを発見した夫が2人を殺害したとして起訴された事件の公判の反訳記録を実験用に修正したものが用意された。

学生は、3つのグループに分けられた。第一のグループは、事件の反訳記録に加えて、事件についての2つの短い新聞記事と意見コラムを読んだ。新聞記事は、被告人が妻に対して暴力を振るってきた過去を持つこと、被告人の指紋が凶器から見つかったこと、目撃者がいることといった被告人に対する負罪的な情報を含むも

のであった。さらに、意見コラムは、被告人がアルコールに依存し、酒を飲むと暴力を振るう傾向があるとか、妻に対する嫉妬が殺人の動機であるといった被告人の性格の消極面に焦点を当てるような記述がなされ、全体として感情的で敵意に満ちており、被告人の有罪を強く示唆するものであった（報道条件グループ）。第二のグループは、報道条件グループと同じ反訳記録、新聞記事、意見コラムを読んだが、それらの資料に加えて、弁護人が、メディアがなぜこの事件を報道しようとするのかというマスメディア側の報道の動機について疑義をさしはさんだ新聞記事もあわせて読んだ。追加された記事は、弁護人が、コラムで主張されたことを否定し、本件の報道は新聞を売るために被告人の無罪につながる事実を意図的に無視してなされていると論じ、検察も世論を動かすためにメディアに情報を吹き込んだと示唆するものであった（疑い条件グループ）。第三のグループは、反訳記録のみを読み、一切の新聞記事資料は与えられなかった（報道なし条件グループ）。

　いずれのグループも資料を読んだ後、公判前または公判外で事件について知ったいかなる情報も無視するべきこと、そして「偏見や感情」に影響されないようにすべきことを指示する標準的な裁判官説示が書かれた文書を読んだうえで、被告人が有罪か無罪かの判断をするように求められた。その結果、各グループが有罪の判断を出した割合は、疑い条件グループと報道なし条件グループが 40 〜 45%程度であったのに対して、報道条件グループが 75% を超える高い割合に達した。

　以上の実験結果を得たファインらは、公判前報道と陪審員の予断との関係について次のような示唆が得られると結論付けた。すなわち、実験結果は「公判前報道が陪審員の評決に予断を与えることを示唆している。公判の反訳記録を読む前に新聞記事において顕著に検察官を支持する情報に晒された場合、公判前報道に疑いを持たない限り、そのような情報を無視するようにとの裁判官の説示を受けたにもかかわらず、参加者は有罪評決をしがちである。しかしながら、新聞における報道の基礎となっている動機に疑問を投げかける情報を読むことで、参加者はかかる効果を薄めることができる」[2]。

　もちろん、模擬陪審を作り、模擬裁判と擬似報道を使って報道による陪審員への影響を実証しようとする方法に対しては、問題点も指摘されている。たとえば、スチュードベーカー（C. Studebaker）らは、実験と現実の公判および公判前報道とを比較した場合に、実験は、①実験参加者が学生に偏っている、②事案の資料が文章のみで提供され、実際の公判あるいは模擬裁判を見ていない、③資料と

して提供される報道の量も実際の報道よりも少なくせいぜい数件の記事サンプルであることが多い、④テレビ、ラジオ形態での報道資料提供がほとんどなされないなどの違いがあり、その結果、提供される公判資料および公判前報道の性質と量がどの程度現実の条件を反映しているかほとんどの場合不明であるという限界を抱えていると指摘している[3]。

■ 3. スチュードベーカーらの実験

しかし、スチュードベーカーらは、これらの限界を抱える従来の実証研究の結果を否定しようとして問題点を指摘したわけではない。むしろ、従来の実証研究が孕んでいた問題点はインターネットを使った調査手法をとることで解消できると主張し、実際にインターネットという調査ツールを用いて、より信頼性の高い結果を得ようと試みているのである[4]。

スチュードベーカーらは、まず、1995年に起こったオクラハマシティ連邦ビル爆破事件の公判を調査対象に選び、同事件の評決形成に対する公判前報道の影響を裁判と同時進行的に調べた。具体的には、それぞれの新聞発行部数がほぼ似通っている地域のなかから、相対的に大量の公判前報道に晒された地域と相対的に少ない公判前報道に晒された地域とを選び、インターネットを通じて実験への参加を呼びかけた。

呼びかけに応じて参加することに同意した人々に対しては、公判が始まる前に、検察官を支持する態度の有無・程度、事件についてどれくらいの公判前報道に接したか、事件に関してどのくらいの知識を有しているか、被告人 McVeigh が爆破に関与したかどうかについての意見、被告人に不利な証拠がどれくらいあると思うかについての見解などが質問された。そのうえで、実際に公判が始まってからは、公判手続の要旨を6日ごとに電子メールで配布し、参加者は、公判の要旨を配布されるごとに McVeigh が有罪か否かについての意見を報告するように求められた。

このようにインターネットという調査ツールを使うことで、実際に発生している公判前報道への参加者の接し方の違いを調査に反映することができ、実際に行われている公判で実験することができ、公判前報道の影響を調べるうえで重要なファクターである繰り返しの報道に晒されたという条件を満たすことができる。総じていえば、模擬裁判形式で行う実験が抱えている問題点の多くを解消することが可能

になったといえるが、スチュードベーカーらは、そのような改善された条件のもとで行われた実験においても、公判前報道の影響がある程度検証される結果が得られたという。

　すなわち、第一に、爆破あるいは公判の場所から距離が離れるほど、McVeighに関する公判前報道に晒された量は減少し、爆破に関する知識も減少した。さらに、距離が離れるほど、McVeighが爆破に関する活動に関与したという意見は減少し、自分が居住する地域でMcVeighの公判が開かれた場合にMcVeighに有罪判決を下さなければならないとのプレッシャーを感じる程度も減少していた。

　第二に、McVeighについての公判前報道に晒されたことと検察官を支持する態度あるいは有罪判決を出さなければならないとのプレッシャーの程度との間には相関は見られなかったが、爆破に関する知識、爆破に関する活動にMcVeighが関与したという意見、および本件における証拠が検察官に有利であるという意見との間には積極的な相関が見られた。さらに、爆破に関する知識が増えることと有罪判決を出さなければならないとのプレッシャーを感じる程度との間にも相関が見られた。

　したがって、以上の結果を踏まえれば、結局、本件において、公判前報道は明確に被告人に不利な方向での予断と関係付けられたとの結論を見出しうるとスチュードベーカーらは述べるのである。

■ 4. 自白情報の影響力

　ところで、公判前報道が陪審員に予断を生じさせるおそれがあるとした場合に、報道される情報のうち、特にどのような性質・種類の情報が「有害」なのかを明らかにすることは、予断の発生を防止するための実効性ある対応策を考えるうえで不可欠のデータとなる。とりわけ、訴訟関係者による報道機関への情報提供の規制という手段を取ろうとするときには、犯罪や事件に関連する情報のうち、どの情報を提供すべきでなく、どの情報を提供してよい、あるいは提供しなければならないのかを区別する作業が、具体的な制度設計において不可欠の工程となる。この点、判例・学説は、経験的知識を踏まえて、自白や前科記録などを予断を誘発する強度の危険のある情報に分類してきたわけだが、これらの経験的知見を実証的に検証しようとする研究も、近時、盛んに行われている。

自白については、たとえば、カッシン（Kassin）らの研究がある[5]。カッシンらは、実験グループをまず、被告人の自白は捜査官から手錠をかけられたり、怒鳴られたり、拳銃で脅されるなど強い圧力を受けた状況下でなされたという情報とともに自白内容を紹介されたグループ（高圧力グループ）と、被告人が捜査官から強い圧力を受けることなく自白したという情報とともに自白内容を紹介されたグループ（低圧力グループ）に分け、それぞれのグループをさらに、裁判所が当該自白に証拠能力を認め、検察官が論告等で自白を何度も引用しているグループ（証拠許容グループ）と裁判所が公判記録から自白を排除し、当該自白を無視するように陪審員に対して勧告したグループ（証拠不許容グループ）とに分けて計4つのグループを作った。そして、これらのグループと対照するために、被告人は一貫して否認しているという情報を受け取ったグループ（自白なしグループ）を別に作り、合計5つのグループ相互に、受け取った情報の違いによって、自白による心証形成への影響や有罪認定への影響について差が生じるかどうかを調べた。

　その結果、2回行われた実験のいずれにおいても自白なしグループのみが有罪投票率が他の4グループに比べて低いという結果が見られた。とくに、2回目の実験での各グループの有罪投票率はそれぞれ、低圧力―証拠許容グループで63%、低圧力―証拠不許容グループで50%、高圧力―証拠許容グループで50%、高圧力―証拠不許容グループで44%だったのに対して、自白なしグループは19%にすぎなかった。

　これらの実験結果が示唆するところをカッシンらは次のようにまとめている。すなわち、「模擬陪審は、たとえ彼らが自白を強制されたものとみなした場合にも、裁判官が自白は許容されないと決定した場合にも、そして参加者が自白は自らの決定に影響を与えなかったと断言した場合にも、評決に達する際に、被告人の自白を十分に割り引くことはできなかった。単に自白が存在するということだけで、無罪を有罪にひっくり返すには十分だったのであり、自白が引き出され、呈示された文脈には関係なかった」[6]。

■ 5. 前科情報の影響力

　一方、前科については、グリーン（Greene）らが実証的な研究を試みている[7]。実験では、ある銀行強盗事件の公判記録を実験用に修正した要約文書が作られ

た。要約文書は、まず、提示された情報のタイプによって3種類に分類された。すなわち、第一は、被告人が以前に押し込み強盗の嫌疑で審理され無罪判決を受けたという情報を含むもの（以前の無罪判決）、第二は、被告人が以前に押し込み強盗の嫌疑で審理され有罪判決を受けたという情報を含むもの（以前の有罪判決）、第三は、被告人の前歴について何らの情報も含んでいないもの（情報なし）である。次いで、それぞれのタイプについて、裁判官による「あなたは問題の銀行強盗を犯した人物の特定について判断するのに利用する限度で以前の有罪（あるいは無罪）判決の証拠を使用することができる」という説示が加えられたグループとかかる説示がなされなかったグループとに分けられた。したがって、要約文書に計6種類作られ、そのいずれかのバージョンが実験参加者に配布された。参加者は配布された要約文書を読んだうえで、被告人が有罪か無罪かを判断するように求められた。

その結果、以前の有罪判決グループの模擬陪審員（37〜44%）は、裁判官からの説示の有無にかかわらず、以前の無罪判決グループ陪審員（6〜18%）および情報なしグループ陪審員（11〜24%）に比べて有罪判決を出しやすい傾向が見られた。また、以前の無罪判決グループ陪審員のほうが、情報なし陪審員グループに比べてもさらに有罪判決を出しにくい傾向が見られた。

これらの結果から、グリーンらは、陪審員は、以前の有罪判決に関する情報と以前の無罪判決に関する情報を区別することができ、後者について意図されたとおりの目的で使うことができることがうかがえるとの評価を下しているが[8]、同時にグリーンらの研究は、以前の有罪判決すなわち前科が事実認定者に対して相当程度の予断を生じさせる効果を持っていることを示唆しているといえるのではなかろうか。

■ 6. 小括

このように、アメリカでは、公判前報道が事実認定者に与える予断の有無、程度、予断を与える情報の種類に関して、多くの実証研究が積み重ねられつつある。そして、実証研究の積み重ねは、研究結果に一定の方向性を見出せるレベルになりつつあるようである。

すなわち、フレロ（S. Fulero）は、2002年に Law and Human Behavior 誌26巻1号で企画された公判前報道の実証研究についての特集のあとがきにおい

て、その当時までに蓄積された実証研究を概観すると、以下の結果がそれぞれ複数の実証研究から得られていると、結論を引き出した研究論文を列挙しつつまとめている。

①公判前報道は、陪審員候補者〔の公正さ〕を傷つける影響を持つ。公判前報道に晒された陪審員は、晒されていない陪審員に比べて有罪の評決をしがちである。

②陪審員選択手続は、仮に拡大されたものであり、当事者が質問等を行ったものであったとしても、公判前報道の有害な影響を改善しない。

③公判前報道に晒された陪審員に対して陪審員選択手続で単に、「どんな方法にせよ、公判前報道を無視して公正で公平な評決を出すことできるか否か」と尋ねるだけでは充分ではない。そのようにできると述べる陪審員も依然として、公判前報道に晒されている場合には「有罪」に投票しがちである。

④公判の延期も同様に効果がない。研究は、時間の経過は事実に関する証拠について思い出すことを減少させるかもしれないが、感情的に偏見をもたらす情報を思い出すことを鈍らせることはないということを示唆している。さらに、後の新たな報道が記憶を呼び起こす。陪審員の評議も影響を改善しない。

⑤公判前報道の影響力は、(a)公判前の出来事に関する記憶と証拠に関する公判の判断との結び付き、(b)被告人の性格に対する帰責と推論、(c)証拠の評価と信頼性判断、(d)法的基準の主観的変更などの点に現れる。

⑥予断が現実に存在することおよびその程度を証明するために、報道についての実態調査が必要的であるが、それだけでは十分ではなく、陪審員候補者〔となりうる地域住民〕に対する調査が行われる必要がある。

⑦公判前報道が行われた事件において予断の影響を遮断する有効な方法としては、他の地域の住民から構成される陪審や裁判地の変更などがある。

いうまでもなく、本書で紹介したいくつかの実証研究は、アメリカで行われている実証研究全体から見れば、ごく限られたものでしかない。また、フレロの分析がアメリカにおける実証研究の到達点を正確に反映したものになっているかどうかということ自体も、評価の対象となりうる。さらに、アメリカと日本との間に、報道のなされ方や刑事裁判制度の違い、あるいは刑事司法に対する市民の意識の違いなどがありうることを考慮すれば、アメリカでの実証研究の結果を直ちに日本での議論の前提に置くことは適当ではないだろう。

しかしながら、第一に、理論的・法的検討と実証的検証との両面から問題の所在を把握しようとする姿勢には、日本の犯罪報道と適正手続問題を検討するにあたっても参考とすべきところが少なくないように思われる。第二に、理論と実証の両面からのアプローチは、そこから得られた結論を相互に組み合わされることにより、問題の理論的解明に一層の発展を促しうる可能性を有している。すなわち、実証研究が手がかりとなり、単に報道によって予断が生じるかどうかという、あるかなしかの議論にとどまらず、公正な裁判を侵害すると評価されるべき報道の量、質、情報の種類に関する基準が精緻化され、また侵害を防止するそれぞれの手段の有効度が明らかにされる可能性があり、そのことを通じて、権利侵害の理論的構造の把握も、法政策的対応方法の選択も、一層適切かつ合理性のあるものになる契機を秘めているように思われるのである。

第2節　適正手続侵害の構造

■1.　予断と公平な裁判所による裁判を受ける権利

　犯罪報道によって被疑者・被告人の適正手続を受ける権利が具体的にどのように侵害されているのかという点について、アメリカでは、陪審員に対して予断を与えることによって被疑者・被告人の公平な裁判を受ける権利を侵害するということが重視されている。連邦最高裁が、「本来的予断」、「現実的予断」の2つの法理を確立させたことが、このことを端的に物語っている[10]。
　事実認定者に予断を与える点は、日本でも、犯罪報道が刑事手続にもたらす最大の問題であると認識されているが、権利侵害の具体化および根拠付けにあたってアメリカの議論、とりわけ2つの予断法理の考え方は参考になるものと思われる。ただ、参考にする場合にも、陪審員と職業裁判官、さらには裁判員との性質の異同や、日本の憲法37条2項の「公平」についての解釈が「予断」の有無の判断基準に果たして、またいかなる形で関係するのか、といった日本の場合に固有に解決すべき論点もあるから、参考の仕方には充分留意する必要があろう。
　他方、アメリカにおいても予断法理がひんぱんに発動されるという状況にあるわ

けではない。有罪判決の破棄という結論が有する影響力の大きさを考えれば、予断法理の適用をできるだけ回避したいという指向が働くこと、その結果、予断の発生を防止する手段の活用に議論の焦点が移っていくことは当然の推移といえるだろうし、このような議論の変遷自体にも参考にすべき点が多く含まれているように思う。すなわち、日本において、犯罪報道による適正手続の侵害に対して刑事手続法的に対応しようとする場合にも、事後的救済とともに事前の防止策の探求が不可欠であるし、事前の防止策の内容を豊かにすることによって、事件が重大であればあるほどセンセーショナルな報道が過熱して適正手続が侵害される結果、有罪判決を得にくくなるという問題が発生することを防ぐことができる。

しかしながら、同時に、アメリカにおいては少数ではあるが、実際に有罪判決の破棄という「英断」が下された実例があるという事実も忘れてはならない。被疑者・被告人の適正手続を受ける権利の侵害は、事前に全力を尽くして防止すべきものである。しかし、全力を尽くしても権利侵害を防げないという事例が生じることは完全には防げないかもしれない。不幸にして、適正手続を受ける権利の侵害が発生したときに、法的にどう対応すべきか。理論的に考えれば答えは明らかであるが、その答を愚直に実行した例を持つアメリカから学ぶべき点は少なくないように思う。

■ 2. 権利侵害の本質 ── 予断発生行為か、予断発生結果か

ところで、事実認定者に与える予断については、アメリカの場合、予断形成の原因が何であれ、結果として陪審員が予断を持っているか否かが被疑者・被告人の公正な裁判を受ける権利の保障の有無を左右するので、日本におけるいわゆる私人間適用に類する論点は特に問題になっていないようである。

一方、上述したように、日本においても一般に、誰が予断を与えるかという問題はともかくとして、裁判官が予断を持つことは適正手続の侵害に該るという考え方は無意識のうちに受け入れられているように思う。けだし、判例は、憲法37条1項の「公平な裁判所の裁判」とは、「構成其の他において偏頗の惧なき裁判所の裁判」、「偏頗や不公平のおそれのない組織と構成を持った裁判所による裁判」を意味するものとしている。また通説も、判例の考え方を是認しつつさらに敷衍して、「公平な裁判所」を訴追側の利益に偏した裁判をするおそれのない裁判所と理解し、裁判所が訴追側に偏した裁判をするのではないかとの合理的な疑いを生ぜし

める場合の1つとして、裁判所が事件につき予断あるいは偏見を有している場合を想定している。とすれば、日本においても憲法37条1項との関係では私人間適用を論じる必要はないのではないか、との疑問がわく。なぜなら、予断・偏見のおそれのないものとしての「公平な裁判所」とは、国家の行為を問題にするのではなく、むしろ国家の側の結果的な状態を問題にするものだからである。そうすると、憲法37条1項の「公平な裁判所」について、国家以外の主体の行為によって予断・偏見のおそれが生じた場合には予断・偏見を抱くおそれが生じたことにはならず、依然として裁判所は「公平な」ままであると解釈することは極めて不自然であるように思えてくるのである。

とはいえ、この点は、私人間適用論や私人間適用論から発展した国家の保護義務論の中身に立ち入って検討したうえで結論を出すべき問題であるから、本章ではさしあたり疑問の提示にとどめ、本格的な検討は、私人間適用論、国家の保護義務論について詰めた議論がなされているドイツ法を素材にした次章以降において行うこととする。

適正手続の具体的な侵害として、日本においては、事実認定者に与える予断のほかに、防御権の侵害、無罪推定法理違反、強引な捜査の誘発などが指摘されている。これらの個別的な侵害論拠が相互にどのように関連して全体としての適正手続侵害を構成するのか、という点の整理も行う必要がある。とりわけ、無罪推定法理はそれ自体かなり抽象的な内容を持つから、どのような理論的筋道から犯罪報道と適正手続とが結び付くのか、解明する必要性は高い。この点も、ドイツ法を素材にした検討の中心に据えることとする。

第3節　適正手続侵害に対する法的対応

■ 1．アメリカのアプローチ

適正手続侵害に対する法的対応手段について、アメリカでは、陪審員選択手続における候補者の忌避や裁判地の変更などの刑事手続内部で公正な裁判を受ける権利を保障しようとする方法と、裁判の非公開や訴訟関係者の情報提供禁止など

の報道の自由に対する制約を伴う方法とを組み合わせて、権利侵害の発生を予防することを試みている。このうち報道の自由を制約するおそれのある手段は、報道の自由や知る権利の重要性を考慮してかなり謙抑的に用いられている。このことは、Nebraska Press 協会判決が報道機関に対する事前抑制を事実上不可能にしたこと、手続の非公開を認める基準が非常に厳格であることに特徴的に表れている。

　犯罪報道を原因とする適正手続侵害に対する法的対応のあり方についてのアメリカの思考方法および実際に取られているそれぞれの施策も、日本での犯罪報道による適正手続侵害への対応を考える際に有益な示唆を与えてくれる。とはいえ、日本とアメリカとの間には、法的基盤や報道のあり方に異なる部分もあるから、アメリカで取られている方法論をどのような形で参考とし、取り入れるべきかについては、アメリカ以外の国の対応方法との比較を行うなど、さらに立ち入った検討が必要である。さしあたり、検討を要すると考えられる項目を挙げておこう。

■ 2.　陪審員に対する働きかけ

　報道の自由に対する制約を伴わない手段は、アメリカにおいても利点と同時に問題点や限界があることが指摘されているが、彼の地で指摘されている問題点に加えて、司法制度や報道のあり方の違いから、それぞれの手段が持っているデメリットが日本においてはアメリカとは異なる形で現れる可能性もある。

　第一に、陪審員選択手続において陪審員候補者が報道等を通じて事件についての予断を持っているかどうかを質問し、予断を有している候補者を陪審員から排除するという方法は、いうまでもなく職業裁判官制度のもとでは採用しえない方法である。したがって、職業裁判官のみで裁判体を構成してきたこれまでの日本においては参考にする余地のない方法であった。しかしながら、裁判員制度が導入され、そのなかでアメリカの陪審員選択手続における「理由つき忌避」および「専断的忌避」に類する不選任制度が設けられたことにより（裁判員法34条4項、36条1項）、陪審員選択手続をめぐる議論は日本にとっても大きな意味を持つようになったといえよう。しかも、センセーショナルに報道される事件はほとんど裁判員裁判の対象となる重大事件であることが予測されるから、裁判員を選任する手続において予断を持った候補者を選別し排除できるとすれば、犯罪報道を原因とする公平な裁判所による裁判を受ける権利の侵害の防止に大きく寄与することになる。

しかし、裁判員選択時における候補者への質問を通じて予断を有する人物を排除するという方法がどれだけ実効性を持つかは未知数である。アメリカにおいても、陪審員選択手続の予断保持者排除機能には疑問が呈されてきたことは、既に見たとおりである。日本においても、裁判員候補者が質問に正直に答えない可能性、質問に正直に答えたとしても候補者自身も意識していない無意識の予断は発見できないという限界、予断を有しているかどうかを発見するための質問をすることでかえって関連情報に対する意識を呼び起こしてしまう可能性などの問題点は共通している。

　さらに、裁判員制度固有の事情として、事実認定者が裁判員だけではないという点を挙げておかなければならない。裁判体を構成するメンバーに、予断についてのチェックを受けていないどころか、公判前整理手続が必要的に行われることにより現在よりも裁判が始まる前に多くの情報に接している裁判官が入っているという制度の特質が、裁判員選択時における予断保持者の不選任制度の効果にどのように影響するのか、しないのか、慎重に検討する必要がある。

　なお、裁判員制度においては、陪審員の隔離に類する制度は設けられていないが、陪審員の隔離に対しては、アメリカにおいても、陪審員の負担が過重になりすぎるし、その負担感からかえって被告人に対する悪感情を生むなどと指摘され、有効性・妥当性には疑問が持たれているところであるから、日本において新たに導入の検討をする必要性は乏しいと考えられる。

■ 3. 公判の延期

　第二に、公判の延期についても、アメリカで指摘されている理論的、実際的な問題点が日本にも存在する。すなわち、大規模に報道された事件について公判を一定期間延期したからといって、訴訟関係者から事件についての記憶を拭い去ることができる保障はどこにもない。公判再開時に報道が再燃しないという保障もない。また、報道が捜査の初期（特に逮捕時）に限られるような場合、報道と公判開始との間にかなりの日数が経っているのが通例である日本において、さらに公判を延期することにどれだけの効果があるのかも疑問である。

　理論的にも、被告人は迅速な裁判を受ける権利を有しているから、延期期間を長期化することには問題がある。判例の考え方からすると、延期が相当長期間に

わたっても迅速な裁判を受ける権利の侵害にはならないと判断されるだろうが、延期期間の長期化が迅速裁判の権利の享受にとって望ましくないことに異論はなかろう。

■ 4. 裁判地の変更

　大規模に報道された事件については効果が少ないという点では、裁判地の変更（管轄移転の請求）も同様かもしれない。ただし、全国規模で報道されるような重大事件の場合であっても、事件発生地で行われる報道の集中度は、その他の地域よりも高い場合が少なくないし、また他の地域と同じような報道に接していたとしても事件が発生した地域の住民は、事件に対して特別に強い負の感情を有している可能性もある。したがって、報道の有無という指標のみで裁判地の変更の有効性を計るのは必ずしも適当ではない。全国規模で報道される事件であっても、なお裁判地の変更が有罪視の予断を有していない事実認定者の選択可能性を高める効果を持つことはありうるように思う。また、報道が地域的に限定されている場合に、裁判地の変更が予断防止に大きな効果を発揮することは明らかであろう。
　もちろん、裁判地の変更が被疑者・被告人の他の権利や利益を害する危険性もあるから、予断防止の観点のみに偏重して変更を認めることは避けなければならない。とりわけ、被告人が身体拘束されていない場合には（法律上は、身体拘束されていないのが原則である）、裁判地の変更による出頭の負担は無視できないであろう。また、犯罪発生地から遠ざかることは、被告人側の証拠収集、証人を含む証拠請求、すなわち防御権の行使にも障害をもたらしかねない。しかし、これらのデメリットとの総合的な判断のもと、予断防止のために裁判地の変更を活用することが、適正手続を受ける権利の実効的な保障につながる場合もあるのではなかろうか。

■ 5. 報道機関に対する直接的規制

　次に、報道の自由を制約する要素を持つ手段の利用可能性について検討しよう。アメリカではこちらのタイプの対応手段としては、報道機関に対する直接的報道規制、手続の非公開、訴訟関係者の情報提供禁止などが議論の俎上に挙げられて

きた。しかし、報道機関に対する直接規制は表現の自由を侵害する手段であるとして、事実上、使用することはできないとの判断が定着している。また、裁判の非公開についても、非公開を認めるためにクリアすべき要件は極めて厳格である。他方で、訴訟関係者の報道機関に対する情報提供の禁止は、賛否についての激しい議論はあるが、一般に、報道機関に対する直接規制などよりも緩やかな基準で認められる傾向にある。

　日本においても、表現の自由・知る権利は、憲法21条が保障する基本的人権であり、かつ基本権のなかでも優越的地位を有する権利であるとの見解も有力であるから、表現の自由の一環である報道の自由を制約する方法の使用の可否については慎重に検討されなければならない。また、憲法82条は裁判の公開原則を相当に厳格に貫いているから、裁判の非公開という手段の活用にも慎重にならざるをえない。

■ 6.　手続関係者による情報提供に対する規制

　では、手続関係者の情報提供規制については、どうだろうか。この点に関しては、アメリカの議論から2つの論点を指摘しておきたい。

　第一に、報道機関に対する直接規制と手続関係者による情報提供に対する規制とで許容基準を変えるという考え方は果たして正しいのだろうか。アメリカにおいては、報道機関に対する直接規制はクリアすることがほとんど不可能といっても過言ではないほど厳しい要件のもとでしか許されないのに、手続関係者の発言制限は相対的に緩やかな要件で許容されるという「二重の基準」に対して、フリードマンらをはじめとして、すでにNebraska Press協会判決当時から批判が出されていた[11]。そして、かかる批判は、現在においても続けられている。論者によれば、手続関係者に対する口止め命令も、内容に基づき発言を制限するタイプの規制であり、思想の自由市場に入る前に表現を抑圧するものであるから事前抑制であることに違いはなく[12]、報道機関に対する直接規制と同様に事前抑制法理のもとに置かれるべきであるとされるのである[13]。

　確かに、フリードマンらの主張を紹介した際に検討したように、これらの論者の批判は、主として被疑者・被告人側の表現の自由と市民の知る権利の観点のみからなされており、情報提供によって被疑者・被告人側の適正手続を受ける権利が

侵害されるという場面はほとんど眼中におかれていない。その意味で、とりわけ、情報提供の主体が捜査機関側である場合を含めた総合的・複眼的な問題の把握にはなっていないという限界がある。

しかしそれでもなお、発言の主体によって事前抑制の可否についての結論が変わることの不合理性をフリードマンらが指摘した点は、正しく評価されるべきであろう。捜査機関側から提供される情報も、捜査機関関係者個人の表現の自由権の行使と位置付けるのは適切ではないとしても、国民の知る権利という観点からは表現の自由の保障の一翼をなす。したがって、情報の公表を禁止する当事者を捜査側に限定することによって直ちに表現の自由との抵触がクリアされ、フリードマンらが喚起した問題が解消されるわけではないことは確かである。

しかし、他方で、自白や前科などの被告人の有罪を強く印象付ける性質を持つ情報の提供が被疑者・被告人の公平な裁判所による公正な裁判を受ける権利の保障を台無しにしてしまう高度の危険性を有していることも看過することはできない。そして、これらの有罪の予断を強く植えつけるタイプの情報の源が多くの場合、捜査機関・検察官側にあるとすれば、手続関係者のなかから捜査機関側の情報提供活動を切り出して、別途その限界を明らかにするという検討方法を取ることは決して不合理ではないといえよう。アメリカにおいて論者は、有罪の予断を誘発する情報がどのようなルートで社会に流通していくのかという点に問題意識を持ち、捜査機関による情報提供の規制の必要性は、そこで認識された問題を解決することを目的として説かれたものと考えることができる。論者の問題意識と規制の必要性を導いた実質的理由は、正しく受け止められるべきである。そのうえで、先に述べたように、刑事手続のなかで発見され、あるいは生まれる様々な情報を社会に対してどのように還元していけば、適正手続保障と表現の自由の2つの側面からの要求を満たすことができるのか、情報の流通・管理のあり方をトータルに検討して、最終的な結論を出す必要がある。

---

1 Fein, McCloskey and Tomlinson, Can the Jury Disregard That Information? ——The Use of Suspicion to Reduce the Prejudicial Effects of Pretrial Publicity and Inadmissible Testimony, 23 Personality and Social Psychology Bulletin 1215(1997).

2 *Id.*, at 1220.

3 Studebaker, Robbennolt, Penrod, Pathk-Sharma, Groscup, and Devenport, Studying Pretrial Publicity Effects: New Methods for Improving Ecological Validity and Testing External Validity, 26 Law and Human Behavior 19(2002). 同様の指摘をするものとして、参照、福来寛「報道と陪審（上）」法学セミナー549号（2000年）127頁。

4 Studebaker(*et al.*), *supra* note 3, at 31-37.

5 Kassin and Sukel, Coerced Confessions and the Jury: An Experimental Test of the "Harmless Error" Rule, 21 Law and Human Behavior 27(1997). なお、山崎優子＝伊東裕司「不採用証拠の存在が採用証拠の評価・判決に及ぼす影響について——社会人と学生が仮想的に裁判員になった場合の比較・検討」法と心理4巻1号（2005年）47頁以下は、カッシンらの実験をベースにしつつ、カッシンらの実験デザインとは、①自白供述を取られた状況について操作せず、自白が被告人の任意になされたか否かの判断を被験者に求めて（カッシンらは自白が取られた状況を高圧力、低圧力の2類型に操作した）、②自白以外に検察側・弁護側がそれぞれ有罪あるいは無罪を立証する証拠を提示し（カッシンらは自白以外には乏しい状況証拠しかないという設定にした）、③自白証拠不許容条件の被験者には、自白内容を見せない（カッシンらは、自白不許容条件の被験者もいったん自白内容を読んだ）との3点で異なるデザインのもとで実験を行い、カッシンらの実験結果との比較考察をしている。その結果、「自白内容が示され、自白以外に断片的な状況証拠しか存在しない場合には、証拠不採用となった自白の存在が有罪、無罪判断により直接的に影響を与えるが、自白内容が示されず、自白以外にも有罪・無罪を左右する証拠が存在する場合、自白の存在が有罪判断に及ぼす影響が相対的に小さくなると思われる」（57頁）との考察が導き出されている。ただし、自白内容、自白以外の証拠の存在のいずれが有罪判断に及ぼす影響として強く働いているのかは、さらなる検討が必要であるとされている。

6 Kassin and Sukel, *supra* note 5, at 42.

7 Greene and Dodge, The Influence of Prior Record Evidence on Juror Decision Making, 19 Law and Human Behavior 67(1995).

8 *Id.*, at 72-73. なお、説示の有無による有罪評決率に対する影響は見出せなかったが、有罪判決を下すために要求される証拠の程度については、説示による陪審員に対する警告に何らかの効果があることを示唆するとも評価しうる結果が出ている。See, *Id.*, at 75.

9 Fulero, Afterword: The Past, Present, and Future of Applied Pretrial Publicity Research, 26 Law and Human Behavior 127(2002).

10 きわめてセンセーショナルな犯罪報道がなされた事件の裁判における経験に基づき、改めてこの点を指摘するものとして、E・W・バトラー＝H・フクライ＝J・E・ディミトリウス＝R・クルーズ〔黒沢香＝庭山英雄編訳〕『マクマーチン裁判の深層』（北大路書房、2004年）326頁以下。

11 Freedman and Starwood, Prior Restraints on Freedom of Expression by Defendants and Defense Attoneys: Ratio Decidendi v. Obiter Dictum, 29 Stanford L. Rev. 607, 618(1977).

12 Sidman, Note, Gagging Louisiana's Politicians: The Fifth Circuit Reviews

the Constitutionality Gag Orders Against Trial Participants in United States v. Brown, 76 Tulane L. Rev. 233, 243(2001) も手続関係者に対する口止め命令は、市民が知識を得ることを遮断するという効果の点で報道機関に対する口止め命令と変わらないと指摘する。

13　See too, Dienes, Trial Participants in the Newsgathering Process, 34 Univ. of Richmond L. Rev. 1107, 1146-1147(2001).

第2部

ドイツにおける犯罪報道と公正な刑事手続をめぐる議論

第6章 ◇ 権利侵害の構造

第1節　検討方法

　ドイツにおいては、現在、犯罪報道による侵害から保護されるべき権利として、匿名権、社会復帰権や無罪推定法理の保障、さらには一般的人格権など、多種多様な権利が挙げられている。

　これらの権利のうち、本書の検討対象である被疑者・被告人の適正手続を受ける権利と直接関連する権利が、公正な刑事手続を受ける権利および無罪推定法理の保障であることはいうまでもない。しかし、このことから、これら2つの権利以外の権利は適正手続を受ける権利と無関係であると判断するのは早計であろう。なぜなら、たとえば、無罪推定法理の保障を定めた人権と基本的自由の保護のための条約（以下、「欧州人権条約」という）6条2項に基づいて匿名権を主張することが可能か、という問題が重要な論点になっている（この点については、後述第4節5.参照）ことからも分かるように、とりわけドイツにおいては、個々の具体的権利が相互に密接に関連しあって全体としての被報道者の権利を構成しているという面が強いからである。したがって、無罪推定法理の保障が適正手続の問題であり、匿名権は名誉・プライバシーの問題である、というふうに単純に二分化して論じることは、少なくともドイツの議論を追うときの適切な方法とはいいがたいのである。また、このような「相互作用的」とでもいうべきドイツの議論の特徴自体が、日本における従来の「犯罪報道と人権論」と本書の主張とを架橋する手掛りとなりうるものである。

そこで、以下ではまず、ドイツにおいて犯罪報道による侵害から保護されるべき権利であると考えられている各々の権利の具体的内容および他の権利との関連について概観することとする。そして、そこでの考察を踏まえて、適正手続を受ける権利と直接関係する無罪推定法理の保障および公正な刑事手続を受ける権利の意義について詳しく検討していくこととする。

第2節　保護されるべき権利

■ 1．肖像権および匿名を求める権利[1]

(1) 肖像権

　報道機関が犯罪報道において被疑者・被告人の氏名を挙げたり、写真を公表したり、あるいはその他の身元の特定が可能な事柄を報道する場合には、芸術著作権法 (KUG) 22条以下の肖像権 (Recht am eigenen Bild) との抵触が問題となる[2]。

　芸術著作権法22条は、肖像が「公表される者の同意がある場合に限って広められ、あるいは公衆に見せられるべきである」と定めている。したがって、同法23条、24条に定められている例外の要件を満たす場合を除いて、公表される者の同意なく肖像を報道することは許されず、また規定に違反して故意に肖像を広めたり、公衆に見せた者は処罰されることになる（芸術著作権法33条）。

　規定の仕方からも分かるように、芸術著作権法は犯罪報道における被疑者・被告人の肖像のみを保護の対象としているのではなく、個人の肖像一般を「基本法1条1項、2条1項につなぎとめられた (verankerten) 一般的人格権 (allgemeine Persönlichkeitsrecht) の特別のあらわれ」[3]として保護すべき価値であると考えて、その意に沿わない公表を防ごうとしている法律である[4]。すなわち、同法自体は、公表による社会的評価の低下の防止あるいは刑事手続への影響の阻止を直接の目的とする法律ではないことに留意しておく必要がある。そして、以上のような同法の性格は、報道に直面する被疑者・被告人の権利の保障に関して、次の2つのことを意味する。

第一に、保護の客体に目を向けた場合、芸術著作権法においては、世間から注目されていない市民こそが保護の中心的対象として考えられており、逆に、多かれ少なかれ世間から注目を浴びる被疑者・被告人の肖像は、むしろ保護の対象から外されてしまう可能性さえあるのである。なぜなら、芸術著作権法は 23 条において、同時代史 (Zeitgeschichte) の領域に属する肖像、すなわち歴史的な事柄に関連する肖像については、同法 22 条の同意がない場合にも公表することを認めているからである。さらに同法 24 条では、司法および公共の安全を守るために肖像を公表することも認めており、犯罪報道に関しては同条の例外条項が適用される可能性もある。

　もちろん、被疑者・被告人であることが、直ちに芸術著作権法 23 条や 24 条の例外に当たるというわけではない。例外的に公表を認めている同法 23 条自体が、「公表される者の正当な利益が侵害される場合にまで」肖像の公表が正当化されるものではないと定めているところからも分かるように、同法 23 条、24 条の例外条項に従って同意なき肖像の公表が認められるか否かの判断は、結局のところ、公表する側の目的・利益と公表される側の不利益との間の具体的な利益衡量によることになる。

　第二に、犯罪報道における被疑者・被告人の肖像の公表に必然的に伴う否定的な評価という点に着目した場合、芸術著作権法 22 条の趣旨に鑑みると、かかる事情は上の利益衡量の一要素として扱われるにすぎないということになる。肖像の公表に伴う社会的評価の低下や刑事手続への影響が、肖像を公表される被疑者・被告人にとって非常に重大な不利益となりうるとしても、そのことから直ちに芸術著作権法のもとでの公表が認められなくなるわけではないのである。

(2) 匿名を求める権利

　一方、肖像権とは異なり、匿名を求める権利 (Recht auf Anonymität) について直接規定する法律は存在しない[5]。しかし、顔写真の公表と氏名の公表とが有する効果の類似性から、芸術著作権法 22 条の肖像権は匿名を求める権利をも含んでいるとの考えが今日では一般的である[6]。たとえば、ベッカー (Becker) は、「関係者の氏名の公表を伴う (価値的な) 言葉による報道は、『中立的な』人物写真と比べて〔報道される者を〕一層強度に晒し者にしたり (bloßstellen)、あるいは控え目であまり鮮明でない写真にはじめて身元を明らかにする性質を与えたりす

るものであ」り、したがって「報道による公表の際の匿名性の確保は『肖像』保護と無関係な問題ではありえないということが、いまや明らかになった」[7]と述べて、芸術著作権法22条、23条が氏名にも類推的に適用されるべきことを主張している。ベッカーの主張は、報道される人物を特定する氏名以外の事項についても考慮しなければ被報道者が晒し者にされる効果からの保護は事実上茶番と化してしまうとして、間接的に身元を明らかにするような記述の許容性に関してまで芸術著作権法22条以下の類推適用を拡大しようとするやや極端な議論であるが、いずれにしろ、匿名を求める権利が肖像権と同列に論じられるべきことについては、共通の理解があるといえよう[8]。

■ 2. 社会復帰の権利

(1) Lebach 事件

ドイツにおいて、犯罪報道による侵害から保護されるべき権利として、肖像権・匿名権と並んでしばしば挙げられるのが、社会復帰権(Recht auf Resozialisierung)である。現在この権利は、刑事手続あるいは行刑が終了すれば再び社会の一員として通常の市民生活を送ることになるはずの被疑者・被告人あるいは受刑者が、現実には社会的な偏見に阻まれてスムーズに社会に受け入れられないという状況にしばしば置かれるとの認識と、犯罪報道がかかる状況を作り出す要因になっているという認識とを前提にして、基本法1条の人間の尊厳と基本法2条の人格の自由な発展の権利の具体的あらわれとして認められているが、以上のような権利構造を明らかにし、受刑者について社会復帰権に基づくテレビ放送の差止めの仮処分を認めたのが、1973年の連邦憲法裁判所 Lebach 判決である[9]。事案はおおよそ以下のような経過を経て連邦憲法裁判所に持ち込まれた。

同性愛の関係にあった2人の主犯および抗告人は、連邦国防軍(Bundeswehr)の兵器庫を襲撃し、武器を強奪することを計画した。犯行は1969年1月に実行され、さらにその後彼らは、この襲撃をほのめかしながら金融ブローカーを恐喝しようとした。抗告人は犯行の実行には加わらなかったが、襲撃の際に使われた短銃の操作方法を主犯の1人に教え、また金融ブローカーに文書を送ることを容認していたために、殺人と恐喝未遂の幇助のかどで、1970年8月7日に6年の自由刑を言い渡された。この事件は、事件の重大性に加え、犯人の逮捕までに多くの月

日を要したために、公衆の間に異常ともいえる注目を引き起こした。その結果、犯行、抗告人らの捜索活動、刑事手続等について詳細な報道がなされた。

　判決後、抗告人は服役したが、その間にドイツ第2テレビ（ZDF）は事件に関する2時間40分にわたるドキュメンタリードラマを制作した。このドラマは2部構成からなり、第1部は犯人の友人グループの内部関係や襲撃の立案およびその実行について、また第2部は犯人の捜索およびその他の捜査、さらには恐喝未遂事件について、それぞれ抗告人の実名を挙げつつ扱うことになっていた。ドイツ第2テレビはこのドラマを1973年に放映する予定にしていたが、まさに放映予定と同時期の同年7月に抗告人の保護観察付き仮釈放が予定されていた。そのため抗告人は、ドラマが放映されると自己の人格権等が侵害されると考え、ドラマの放映の差止めを申し立てたが、地方裁判所および上級地方裁判所においては却下されたため、本件憲法抗告に及んだのである[10]。

(2)　判決

　連邦憲法裁判所は、まず、私的生活の領域が基本法の絶対的な保護のもとにあるわけではないが、そうであるからといって、犯行を解明する国家の利益もその他の公共の利益も人格権侵害を当然に正当化するものではなく、むしろ基本法の最高価値、すなわち人間の尊厳との緊密な関係から生じる人格の自由な発展と尊重を求める権利に与えられる高い地位は、基本法1条1項と結び付いた2条1項に基づく保護命令を公共の利益を満たすために必要とされる人格権侵害に対置させることを要求しているとして、報道する側の基本法5条に基づく報道の自由と報道される側の基本法1条、2条に基づく人格の自由な発展との間で利益衡量がなされる必要があることを確認した。そのうえで、次のように述べて、報道される側の人格権として社会復帰権を認めた。

　　「したがって、総じていえば、重大な犯罪に関する繰り返しの、もはや実際的な情報を求める利益を含んでいないテレビ報道をすることは、その報道が犯人の社会復帰を危うくする場合には、いずれにせよ許されない。犯人が社会的に存在するにあたって人生を決するほどに重要であるところの自由な共同体に再び統合される機会および彼が社会復帰することによって得られる共同体の利益は、原則として、犯行についてさらに議論する利益に優先する」[11]。

そして判決は、本件具体的事案についても、ドラマの放映は放送される範囲、ドキュメンタリードラマという放送形態および放送によって生じることが予想される影響等を考えると抗告人の人格権を高度に侵害するおそれがあること、とりわけ刑事手続と時間的に離れた段階でのドキュメンタリードラマにおける事件の描写は抗告人の人格権の新たな侵害となること、新たな侵害は抗告人の周囲の人々の態度や抗告人の内心の安定に悪影響を及ぼすことによって彼の社会復帰を困難にすること、公衆に刑事訴追の有効性や連邦国防軍によって取られた安全確保のための措置およびその他の犯行の結果もたらされた帰結について説明するというドイツ第2テレビによって主張された放送の目的は抗告人の身元を明らかにしなくても達成できること、などを指摘して、抗告人の放送差止めの申立を認めたのである[12]。

(3)　判決の意義 ── 社会復帰権の確立

　Lebach判決では、判決確定後のドキュメンタリードラマという、時間的にも報道の形態としてもやや特殊な性格を持つ犯罪報道が問題となったが、その後の学説では、社会復帰権は犯罪報道一般について考慮されるべき権利であると考えられている。とりわけ、報道の時期に関して、たとえばベッカーは、社会復帰権ないし社会から阻害されない権利は、本質的に刑事訴追ないし行刑のあらゆる段階で適用されると述べており[13]、また、ダルブケルメーヤー (Dalbkermeyer) も、容疑者は報道において汚名を着せられるような報じ方をされることによって引き起こされる社会復帰の妨害から継続的に保護されるとして、判決確定前の報道も問題とされることを指摘している[14]。

　以上見てきたところからすれば、ドイツにおいては、社会復帰権もまた一般的人格権の特別のあらわれとして、犯罪報道による侵害から保護されるべき権利であると理解されているということができよう。

■ 3.　無罪推定法理の保障

(1)　犯罪報道と無罪推定法理の保障との関係

　犯罪報道を通じて生じる権利侵害のうち、被疑者・被告人の刑事手続上の権利に関連するものとしては、とりわけ、ドイツ国内において直接的効力を有する欧州

人権条約6条2項において定められている無罪推定法理(Unschuldsvermutung)の保障の侵害が懸念されている[15]。たとえばダルブケルメーヤーは、誇大な文体で記述されることがしばしばある偏向した発言は、読者層に対してほとんど必然的に容疑者(Tatverdächtige)の罪責がすでに証明されているとの暗示を与えてしまうことを指摘して、犯罪報道において被疑者・被告人を不必要に晒し者にすることは避けるべきであると主張している[16]。また、エルドジーク(Erdsiek)も、被疑者・被告人に不利な方向に一方的に潤色された報道は、被疑者・被告人は裁判所によって確定されるまでその罪責について無罪であるとみなされるという原則に違反することになると述べている[17]。同様にリューピング(Rüping)も司法形式的な手続に基づく判決の結果を先取りするような報道は、欧州人権条約6条2項において国家に対する要求としてあらわれているところの法律上の無罪推定を取り去るものであると主張している[18]。

　ドイツで行われている犯罪報道がともすれば無罪推定法理の保障を侵害する傾向に陥りやすいことを指摘する多くの論者のなかにあって、とりわけマルクセン(Marxen)は、多くの事件において日常的に被疑者・被告人が犯人であるかのように報道されている状況を指して、大多数の報道機関においては無罪推定法理の無視が犯罪報道の叙述の原則の一部をなしていると評して、現実になされている犯罪報道のあり方を強く批判した[19]。そして、確定有罪判決が出てはじめて犯行と犯人との間の確かな結び付きが確立されるのであるから、そのときにはじめてある人物が犯罪を犯したという前提から出発することができるのであり、何人といえどもまだ有罪判決を受けていない人に可罰的行為を帰責することは正当化されないと主張するのである。また、特に報道機関による無罪推定法理の保障の侵害については、現代においては、既に存在する公衆の関心が報道をきっかけにして顕在化するのではなく、むしろ報道機関が公衆の関心を作り出している場合のほうが多いという認識のもと、このような世論操作の危険を抑制するためにも報道機関の無罪推定への配慮が必要であるとする。すなわち、具体的には、まず犯罪報道において容疑者を犯人であるかのように描写することは無罪推定法理の保障に反するとし、さらに、単に容疑者がまだ有罪判決を受けていないということを簡単に指摘しさえすれば、具体的な嫌疑の程度や当事者の利益を考慮することなく自由に報道することが許されるというのではなく、犯行を非難する言い回しは捜査の基礎となっている嫌疑以上に容疑者を不利にするものになってはならないというのである[20]。

(2) 無罪推定法理の保障の「適用」可能性

このように、犯罪報道を通じて被疑者・被告人に対する無罪推定法理の保障が危うくされるおそれがあるということ自体は、学説上、共通の認識が得られているといえよう。しかしながら、本来、捜査機関をはじめとする国家を規律する刑事手続上の原則を私人である報道機関の言論活動とどのように結び付けるのかという点や、被疑者・被告人に無罪推定法理を保障するためには具体的にどのような報道がなされるべきであり、またなされてはならないのかという点になると、各論者の考え方は必ずしも一様ではない。すなわち、無罪推定法理の保障と報道機関との結び付きという点については、たとえばフロバイン（Frowein）のように、最終的には欧州人権条約6条2項が報道機関に対して間接的に効力が及ぶことを認めつつも、原則としては、報道から影響を受けた裁判官の行動が無罪推定法理の保障と矛盾する限りで欧州人権条約6条2項との結び付きが認められるという立場から出発する論者がいる一方で[21]、報道機関が国家による刑事裁判権の影響の及ぶ領域で活動するならば、報道機関自身が無罪推定法理の保障を基本法5条2項にいう「一般法律によって定められた制限」として守らなければならないとして、無罪推定法理の保障と報道機関とをより直接的に結び付けようとする論者や[22]、欧州人権条約6条2項に従って有罪確定まで有効である無罪推定法理が仮に報道機関自身を直接的には拘束しないとしても、少なくとも無罪推定法理から自粛義務は推論されるだろうと述べるコッホ（Koch）のように中間的な態度をとっているように思われる論者も多い[23]。また、無罪推定法理の保障を危うくする報道の内容については、被疑者・被告人に不利な方向に一方的に潤色ないし誇張された報道を挙げる論者が多いが、そこでいう潤色あるいは誇張の程度等は必ずしも明らかであるとはいいがたいのである[24]。

以上見てきたところから分かるように、無罪推定法理の保障は犯罪報道による権利侵害の一要素をなすものであることは明確に認識されつつも、具体的な権利内容および犯罪報道との関係については議論が錯綜している。したがって、これらの点についてより深く検討する必要があるが、ここでは無罪推定法理の保障がかかる論点を内包しているということを確認するにとどめ、詳細な検討は節を改めて行うこととしたい。

■ 4. 公正な刑事手続を受ける権利（Recht auf faires Verfahren）

(1) 権利侵害の具体化

　被疑者・被告人の刑事手続上の権利の侵害に関しては、無罪推定法理の保障の侵害と並んで、報道による判決の先取りによって手続関係者に生じる予断等が公正な刑事手続の保障を危うくするのではないかという点もしばしば指摘される。

　犯罪報道が公正な刑事手続を受ける権利に与える影響について詳細に論じているダルブケルメーヤーは、次の点で報道は公正な手続の保障を侵害する危険性を有していると指摘する。すなわち、第一に、報道によって社会に醸成された事前の有罪視的雰囲気は、参審員あるいは職業裁判官に影響を与え、その結果裁判官らは、公判に提出された資料のみに基づいて判決を形成するというドイツ刑事訴訟法261条の要求を満たすことができなくなるおそれがある。第二に、証人の証言が、あらかじめ報道から得た情報や報道によって生じた社会の雰囲気によって、少なくとも無意識に影響を受ける危険がある。第三に、権利行使をしたこと自体が報道されることへの不安から、被疑者・被告人が防御権や民事裁判を通じた被害回復などの自己の権利を守るための手段を利用することを躊躇する。第四に、起訴・不起訴ないし手続打ち切りについて決定する検察官の客観的な判断に影響を与えるおそれがある[25]。

　このようなダルブケルメーヤーの指摘は、他の論者にも見られるところである。たとえば、ボルンカム（Bornkamm）は、ドイツにおいては、職業裁判官は社会的な予断（Voreingenommenheit）を感じ取った場合には予断による影響を打ち消そうと努めるし、参審員も公判廷の出来事だけを考慮し、その他のいかなる印象や情報にも影響されないように職業裁判官から繰り返し警告されるなど、常時職業裁判官のコントロールのもとに置かれているので、イギリスやアメリカの刑事手続ほど報道による影響を受けやすくはなく、通常は裁判官や参審員が事件に関して公判外から受け取る詳細な知識が予断に転換されることはないとしつつ、それでもやはりセンセーショナルな事案において偏向した報道が裁判官らの心に痕跡を残すことがないとはいえないと述べて、裁判官らの心証形成に対する報道の影響を認めている[26]。

　またヤーン（Jahn）も、刑事手続に関する報道が被疑者・被告人の防御の態様や証人の証言態度に影響を与えるおそれがあることを指摘している[27]。さらに、公

衆による事前の有罪視 (öffentliche Vorverurteilung) と公正な刑事手続との関係について調査した連邦政府報告書でも、社会において大規模な事前の有罪視が存在する場合には、そのような雰囲気が証人の証言行動に少なくとも潜在的に影響を与えることによって公正な裁判が危険に晒されるおそれがあるとされている[28]。

一方、エルドジークは、報道そのものとは別に、手続関係者に対する取材活動も公正な刑事手続の保障に影響すると述べている。すなわち、エルドジークは、報道機関の独自調査に関して、かかる調査を行う記者は刑事手続上尋問される人の保護のために定められた手続規則の規制を受けていないため、証人や参審員に対して自由な方法で取材し、質問することができる点に注目する。そして、公判での証言の前に記者から取材を受け、さらに取材の内容を公表された証人は、もはや公判での証言の際に公平でいることはできず、むしろ自らが以前に行った裁判外の供述に多かれ少なかれ拘束されてしまう可能性があると指摘している。また、参審員についても同様に、インタビューの影響を受けずに判決をすることには困難が伴うであろうと述べるのである[29]。

(2) 公正な裁判の権利性

ところで、公正な刑事手続を受ける権利も被疑者・被告人の刑事手続上の権利として位置付けられる以上、無罪推定法理の保障と同じような問題点、すなわち、公正な刑事手続を受ける権利が私人である報道機関を拘束する規範となりうるのか、なりうるとしてどのような論理で両者を結び付けるのかといった点や、公正な刑事手続を受ける権利の侵害とは具体的にどういう状態を意味しているのかといった点についての疑問を抱え込まざるをえない。

このうち、後者の点については、上に見てきたところから分かるように、裁判官に与える予断、証人に与える予断、被疑者・被告人の防御活動に与える影響など、権利侵害の具体化が相当程度意識されているともいえるが、前者については、無罪推定法理の保障とあわせてより深く検討する必要がある。しかも、公正な刑事手続を受ける権利について検討すべき点はそれだけにとどまらない。というのは、そもそも公正な刑事手続の保障が被疑者・被告人の権利として認識されているかどうかということ自体に議論の余地が存するからである。

たとえばキュール (Kühl) は、報道によって生じる参審員の有罪判決の先取りが裁判官の公平性を危うくするおそれがあるという指摘とあわせて、テロ組織に対

する捜査の成果が、当該組織の周辺にいる重要性の乏しい者の逮捕についての早まった報道によって台無しにされることをも報道による公正な手続の侵害の1つに掲げている[30]。

　また、ダルブケルメーヤーも、前述したように、犯罪報道による公正な刑事手続の保障の侵害を指摘し、報道の干渉によって生じる刑事手続の侵害から被疑者・被告人を保護することは公正な裁判の保障に当然に含まれるとする一方で、公正な裁判は各々をその人格権侵害から保護するというよりも、むしろ法治国家的な手続を保障するだけであるとも述べていて、ダルブケルメーヤーが法治国家的な手続の保障を被疑者・被告人の権利として位置付けていると見てよいのかどうか、以上の叙述だけからは必ずしも判然としないのである[31]。

　そして、前述の連邦政府報告書も、公衆による事前の有罪視から保護されるべき「公正な手続」として、法治国原理に基づく手続の司法形式性（Justizförmigkeit）、すなわち形式に従い段階的に終局判決へと至る訴訟過程そのもののほうにむしろ力点を置いているように読めるのである[32]。

　したがって、公正な刑事手続の保障についても、ここでは報道による侵害から保護されるべき「一要素」として数えられることを確認したうえで、権利侵害構造の詳細は被疑者・被告人の権利性の有無およびその態様の点も含めて、節を改めて検討することとしたい。

■ 5.　一般的人格権

(1)　一般的人格権の「侵害」の意味

　ドイツにおいては、基本法1条1項の人間の尊厳と同法2条1項の人格の自由な発展の権利とに基づく「一般的人格権」が確立している。この権利は、肖像権、名誉権、著作者人格権等々、種々の具体的な個人の権利を内包するところの人格価値の発現とともに生ずる根源的・統一的な権利であるとか[33]、「主として身体・健康・自由・名誉など人格的属性を対象とし、その自由な発展のために、第三者による侵害に対し保護されなければならない諸利益の総体」[34]などと理解されているが、一般に、犯罪報道による侵害から保護されるべき権利として指摘されてきた諸権利も、ここでいう具体的な人格価値のなかに含まれると考えられている。

　犯罪報道による侵害から保護されるべき各々の権利が一般的人格権の特別のあ

らわれとして位置付けられるということは、匿名を求める権利などの各権利が基本法上の裏付けを有するということ、またその裏面として、各権利の侵害を通じて一般的人格権も侵害されるということを意味する。そしてこのことは既に多くの論者によって指摘されているところである。

　たとえば、ダルブケルメーヤーは、おおよそ次のように述べて、匿名を求める権利は基本法上の根拠を持つとする。すなわち、人格の自由な発展および人間の尊厳を求める権利から第三者の侵入あるいは覗き込みを許さない私的な生活領域の形成が保障され、したがってこの保護された領域での出来事は当事者の意思に反して公にされるべきではない。公衆による覗き込みからの保護を求める権利が犯罪報道における公表という観点から具体化されるとき、一般的人格権は「匿名を求める権利」と結び付く。なぜなら、報道による各人の人格権の侵害の大前提となるのが個人の特定、すなわち社会による身元の認識であるからである。報道において容疑者の身元が暴露されてはじめて、犯罪行為とその捜査に関する情報が当該容疑者の人格権を侵害することが可能になる[35]。

　また、ボルンカムも、被疑者・被告人の氏名を挙げ、写真を公表し、あるいは少なくとも彼の身元を認識させるような継続中の刑事手続に関する報道は、被疑者・被告人の人格権の侵害を意味するという。すなわち、ボルンカムによれば、写真が報道される場合には肖像権が関係するし、氏名が挙げられる場合には法律上は規定されていないが一般的人格権の具体化として認められているところの匿名を求める特別の人格権に影響するので、結局、被疑者・被告人の身元を明らかにする報道は一般的人格権をも侵害するとされるのである[36]。

　一方ベッカーは、国家は、一方における刑事司法の利益と他方における基本法1条1項・2条1項に基づき可能な限り邪魔されずに社会復帰すること（したがってまた非社会化されないこと）を求める人格権との衡量のもとで、刑事司法および行刑とは直接かつ不可避的には結び付かない人格権侵害および社会化の阻害からも犯人あるいは容疑者を守ることを義務付けられるとし、このような社会国家的任務の具体化が、報道において「晒し者」にされ社会復帰を危うくされることから被疑者・被告人等を保護することなのであると述べて、社会復帰権と一般的人格権との結び付きを主張している[37]。

　さらにこの論理は無罪推定法理の保障にも及ぼされている。すなわち、キュールによれば、無罪推定法理の保障は「社会復帰思想と同じく、基本法2条1項の

人格の自由な発展を保障している基本法1条1項の人間の尊厳の成果としてあらわれており……、〔したがって〕無罪推定法理の保障には憲法的地位を与えることが認められる」とされるのである[38]。

以上見てきたところから、基本法1条1項および2条1項に基づく一般的人格権については、さしあたり犯罪報道による侵害から保護されるべき具体的な権利を束ね、基本法上の裏付けを与えるいわば総則規定的な役割を果たしているとまとめることが許されるであろう。すなわち、肖像権、無罪推定法理の保障等は、基本法1条1項および2条1項によって根拠付けられ、それらの権利の侵害は同時に一般的人格権の侵害をも意味するのである。

(2) 一般的人格権の射程

ただし、一般的人格権についてはさらに、犯罪報道による侵害から保護されるべき権利全てが一般的人格権に由来すると考えられているわけではないことにも注意しておく必要がある。とくに、公正な刑事手続の保障については、被疑者・被告人の刑事手続上の権利が当該被疑者・被告人の固有の「人格」に直接結び付くとは必ずしも考えられないことや、後述するように人格権由来の他の個別的権利といくつかの点で異なる性質を有することなどを勘案すると、それに権利性が認められるとしても一般的人格権のもとに取り込まれる権利としては位置付けられないものと思われる。実際、管見した限りでは、ドイツの議論において公正な刑事手続の保障を一般的人格権の具体的あらわれと性格付けている論者は見られなかったし、さらに論者のなかには、人格権と公正な刑事手続の保障とを内容的に異なるものとして扱っているかのように読める叙述を行っている者もいるのである。

たとえばボルンカムは、偏向報道によって証人の証言が左右されるといった「刑事訴訟の侵害の危険とは別個に、偏向し、被疑者にとって不利な報道は被疑者の人格権への重大な侵害を意味する」として、公正な刑事手続の保障と人格権と並立させて述べている[39]。また、ダルブケルメーヤーも、「公正な刑事手続を求める権利は、刑事手続の過程において単に間接的に生じる『不公正な』結果から個々人を保護するものではない。したがって、公正な刑事手続は、被疑者・被告人が社会的に汚名 (stigmatisiert) を着せられないという意味ではなくて、むしろこの汚名が刑事手続の進行に不利な帰結をもたらさないという意味で被疑者・被告人を報道から保護するのである。……公正な裁判は、個別の人格権保護から〔被

疑者・被告人を〕保護するというよりもむしろ、法治国家的な手続を保護するだけである」と述べており[40]、公正な刑事手続を人格権から切り離そうとしているように思われる。

さて、以上の犯罪報道による侵害から保護されるべき権利の概観を踏まえ、以下では、被疑者・被告人の適正手続を受ける権利の保障に直接関係する無罪推定法理の保障と公正な刑事手続の保障について、それぞれに対して提起されている問題点ならびに、匿名権や社会復帰権などのその他の権利が無罪推定法理の保障および公正な刑事手続の保障に果たす役割といった点も含めて、個別に検討することとする。なお、公正な刑事手続の保障と一般的人格権とが上述のように区別して捉えられているとすると、今度は、同じく刑事手続上の権利に属すると考えられている無罪推定法理の保障が一般的人格権のもとに置かれていることの意味が問われることになるが、この点も以下の検討のなかで取り扱うこととしたい。

第3節　無罪推定法理の保障の意義

■ 1.　無罪推定法理の保障に抵触する犯罪報道の形態

無罪推定法理は、欧州人権条約6条2項が定めるように、刑事上の罪で起訴されている人に「法律に基づいて有罪とされるまでは無罪と推定される」ことを保障するものである。それでは、このように定義される法理のもと、犯罪報道に関して被疑者・被告人は具体的に何を保障されるのであろうか。言い換えれば、どのような形態の犯罪報道が無罪推定法理の保障に抵触し、無罪の推定を受けるべき被疑者・被告人の権利を侵害するのだろうか。

様々な形態の犯罪報道が考えられるなかで、まず、捜査機関の捜査活動や裁判所における公判の動きを伝える報道において、被疑者・被告人にとって不利な点のみを強調したり、被疑者・被告人に不利な方向に歪曲したりして報じることが無罪推定法理の考え方と相容れないことは明らかであろう。ドイツにおいても、報道機関が捜査機関の活動をはじめとする刑事手続の経過を報道する際には、被疑者・被告人がいまだ「容疑者 (Tatverdächtige)」という地位に立たされているにすぎ

ないことを明示して伝える必要があると考えられている[41]。

　刑事手続の経過を伝える報道に関して、マルクセンはさらに、捜査の基礎となっている犯行非難＝嫌疑以上に容疑者を不利にするような報道も行うべきではないと主張している。すなわち、マルクセンは、報道機関が犯行についての非難を明らかにする際に裁判の内容を歪めてしまうような過激な言い回しを使うことがしばしばあるという認識に基づき、「報道機関は容疑者がまだ有罪判決を受けていないということを簡単に指摘しさえすれば、司法によって具体的に訴追された嫌疑の内容を顧慮することなく、また当事者の利害を顧慮することなく刑法上の非難〔嫌疑〕の内容について好きなように述べることができる」というのでは、無罪推定法理の保障が果たすべき任務に十分に配慮されていることにはならないというのである[42]。

　しかしながら、さらに一歩進めて、無罪推定法理の保障は刑事手続の経過に応じた嫌疑の程度よりも被疑者・被告人を有利に扱うことをも求めていると解釈することに対しては、各論者は消極的である。とりわけベッカーは、報道機関には無罪推定法理に基づいて被疑者・被告人を容疑者として扱う義務だけがあるのであり、内容的に被疑者・被告人に有利な方向に傾いた報道をすることを報道機関に対して義務付けることは、報道および思想の自由の侵害にあたると主張している。すなわちベッカーは、刑事訴追機関自体が、無罪推定法理に基づいて被疑者に有利な方向に限定して捜査することを義務付けられているわけではないことをも根拠に挙げて、欧州人権条約は「容疑者に相当性を欠く負担を負わせることを防止しているだけであり、『積極的な』免除を命じているわけではない」と解するのである[43]。また、上述のマルクセンの主張も、捜査・訴追機関以上に被疑者・被告人を有利に扱うことまでをも含んだものではなく、むしろ報道の時点での刑事手続上の嫌疑に即した報道をするように求めているにすぎない。

　結局、学説は一般に、捜査機関の活動や公判等、刑事手続過程に関する情報を公衆に伝える際に、被疑者・被告人を報道の時点での嫌疑の程度以上に不利に扱わないこと、特に有罪が証明された犯人であると誤解されるような報道をしないことを無罪推定法理の保障に基づき求めているといえよう。

■ 2. 無罪推定法理の保障の「侵害」の意味

　以上の分析から分かるように、学説は一般に、無罪推定法理の保障に抵触する犯罪報道として「有罪視報道」を考えているといえる。それでは、なぜ有罪視報道は無罪推定法理の保障に反するのだろうか。

　仮に学説が、有罪が確定していない被疑者・被告人については無罪であると考えなければならないにもかかわらず、それに反して有罪であると評価した点、あるいはかかる評価を表現した点を捉えて無罪推定法理の保障に反すると主張しているとすれば、権利侵害の主体は報道機関には限られず、私人一般ということになるはずである。しかしながら一般に、報道とは無関係のところで活動する市民の言動が無罪推定法理の保障との関係で問題とされることはまずないといえよう。ある市民Yが、いかなる理由であれ他のある市民Xを「犯罪者だ」と考えたとしても、その考えが内心にとどまる限り何の問題も生じないことは明らかであるが、さらにその考えを公的機関への犯罪の告発という形であれ、近所の人との世間話という形であれ外界に向けて発した場合にも、学説はその行為が無罪推定法理の保障に抵触するとは考えていない。すなわち学説は、報道等によって社会一般に生じた被疑者・被告人に対する偏見や有罪視について検討する際に、個々の市民一人ひとりに法的な責任なり義務を負わせようとはしていないように見えるのである。

　このように、個々の市民の有罪視は無罪推定法理の保障の観点から問題にされていないとすれば、特定の被疑者・被告人に対して有罪＝犯人であるという評価を下すこと自体は無罪推定法理の保障の侵害の本質ではないと考えられていることを意味する。そして、報道機関の発言と個々の市民の発言との間で対応を異にするということからはさらに、学説が、両者の間に存在する相違、すなわち、発言が有する効果、より端的にいえば報道機関の世論形成に与える影響力の大きさに注目し、その点にこそ無罪推定法理の保障の侵害の本質があると考えていることが明らかになるのである[44]。

　実際、ドイツにおける議論をさらに踏み込んで見てみると、各論者は、報道による無罪推定法理の保障の侵害の本質は、報道機関自身が特定の被疑者・被告人を「犯人視した」という点よりも、むしろそのような犯人視報道を通じて社会的な予断＝事前の有罪視的雰囲気が社会のなかに発生したという点にあると捉えていることが分かる。

たとえばキュールは大要次のように述べて、無罪推定法理の保障の本質が社会における事前の有罪視の防止にあることを明快に示している。すなわち、容疑者はその「社会的地位」に関して、場合によっては有罪判決を受けた犯人が甘受しなければならないような負担を負わされることがありうる。なぜなら、容疑は犯行の解明のきっかけを与えるものであり、かかる容疑に応じて取られる捜査上の措置は当事者に汚名を着せるといった重大な負担を伴うことがありうるからである。しかしその容疑は、やむをえない限度にとどめるべき負担を不必要に、あるいは意図的に重くしたり、容疑者の「社会的評価を求める権利（sozialen Geltungsanspruch）」を「削減（schmälern）」したりすることを正当化するものではない。また、嫌疑の増加は捜査の集中や強制処分の投入を導くものではあっても予断を正当化するものではない。無罪推定法理はそのような社会的評価の損失を防止し、社会の一員として認められた存在を侵されないという状態を確定有罪判決が下されるまで貫徹しようとしている。要するに、無罪推定法理の保障のもと、容疑者の人格は「事前の有罪視」から守られるのである[45]。
　以上のように述べてキュールは、社会に生じる事前の有罪視的雰囲気を無罪推定法理の保障の侵害の本質と捉える。そしてさらに、このような刑罰類似の汚名を着せるような効果は報道による公表、とりわけ放送による報道から生じると述べて、社会における事前の有罪視を媒介にして犯罪報道と無罪推定法理の保障とを結び付けるのである[46]。

■ 3. 保護の方向

　以上のような「犯罪報道→社会における予断の発生→無罪推定法理の保障との抵触」という論理を辿るのはキュールだけにとどまらない。その論理は、無罪推定法理は社会における事前の有罪視という現象に結び付いて、報道機関による刑事手続に関する事柄の公表について評価する際の基準則として適用されるとするハッセマー（Hassemer）をはじめ論者一般に見られるところである[47]。ただ、「無罪推定法理の保障の侵害の本質は社会的予断である」とする各論者の主張をさらに仔細に検討してみると、そのテーゼは実はさらに次の2つのやや異なった意味で捉えられていることが明らかになる。すなわち、第一は、先に述べたことの繰り返しになるが、報道機関という一私人が被疑者・被告人を「犯人視すること」自体ではな

くて、報道機関による「犯人視」の結果、社会全体が当該被疑者・被告人を「犯人視」してしまうことが無罪推定法理の保障との抵触を招くという意味で侵害の本質を捉えるものである。第二は、報道を通じて引き起こされた社会的予断に証人が汚染され、汚染された証言が裁判官・参審員に引き継がれることによって、あるいは裁判官・参審員自身が社会的予断に汚染されることによって、たとえば証拠法則の逸脱を招くという形で被疑者・被告人の無罪推定法理の保障を危うくするという理解である。

「報道機関に対する無罪推定法理の保障の直接的拘束力が認められないとしても、人格権の侵害の場合に行われる相当性審査に際して、欧州人権条約6条2項は容疑の最も初期の段階、あるいは（まだ勾留状を出されていない）被疑者の身体拘束の段階では、まだ報道を通じて被疑者を晒し者にすることを正当化していない、と解される限りでは、内容的にその〔無罪推定法理の保障の報道機関への適用についての〕考慮を見出す」と述べるベッカーは主として第一の意味を念頭に置いているといえよう[48]。そして、無罪推定法理の保障を第一の意味で捉える場合には、奇しくもベッカーが述べているように、無罪推定法理の私人間効力の如何という問題に結び付くことになる。

一方、「欧州人権委員会は、嫌疑を明らかにすることによって報道合戦が発生したり、裁判官に影響を与えるその他の危険が生じたりするならば、嫌疑の表出は裁判手続に対する影響力を増大することになるということを見落としてはいない。しかし、委員会はそれ〔裁判手続に対する影響〕を欧州人権条約6条1項の問題と見ている。公正な裁判手続を受ける権利はかかる裁判官への影響によっておぼつかないものにされる。……もちろん問題とされている裁判官への影響によってその行動が無罪推定法理の保障と矛盾する限りでは、欧州人権条約6条2項の第一の意義〔国家機関による有罪取扱いの禁止〕との結び付きが認められる」とするフロバインは、第二の意味を念頭に置いているといえよう[49]。そして、第二の意味の無罪推定法理の保障は、フロバインの叙述にもあらわれているように「公正な刑事手続の保障」と結び付く。なぜなら、公正な刑事手続の保障を危うくする原因は、「報道による判決の先取りによって手続関係者に生じる予断」であると考えられているからである（第2節4.参照）。

報道による無罪推定法理の保障の侵害の本質をめぐる議論を追ううちに明らかになった私人間効力論および公正な刑事手続の保障との関係如何という問題点

は、権利侵害構成要素を概観した際にすでに提示してあった重要な論点であるが、いずれも公正な刑事手続の保障と無罪推定法理の保障との両者にまたがる問題である。そこで以下では、まず第一に公正な刑事手続の保障の意義について確認し、そこでの検討のなかで無罪推定法理の保障と公正な刑事手続の保障との関係がどのように捉えられているのかという問題に取り組むこととしたい。次に、無罪推定法理の保障および公正な刑事手続の保障と犯罪報道による侵害から保護されるべきその他の権利との関係について、特にその他の権利が被疑者・被告人の刑事手続上の権利の保障に果たす役割に注目しつつ見ていくこととする。そして最後に、私人間効力の問題を扱い、犯罪報道による権利侵害の全体構造を明らかにすることとしたい。

第4節　公正な刑事手続を受ける権利の意義

■1．公正な刑事手続の保障の権利性

　前述したように、ドイツにおける「公正な刑事手続」の保障に関する議論を見ると、その保障が必ずしも被疑者・被告人の権利として捉えられていないのではないかとの疑問が生じる。

　たとえばキュールは、公正な刑事手続の保障の侵害の例として、報道によってテロ組織の捜査が台無しにされることを持ち出している[50]。また、ロクシン（Roxin）にも、報道によるキャンペーンは本当は犯人（有罪）である者の無罪判決を追求する方向でなされることもあり、そのような報道キャンペーンがなされることによっても、本当は無実である者に対する事前の有罪視の場合と同様に刑事司法が傷つけられるとの記述が見られる[51]。さらにダルブケルメーヤーも、公正な裁判は各々をその人格権侵害から保護するというよりもむしろ法治国家的な手続を保障するだけであるといった曖昧な叙述をしている[52]。

　以上のような叙述は確かに「公正な刑事手続」の保障を被疑者・被告人の権利保障の側面よりもむしろ「司法の無瑕性」あるいは「裁判の権威」の維持の側面から捉えていることを示す記述ではある。しかし、だからといって「公正な刑事手続」

の保障が被疑者・被告人の権利とは無関係なものであると考えられているわけではないように思われる。以下、被疑者・被告人の権利保障をも念頭に置きつつ「公正な刑事手続」の保障について論じていることを示すドイツの議論を挙げよう。

第一に、先に取り上げた論者自身が「公正な刑事手続」の保障には司法の権威保護の側面だけでなく被疑者・被告人の権利保障的側面もあることを認識しているということである。すなわち、ダルブケルメーヤーは、報道の干渉によって生じた刑事手続の侵害から被疑者・被告人を保護することは公正な刑事手続の保障に当然含まれるとも述べている[53]。キュールも、報道によって生じる参審員の有罪判決の先取りが裁判官の公平性を危うくするおそれがあると述べて、公正な刑事手続の保障を被疑者・被告人の権利性がより明確に表れている「裁判官の公平性」に結び付けている[54]。またロクシンも、犯罪報道に対する人格権の保護を論じる論考のなかで、事前の有罪視と対比する形で事前の無罪視を持ち出しているにすぎないのである[55]。

第二に、無罪推定法理の保障の侵害の本質のところで触れたように、犯罪報道に関して、公正な刑事手続の保障と無罪推定法理の保障とは「手続関係者の予断」という共通の要素を媒介にして結び付くということが挙げられよう。すなわち、ドイツにおいては、犯罪報道による判決の先取りによって手続関係者に生じる予断が公正な刑事手続を侵害すると考えられている。なぜなら、刑事手続では、訴訟の場に正当に提出された証拠のみに従って心証が形成され、判決が下されなければならないからである。もし、判決を形成する際に公判外の資料を加味することが許されるなら、直接主義や証拠法則といった刑事手続を支える根本的な原則は全く意味のないものになってしまう。そして、仮に公判外の情報が判決形成に影響を与えるような事態が生じるとすれば、それは司法の無瑕性・完全性を汚すのと同時に、被疑者・被告人の無罪推定を受ける権利をも侵害することになる。なぜなら、証拠法則、とりわけ訴追側が立証責任を負担するという原則が無罪推定の保障を受ける権利の中核であることを考えれば、訴追側が立証していない資料に基づいて心証を形成することが証拠法則に体現される無罪推定法理の保障に反することは明らかだからである。要するに、裁判官をはじめとした手続関係者の予断によって公正な刑事手続の保障が侵害されれば、被疑者・被告人の無罪推定を受ける権利も侵害されたことになるわけである。

このようにドイツの議論は、手続関係者、とりわけ裁判官の予断を公正な刑事

第6章 権利侵害の構造 ÷139

手続の保障の侵害と捉えることによって、被疑者・被告人の無罪推定を受ける権利を公正な刑事手続の保障のなかに取り込んでいるのである。

■ 2. 無罪推定法理の保障との重なり

　以上の検討から、ドイツの「公正な刑事手続」の保障に関する議論は、「公正な刑事手続」を単に司法の無瑕性および裁判の権威という観点だけから捉えているのではなく、被疑者・被告人の権利としても捉えていることがほぼ明らかになったものと思われるが[56]、以下では、公正な刑事手続の保障と無罪推定法理の保障との関係を整理することを通じて、このことを改めて確認しておく。

　まず、無罪推定法理の保障は、①報道を通じて作られた予断が社会全体を汚染することによって、②同じく報道を通じて作られた予断が手続関係者に及んで証言態度や心証形成に影響を及ぼすことによって侵害されると考えられている。

　①は社会全体が被疑者・被告人を「犯人視」すること自体を問題とするので、そこから必然的に、「社会」が予断を持たない義務が生じるか、すなわち被疑者・被告人は「社会」に対して予断を持たないように請求できるかという問題に結び付く。もちろん実際には「社会」という実体のはっきりしないものが義務を負ったり、そのような存在に対して権利を請求したりすることはできないから、法的にはかかる予断の原因を作り出す報道機関がその影響力の大きさゆえに権利／義務の主体となるかどうかが問題とされることになる。私人間効力の問題である。そして①の場合、社会による「犯人視」の効果が被疑者・被告人の刑事手続に及ぶか否かは問題ではない。あくまでも基本権が私人間に適用されるか否かが問題なのであり、適用の有無が問われる対象として取り上げられる無罪推定法理の保障という権利がたまたま刑事手続に関連する権利であったというだけのことである。

　一方②は、社会の予断が手続関係者にも及んで公正な刑事手続を受ける被疑者・被告人の権利が侵害されること、すなわち社会による「犯人視」が刑事手続に及ぼす効果という点に着目した無罪推定法理の保障の捉え方である。したがって、こちらの意味の無罪推定法理の保障は、本来、私人間効力論とは無関係であるはずである（後述第5節参照）。

　一方、公正な刑事手続の保障が、司法の無瑕性あるいは裁判の権威の保持という側面を持つことは否定しがたい。したがって、ドイツにおける「公正な刑事手続」

は、その限りでは、司法の無瑕性とか裁判の権威保持という要素を極小化するに至ったアメリカの「公正な裁判」とは異なる内容を含んでいる[57]。

しかし、公正な刑事手続の保障は、手続関係者が予断＝裁判外の資料に基づく評価から自由であることを求める被疑者・被告人の権利としての側面をも有する。公正な刑事手続の権利保障的側面は、②の意味での無罪推定法理と重なり合っているために、司法の無瑕性という側面ほど意識されにくくなってはいるが、存在していないわけではないのである。すなわち、公正な刑事手続保障と無罪推定法理の保障とが重なり合っている状態を公正な刑事手続保障のほうに焦点を当てて見た場合、公正な刑事手続保障の権利保障的側面に無罪推定法理の保障という別の名称が付されているというふうに見ることができるのである（ただし、無罪推定法理の保障は①の意味も含んでいるおり、①のほうは公正な刑事手続保障とは無関係であるから、以上の言い方は両者の関係をどちらの側にも焦点を当てずに正確に言い表した表現ではない）。

■ 3. 社会復帰権との関係

以上の権利侵害の本質論をめぐる無罪推定法理の保障と公正な刑事手続保障との関係を前提として、以下ではさらに、これらの権利と社会復帰権との関係について簡単に整理することとする。

すでに述べたように、社会復帰権は、報道を通じて生じた社会的予断＝犯人視により受刑者の共同体へのスムーズな復帰が妨げられることを人格権侵害と捉えることによって認められるようになった権利であり、権利侵害の本質（そしてその裏返しとしての権利の性質）という点において、公正な刑事手続を受ける権利および無罪推定法理の保障と類似する。しかも、「社会復帰を求める法的権利は、その裏面として……非社会化的侵害（社会から排除し、あるいは社会的に不利にするような侵害）からの保護を……含んでいる」との叙述が端的に示しているように[58]、Lebach判決で確立した社会復帰権は、現在、有罪判決確定後の受刑者だけでなく、被疑者・被告人の段階においても保障されると考えられており、保障範囲においても公正な刑事手続を受ける権利および無罪推定法理の保障と重なり合っている部分がある。したがって、犯罪報道による権利侵害構造の一層の把握を進めるために、これら三者の権利相互の関係について以下のように整理しておくことが有

益であると思われる。

　第一に、公正な刑事手続を受ける被疑者・被告人の権利と社会復帰権とが同じく社会における予断＝犯人視を当該権利侵害の誘因として持っているとはいっても、権利侵害に至るプロセスは異なっている。すなわち、社会復帰権の侵害は社会全体が報道された人を犯人視することによって発生するのに対して、公正な刑事手続を受ける被疑者・被告人の権利の侵害は、報道を通じて報道された人が有罪であるとの予断が社会全体に生じた結果、手続関係者、とりわけ証人や裁判官・参審員が法廷外の情報に基づいて自らの証言や判断を左右してしまうことによって発生する。

　第二に、社会復帰権の侵害の本質が「社会全体の犯人視」であることからは、むしろ無罪推定法理の保障との結び付きが強調されることになろう。上述したように、無罪推定法理の保障の侵害は、①報道を通じて作られた予断が社会全体を汚染し、社会全体が被疑者・被告人を犯人視するという意味と、②報道を通じて作られた予断が手続関与者に及んで、その証言態度や心証形成に影響を及ぼすという意味との２つの内容を持つ。したがって、①の意味での無罪推定法理の保障の侵害は、被疑者・被告人の社会復帰権の侵害と全く同義であるといえる[59]。

　もちろん、社会復帰権は有罪判決確定後も射程に置いているし、無罪推定法理の保障は①と②の意味をあわせ持つ概念として捉えられているから、総じていえば、両者は互いに独自の意義を持ちつつ、しかし重なり合う部分では同義であるということができよう。オステンドルフ（Ostendorf）の「無罪推定法理と相関的な補足関係にあるのが、嫌疑が裁判所によって確認された場合に刑事手続が有する社会復帰の目的である」との叙述は[60]、上の両者の関係を端的に言い表しているように思われる。

　無罪推定法理の保障と社会復帰権とが以上のような関係にあるとすれば、無罪推定法理は犯罪報道に関して、被疑者・被告人の権利としての公正な刑事手続の保障と判決確定前の社会復帰する（あるいは社会から排除されない）権利とを「予断」を共通項として結合させた概念であるとの理解を促すことになろう。しかし、このような理解は、無罪推定法理を媒介にして公正な刑事手続を受ける被疑者・被告人の権利と社会復帰権とを相互に架橋することを可能にするという意義を持つ一方で、性質に関して異なる要素を持つ２つの権利を自らのなかに抱え込むことで概念としての曖昧さや分かりにくさを払拭しづらくなるというデメリットをも有してい

ることに注意する必要がある。

■ 4. 権利侵害の原因子(1)—— 捜査機関の関与

(1) 予断発生と捜査機関の関わり

　ところで、一般に、報道機関が捜査機関の示す嫌疑を忠実に報道する場合、報道機関の行為が無罪推定法理の保障、したがってまた公正な刑事手続を受ける被疑者・被告人の権利と抵触することはないと考えられている。判例も、「ジャーナリストは原則として当局の記者発表、とりわけ報道機関の情報請求権の範囲で得られた当局の情報を信用することができる」としている[61]。しかし、それにもかかわらず被疑者・被告人の公正な刑事手続を受ける権利が侵害されてしまうことがありうる。なぜなら、忠実に伝達した情報そのものが社会や手続関係者に予断を生じさせる内容を含んでいることがあるからである。犯罪報道においては、情報の源がどうしても対立当事者たる捜査機関に偏りがちになるだけに、アメリカのみならずドイツにおいても、捜査機関から出される情報の性質如何が被疑者・被告人の権利の保障にとって極めて重要な意味を持つことになる。そこで、以下では、犯罪報道を通じて生じる被疑者・被告人の公正な刑事手続を受ける権利の侵害に捜査機関の行動がどのように関わっているのか、またそのような捜査機関の関わりがどのように評価されているのかという点に関して、さらにドイツの議論を概観し、「報道による被疑者・被告人の公正な刑事手続を受ける権利の侵害」の構造を明らかにする一助としたい。

　犯罪報道を通じて生じる被疑者・被告人の公正な刑事手続を受ける権利の侵害と捜査・訴追機関の活動との関係については、多くの論者が、犯罪報道による予断の発生の原因の1つが捜査機関の情報提供にあることを指摘している。たとえばヤーンは、法的に秩序付けられた事案解明および決定手続を先取りするような事件についての判断は手続関与者によっても公にされるので、予断的（prejudizierende）報道について報道機関の責任のみを指摘するだけでは充分ではないとしたうえで、公表を引き起こす手続関与者としてまず第一に警察および検察関係者を挙げている[62]。

　また、ロクシンは、捜査機関、とりわけ警察と報道機関との関係が「事前の有罪視」をもたらす報道を引き起こす原因になることを次のように指摘している。す

なわち、「警察が記者に当該捜査に関する全ての情報を知らせる場合、警察はそうすることによって報道される見解〔のトーン〕を決定的な段階に至るまで操作することができる。というのは、第一に、報道機関はたいてい捜査機関以外の情報源を持っていないからである。また、そうしなければ〔警察の意図に沿った報道をしなければ〕それ以上の情報提供から排除されてしまうことを覚悟しなければならないだけに一層、警察の見方に基づいて事件を叙述せざるをえないからである。このようなやり方では、警察が初期に出す結論や仮説はしばしば極めて不確実であるにもかかわらず、大規模な事前の有罪視が生じうるということは明白である」[63]。そしてロクシンはさらに、このような状況のもとでは、少なくとも捜査報告書、尋問調書および起訴状を捜査機関が報道機関に提供することは、当局の手続的役割の中立性を害するだけでなく、我々の審理を支配する原則である証拠獲得についての直接主義とも矛盾すると述べて、捜査機関の情報提供活動が報道を通じて被疑者・被告人の公正な刑事手続を受ける権利を侵害しうることを示している。

同様の指摘はダルブケルメーヤーによってもなされている。ダルブケルメーヤーは、「司法手続的な解明および決定過程を先取りするような事件についての評価は報道のみが行うのではなく、多くの場合手続関係者自身に由来する。したがって、非公開の捜査手続の段階では、刑事訴追機関の情報に対する態度が事前の有罪視的雰囲気を誘発する決定的かつ宿命的でさえある要素となる。しばしば非常に詳細な情報提供がなされ、実質的に予断排除〔原則〕違反になるような捜査のごく初期の段階での記者会見を通じて、検察および警察は社会の操作に対する固有の推進力を持つ」と述べたうえで[64]、このように捜査当局が警察での自白や被疑者の前科、さらには証人の供述等々、手続に関する全てのことを詳細に公表するならば、手続関与者——とりわけ参審員——はこれらの情報に基づいてあらかじめ形成された心証を持って公判に臨むことになりがちであり、その結果、必要とされる公平さが重大に侵害されることがあると指摘している[65]。

(2) 権利侵害構造における捜査機関の位置付け

以上に紹介したように、ドイツでは、報道を通じた被疑者・被告人の公正な刑事手続を受ける権利の侵害は、報道機関が単独で引き起こすというよりも、むしろ捜査・訴追機関の提供する情報が内包する「予断的」性質を報道機関が引き継ぐという形で発生すると考えられているが、このような侵害構造の把握は次の意味

を持つ。すなわち、第一に、被疑者・被告人に公正な刑事手続を受ける権利を保障するためには、報道機関の行動だけではなく、捜査・訴追機関の情報提供活動をも視野に入れて権利保護の方策を考えなければならないということである。第二に、第一の点と密接に関連するが、ロクシンがいうように報道機関が捜査機関の広報活動の道具としての役割しか果たしていないとの理解が成り立つとするならば、かかる理解は、（権利侵害者を捜査機関に収斂させることによって）私人間効力の問題を回避しつつ権利侵害を根拠付ける1つの論理を提供してくれるということである。ただし、権利侵害に対して報道機関には全く責任がないとはロクシンによっても考えられていないから、ロクシンが示唆した論理だけで私人間効力の問題が完全に解消するわけではないということにもあわせて注意を払う必要がある。

■ 5. 権利侵害の原因子⑵ —— 被疑者・被告人の身元の特定

⑴　実名報道の問題性

　以上のような「予断」を軸とした公正な刑事手続を受ける被疑者・被告人の権利および無罪推定法理の保障に対する理解を踏まえて、次に、公正な刑事手続を受ける権利と報道における被疑者・被告人の身元の特定との関係についてドイツで行われている議論を見ることとする。

　この問題は、もともとネガティブな性質を有する犯罪報道が被疑者・被告人の実名と結び付くことによってはじめて、特定の人物に対する予断＝事前の有罪視を引き起こすのではないか、言い換えれば、被疑者・被告人の実名報道が「犯人視」報道を誘発する因子としての重要な働きをしているのではないかという考え方に端を発する。そしてそこからさらに、被疑者・被告人の実名を報道すること自体が無罪推定法理の保障を含む公正な刑事手続を受ける被疑者・被告人の権利を侵害することになるといえるか否かという論点に結び付くのであるが、実名報道が犯罪報道による事前の有罪視＝予断発生の引き金となるという考え方自体は、ドイツにおいては多くの論者によって受け入れられている。

　たとえば、ダルブケルメーヤーは、犯罪行為と捜査の詳細に関する情報は、報道において容疑者の身元が暴露されてはじめて当該容疑者の権利を侵害することになるという意味で、個人の特定、すなわち社会による身元の認識は犯罪報道による人格権侵害の大前提であると指摘している[66]。そして、さらに敷衍して、容疑

者が明確に犯人であるとみなされたときにはじめて、もともと存在していた住民の事件に対する偏見、当局が正当であると認める情報への無批判な信仰および報道機関における叙述の仕方が、社会における容疑者の犯人視を引き起こすのではなく、むしろ犯罪報道以外の場合には客観的な情報である被疑者の氏名や写真が犯罪に関連する報道のなかに現れたときに、すでに社会における犯人視作用は生じるのであると述べて、被疑者・被告人の実名報道が社会における事前の有罪視のきっかけになっているとする考え方を取ることを明らかにしている[67]。

　また、オステンドルフも、欧州人権条約において明文化されている無罪推定法理の保障は氏名による身元の特定に単に「容疑者」あるいは「推定上の犯人」という言葉を付けるだけでは満たされないとして、同様の立場に立っている[68]。

　一方キュールは、「……被疑者・被告人が写真を見た人の目に犯人であると映る場合には、写真報道およびおそらく必然的に全ての身元を明らかにするような報道が無罪推定法理の保障と矛盾する報道であると評価されるであろう」と述べて、写真による身元の特定も実名報道と同様の効果を持つと指摘している[69]。

　さらに、捜査機関の情報提供と報道とが相俟って被疑者・被告人の公正な刑事手続を受ける権利が侵害されるという上述の権利侵害構造が、実名報道にも当てはまることも指摘されている。すなわち、のちに無罪判決が下った破産犯罪での勾留中に検察官が報道機関に対して行った被疑者に関連する情報の違法な提供について、州に対する損害賠償を否定した原審を破棄差戻しにした判決の評釈においてダース (Dahs) は、「捜査手続中の記者発表から生じる致命的な結果が各人に対してしばしば公開の公判で晒し者にされる効果をもたらしてしまうという経験を背景にして、被疑者の匿名性の確保は、実際上、無罪推定法理の保障の一部をなしている」と述べ、もとをたどれば捜査機関による被疑者・被告人の実名の公表が社会における予断の誘因になっていることを指摘しているのである[70]。

(2)　実名報道と刑事手続上の権利との関係

　以上のように、実名報道が犯罪報道による事前の有罪視＝予断発生を触発するという考え方に対してドイツの論者は一様に肯定的である。しかしながら、実名が予断を誘発する因子であるか否かということと、実名報道をすること自体が無罪推定法理の保障および公正な刑事手続を受ける被疑者・被告人の権利の侵害に当たるか否かということとは別の問題である。そこで、以下では、主として無罪推定法

理の保障と被疑者・被告人の身元の特定との関係について詳しく論じているボルンカムとダルブケルメーヤーの議論を追うことによって、ドイツにおいて無罪推定法理の保障や公正な刑事手続を受ける権利の保障という観点から被疑者・被告人の実名報道がどのような位置付けをされているのか理解する手掛かりとしたい。

　ボルンカムは、例外として実名の公表が認められる場合を除いては、原則として無罪推定法理の保障から被疑者・被告人の匿名性の確保が要請されるという立場を取り、おおよそ次のように主張する。すなわち、無罪推定法理は、継続している刑事手続に関する報道に対する決定的な原則である。確かに一方で、裁判所の恣意的な行動から被告人を保護するという考え方が公判の公開主義の背景にあり、さらに公衆の情報を求める利益も裁判の公開を要請している。しかも、情報を求める利益は、現代においては、法廷の出来事が報道機関による報道を通じて広く公衆に伝えられることによってはじめて満たされる。しかしながら、公開原則は、被告人が公判廷に出席することから甘受しなければならない人格権侵害を越えて被告人を晒し者にすることを正当化するものではない。報道機関は、被告人の身元を明らかにしなくても、法廷での出来事を広く公衆に伝えるという機能を果たすことができる。また、犯行が、芸術著作権法において関係者の肖像の公表が認められているところの同時代史的事件に属するということを根拠に被疑者・被告人の実名報道を行うことも、無罪推定法理の保障の侵害にあたり、許されない。なぜなら、被疑者・被告人が同時代史的事件に結び付けられるか否かは、刑事手続ではじめて明らかにされるからである。刑事手続の同時代史的意義を被疑者・被告人自身ではなくて、被疑者・被告人に帰責されようとしている行為のみから汲み取るならば、無罪推定法理に基づき、身元を明らかにすることを求める公衆の利益は被疑者・被告人の匿名を求める利益に劣後しなければならない。もちろん、匿名を求める権利は絶対的に保障されるわけではない。たとえば、無罪かもしれない者であっても、芸術著作権法24条に基づき報道機関が捜査機関による被疑者の捜索活動を援助する目的で氏名や肖像を挙げることは甘受しなければならない。また、公的な機密に参与する地位にある者の公務に関連する犯罪の場合は、被疑者・被告人の身元を求める公衆の利益は犯罪および犯人に対する単なる興味を超えているので、被疑者・被告人の匿名を求める利益は制限される。しかし、これらの例外に該当しない限り、被疑者・被告人の実名を報道することは無罪推定法理の保障に反し、ひいては被疑者・被告人の一般的人格権を侵害することに

なる[71]。

　これに対して、次のように述べるダルブケルメーヤーは、一見すると匿名性の利益は無罪推定法理の保障によっては保護されないと主張しているように見える。すなわち、無罪推定法理は、確定有罪判決を下されていない市民を有罪者として取り扱うことを排除する原則である。このように定義される効力範囲からは、身元を明らかにしてはいるが内容的には中立であると判断されるような報道に対する無罪推定法理の重要性は根拠付けらない。容疑者としての地位を明白に指摘しつつ当事者の属性が伝達される場合、かかる報道は罪責を負わせる性格を持っていない完全に客観的な報道であることを意味する。したがって、単なる氏名や肖像の公表では欧州人権条約6条2項の違反には当たらない[72]。

　以上の叙述を見ると、ダルブケルメーヤーは、実名報道による無罪推定法理の保障の侵害を認めない立場に立つかのようである。しかし、被疑者の実名報道の可否について彼が論じているところをさらに追っていくと、ダルブケルメーヤーもまた、結論的には被疑者は匿名性の保護を求めることができるという立場を取っていることがわかる。ダルブケルメーヤーは次のようにいう。捜査活動の初期においては必然的に多くの事実が闇のなかにあり、したがって予備審問の段階を含め、捜査手続において出された判断は暫定的なものにならざるをえない。この段階では、非公開で手続が進められることによってこそ、捜査機関は柔軟に全ての可能性について捜査し、不適当と思われるような手がかりについても調査し、その結果、当初の疑いを退けることもできるのであって、逆に、誇大な報道を通じて捜査手続が公開されると、証人や鑑定人を誤導したり、容疑者に捜査方針が知れてしまうなど捜査に困難を生じることになる。さらに、捜査手続の暫定性という観点は、手続保護のみならず被疑者保護に対する考慮の基礎にもなっている。犯罪行為と関連付けた被疑者に関する報道に伴って生じる汚名を着せる効果によって発生する人格権侵害は、犯行との結び付きが確実ではないにもかかわらず社会に引き出されてしまうがゆえに一層、報道される者に耐えがたい苦痛を与えてしまう。当事者に犯人であるとの汚名を着せてしまうことは、無罪推定の観点のもとでは耐えがたい侵害とみなされるので、被疑者の効果的な保護の実現のために、捜査手続の間は被疑者の個人的な特定はなされてはならない[73]。

　以上のようなダルブケルメーヤーの主張は、結局のところ、無罪推定法理の保障に基づく匿名性の確保を認めているものであるといえるのではなかろうか。すなわ

ち、ダルブケルメーヤーは、捜査手続の暫定性を根拠に捜査手続の非公開を導き出し、「捜査手続の非公開」からさらに被疑者の匿名性確保を導こうとしているが、匿名性確保を認める実質的な根拠となっているのは、捜査手続の保護と被疑者の人格権保護である。このうち後者は「捜査の暫定性によって生じうるところの無罪の者を疑う危険性に鑑みて」と述べられているところからも分かるように、無罪推定法理の保障を人格権保護の内容と捉えることで、実質的に無罪推定法理の保障と実名報道の可否とを結び付けているように思われる。

　また、前者については、捜査手続の保護の内容として捜査方針が容疑者に漏れることを防止することが挙げられているところにあらわれているように、司法の無瑕性の確保という意味での公正な刑事手続の保障に力点を置いて論じられてはいる。しかし、先に検討したように、そのような意味で保障されるべき公正な刑事手続は、同時に被疑者・被告人の権利でもある。とくにダルブケルメーヤーが挙げている証人および鑑定人の誤導の防止はまさに手続関係者の「予断」の問題であり、刑事手続上の権利としての無罪推定法理の保障を通じて公正な刑事手続を受ける被疑者・被告人の権利へと結び付くのである。

　確かにダルブケルメーヤーは匿名性の保護を被疑者、すなわち捜査段階に限って認めているから、「確定有罪判決まで」保障されるはずの無罪推定法理と合致しないのではないか、との疑問は生じよう。しかし、原則として無罪推定法理の保障から被疑者・被告人の匿名性の確保が要請されるとするボルンカムも、報道の自由などとの利益衡量を通じていくつかの例外を認めていることはすでに見てきたとおりである。ダルブケルメーヤーの考え方を「裁判の公開原則」が有する機能との衡量の結果、匿名を求めることのできる範囲を捜査手続に限定したものと見れば、その主張はボルンカムの主張と実質的にそれほど大きな隔たりがあるわけではないということになろう。実際、ダルブケルメーヤーは「基本法の意図に従えば、人格権も報道ないし情報の自由も原理的に優先権を与えられるのではないから、比較可能性の原則に基づく利益衡量の範囲で、個々の事案において競合する法益のどちらが優先されるかが決められなければならない」というスタンスに立ったうえで[74]、上述のような帰結を導いており、ボルンカムとの論理構成の違いは、無罪推定法理の保障と被疑者・被告人の実名報道との関係を考えるうえでそれほど大きな意味を持つものとは思われない。

(3) 実名報道と報道の自由との関係

　ボルンカムやダルブケルメーヤーによって行われた報道の自由などとの利益衡量は、無罪推定法理の保障を根拠として被疑者・被告人の匿名性の確保を求める論者に共通して見られるところである。

　たとえばベッカーは、裁判所による有罪判決までの容疑者に対する無罪推定（欧州人権条約6条2項）は法治国家における過剰な権利制約の禁止の具体化を意味し、それゆえ基本法1条1項、2条1項および法律上の無罪推定法理はまず第一に、当局が追跡活動および報道機関に対する情報提供活動において容疑者の身元を公衆に公表する際に法益衡量（Rechtsgüterabwägung）や相当性の審査（Verhältnismäßigkeitsprüfung）をすることを求めるとして、利益衡量の必要性を説いている。そしてベッカーは、相当性審査の具体的内容として、犯罪あるいは容疑者に一般的な同時代史的意義が存在することと被疑者に対して逮捕状あるいは勾留状が出されていることを要求し、これら2つの要件を満たさないにもかかわらず捜査機関が被疑者の身元情報を報道機関に引き渡した場合は、常に捜査機関の職務義務違反に当たるとする[75]。さらにベッカーは、かかる相当性の衡量は報道機関独自の報道にも当てはまると述べ、逮捕あるいは勾留状が発付されていない段階で容疑者の身元を特定して報ずることは原則として相当性を欠くとみなされると主張する。そして、逆に逮捕あるいは勾留状が発付されていない段階で同時代史的意義を有する事件について容疑者を特定せずに報道しても、公衆の利益が重大に縮減されることにはならないともするのである[76]。

　同様の主張はショルデラー（Scholderer）にも見られる。すなわち、ショルデラーによれば、犯人の氏名、写真あるいはその他の身元を明らかにする事項は、情報を求める利益の保障にとって必要でないか、あるいは些細な事件の場合には比例性を欠くと述べて、無罪推定法理の保障は比例性原則に従った衡量を行ったうえで、匿名性の確保を要求することができるというのである[77]。

(4) 公正な刑事手続を受ける権利における匿名／実名問題の位置付け

　以上に見てきたように、ドイツにおいては、被疑者・被告人の実名報道が犯罪報道を通じた予断＝事前の有罪視の発生の引き金となっていることを認めて、報道の自由や裁判の公開原則との利益衡量を行ったうえで、匿名性の確保を無罪推定法理の保障に一定程度組み込むという考え方が取られている[78]。以上のようなドイ

ツの議論から公正な刑事手続を受ける権利と被疑者・被告人の実名報道との関係について浮かび上がってくる点を簡単にまとめておこう。

　第一に、無罪推定法理の保障および公正な刑事手続を受ける権利から直ちに絶対的な匿名を求める権利を引き出すことができるとまでは考えられていない。無罪推定法理の保障や公正な刑事手続を受ける権利の保障のもとで匿名性の確保が求められるか否かは、報道の自由や裁判公開原則との衡量を行ったうえで判断される。その意味で、無罪推定法理の保障、公正な刑事手続を受ける権利と匿名性の要請との結び付きは相対的なものである。しかしながら、被疑者・被告人の実名報道や写真の公表が、社会における予断を引き起こし、公正な刑事手続を受ける被疑者・被告人の権利を侵害する重要な因子であることは認識されているから、公正な刑事手続を受ける権利の保障を考えるにあたって、被疑者・被告人の身元情報の保護には最大限考慮が払われているといってよい。

　第二に、具体的な利益衡量の基準や方法は論者によって違いがあるが、無罪推定法理の保障に基づく匿名性保護の領域の限界を画するにあたって、芸術著作権法上の匿名権および肖像権の射程との関係が意識されている場合が多い。すなわち、各論者は、事件や被疑者・被告人が同時代史的意義を有するか否か、あるいは容疑者追跡目的など芸術著作権法24条で氏名や肖像の公表が認められている場合にあたるか否かといった芸術著作権法上の基準を用いて、無罪推定法理の保障に基づく匿名性の保護と報道の自由や市民が情報を得る利益との衡量を行っているのである。したがって、無罪推定法理の保障を確たるものにする役割の一部が芸術著作権法に基づく肖像権・匿名権によって担われているといえよう。また逆に、身元を明らかにする報道からの保護という観点から無罪推定法理の保障と肖像権・匿名権との関係を見れば、「身元を明らかにする報道からの保護は、確かに匿名を求める特別の人格権および肖像権によっても獲得されるが、無罪推定法理の保障によってさらに強く支えられる」という形で、両者は関係付けられることになる[79]。したがって、被疑者・被告人は、芸術著作権法上の肖像権・匿名権と無罪推定法理の保障の両方から重畳的かつ相互補完的に、予断を生じさせるきっかけとなりうる実名等の公表からの保護を受けていると見ることができるのである。

　第三に、上述のベッカーの議論に代表的にあらわれているように、被疑者・被告人の氏名・肖像の公表に関しても、やはり捜査機関の広報活動ならびに情報提

供活動が権利の侵害が生じるか否かという点にとって有する重要性が意識されている。この点は、ベッカーに限られず、「被疑者が（潜在的）犯人として汚名を着せられることによって被る重大な侵害は、報道機関に対する捜査当局の自制によって著しく和らげられ、あるいは完全に妨げられることさえありうる。身元を明らかにすることは人格権に対する重大な侵害を意味するので、氏名公表をしないことがここでは重要な観点を形成する。〔捜査機関の被疑者・被告人に対する〕保護義務の原則が捜査活動の際に被疑者に不利な状況を作り出さないことを命じているとすれば、それは継続中の捜査の間、匿名にすることによって社会において汚名を着せられることから被疑者を守る命令に具体化される」[80]と述べるダルブケルメーヤーなど多くの論者によって意識されているところである[81]。

　以上で、犯罪報道による権利侵害の基本的な構造は明らかになったものと思われる。しかし、先に述べたように、とりわけ無罪推定法理の保障および公正な刑事手続を受ける被疑者・被告人の権利に関して、果たしてそれらの権利が私人たる報道機関に適用されるのかという、さらに検討を要する重要な問題が残されている。そこで、以下、私人間効力ならびに基本権保護義務に関するドイツの議論を検討し、権利侵害構造の全体的な把握を試みることとしたい。

第5節　私人間効力

■1. 無罪推定法理の保障と間接適用説

　ある私人の基本権（ここでは無罪推定法理の保障）が他の私人の基本権行使（ここでは犯罪報道という報道の自由の行使）によって侵害されるという状況が生じるのは、犯罪報道と無罪推定法理の保障に関する場合に限られるわけではない。思想・信条の自由と経済活動の自由との抵触が問題となった三菱樹脂事件[82]や、学生の表現の自由と大学側の教育指導との関係が問題となった昭和女子大事件[83]など、日本で基本的人権の私人間適用が問題とされた事例を振り返るまでもなく、私人間相互における基本権の衝突は様々な場面で生じる。そして、ドイツにおいては、私人間の基本権の衝突一般に関して、従来、私人は私人相互の関係におい

て基本権の拘束を受けるものではないから、憲法の基本権規定は私人相互間の法律関係に直接適用されるものではないが、しかし基本権規定は私法の一般的ないし概括的規定の内容に取り込まれる形で間接的に適用されるとするいわゆる間接適用説が通説的見解を占めてきた[84]。

私人Yの基本権行使によって私人Xの基本権侵害が発生する場合の解決方法として取られている間接適用説という考え方は、無罪推定法理の保障の報道機関＝私人への適用如何を考えるにあたっても貫かれている。たとえば、ロクシンは、欧州人権条約６条２項は国家機関のみに直接的な拘束力を持ち、報道機関を義務付けるものではないとして、無罪推定法理の保障の報道機関への直接適用を否定しつつ、無罪推定法理の保障が報道機関に直接的には適用されないとしても、その根本にある法思想は甚だしい事前の有罪視を民法823条の意味での人格権侵害であると理解することを許容するから、事前の有罪視は一般的人格権の侵害と理解されると述べ、民法823条を通じて無罪推定法理の保障は間接的に (mittelbar) 報道機関に対して効力を持つと解するのである[85]。

ボルンカムはさらに、次のように述べて、無罪推定法理の保障から間接的第三者効 (mittelbare Drittwirkung) が生じることを明言している。すなわち、「無罪推定に関して、直接的な第三者効は生じない刑事手続上の基本権が問題となっているということは正しい。被疑者・被告人には確定力ある有罪判決が出るまでは第三者から無罪であるものとして取り扱われることを請求する権利はない。しかし、この原則から間接的第三者効は生じる。第一に、国家に対する防御権である他の基本権についても、それが私法規定内部の一般条項の解釈のなかに関係付けられることによって、市民相互の関係について効果を生じる。このことは基本法１条と結び付く２条に根拠付けられた人格権についても当てはまり、民法823条１項の意味でのその他の権利として市民相互の関係についての効果を獲得する」[86]。

判例では、報道機関の独自調査に基づくナチス犯罪の告発に対して被告発者から請求された差止めを認めなかった事案において、無罪推定法理が間接的に報道機関に効力を及ぼすことが指摘されている。すなわち、

「処分申請者〔記事における被告発者〕が、欧州人権条約６条および報道綱領があるので処分被申請者〔報道機関〕は彼を犯人であると断言することはできないはずであると考えるのは不当である。欧州人権条約６条２項によれ

ば、確かに法的に罪責の証明がなされるまでは、可罰的行為のかどで訴追された者は無罪と推定される。しかしこの規定は、直接的には手続に関与する当局だけに適用される。私人は、欧州人権条約によって一定の行動を取ることを義務付けられるわけではない。また、これに関して欧州人権条約に直接的な第三者効は与えられていない。確かに、欧州人権条約を第三者の行為の審査基準として用いることはできる。しかしながら、欧州人権条約6条から生じる権利は絶対的な適用を求めることができるものではない。その権利は、意見表明の自由、報道の自由および正当な利益の適切な確保の考慮のもとで行われるところの既に論じられた利益衡量の範囲内で衡量されるにすぎない」[87]。

■ 2. 基本権の保護義務論（grundrechtliche Schutzgebotsfunktion）への展開

　このように、ドイツにおいては従来、他の基本権と同様に、無罪推定法理の保障は報道機関に対して間接的な効力を有すると考えられてきたわけであるが[88]、基本権の私人間適用一般については、その後、国家の基本権保護義務という考え方に基づき間接適用説を発展的に再構成しようとする議論が有力になっている[89]。そして、無罪推定法理の保障についてもかかる基本権の保護義務論を及ぼそうとする論者が見られる。そこで次に、基本権の保護義務論の無罪推定法理の保障への展開をめぐるドイツの議論を見ていくこととするが、その前提としてまずカナリス（Canaris）の議論を手掛かりに、基本権の保護義務論の内容一般について概観しておくこととする。

　カナリスは、「基本権は国家に対する侵害禁止としての機能に加えて、国家への保護命令の機能をも持つ。すなわち、国家は基本権で述べられた価値および法益を侵害から保護することを義務付けられている」と理解したうえで、次のように述べて、かかる基本権の機能と私人による基本権の侵害とが結び付くべき理由を明らかにする。すなわち、「すでに基本法自身が、基本法1条1項第2文において、国家権力は人間の尊厳を『尊重』するだけでなく『保護』もしなければならないと規定することによって、重要な手掛りとなる点を提供している。国家自身による人間の尊厳の侵害は、すでに『尊重』命令によって、したがって防御機能によってカバーされているので、保護されるべき脅威はもっぱら他の市民に由来するもので

ある。そして、人間の尊厳に当てはまることは、原理上、それに続く自由権にも等しく当てはまらなければならない。というのは、自由権は基本法1条2項で明確に強調されたように、最も緊密に人間の尊厳と関連しており、まさに『基本法1条1項の基盤的規範をはっきり体現したもの』とみなされているからである」[90]。

カナリスの説く論理に従って、国家が私人Yによる私人Xの基本権の侵害からXを保護することを義務付けられる場合には、国家は基本権保護のために一定の積極的な措置を取る必要がある。しかし、私人Xを守るために取られる積極的な措置は往々にして私人Yの基本権を制限することになるから、いかなる手段を選択するかという点が次に問題となる。カナリスは、手段選択の問題について、「立法者あるいはその代わりとしての裁判官は、充分な保護規範を創設して、私的自治の許可によって生じる基本権の危殆化に反応しなければならないが、その際には〔規範の〕形成および具体化について非常に広範な裁量がある」と述べて、原則として国家の手段選択裁量を広く認めるが、しかし一方では、国家による基本権の保護は最小限の保護の保障に限定されるとして、行き過ぎた手段の選択を抑制しようともしている[91]。

以上のような基本権の保護義務論は、一般に、従来の間接適用説について、基本権を侵害される私人が国家に対して何を要求できるかという視点から捉えなおした理論であるとされている。カナリスも「基本権が保護命令機能と関係があるということだけから、『直接適用』説に口利きされることになるわけではない。このことは、理論的には保護命令機能が私的法主体ではなく、国家のみを規範の名宛人としているということから生じる。……基本権は単独法によって合法的に置き換えられる必要があるので、基本権の作用はその限りにおいては『間接的』である」と述べて、従来の間接適用説との質的連続性を強調している[92]。しかし、基本権の保護義務論が間接適用説と質的に共通するのであれば、それにもかかわらずあえて基本権の保護義務論として構成しなおす意義はどこにあるのかということがさらに問題となろう。次にこの点を検討して、基本権保護義務論一般についてのまとめとしたい。

■ 3. 基本権保護義務論の意義

ドイツの議論を受けて日本において保護義務論について論じられているものも含

め、基本権保護義務論には以下のような意義が存在すると考えられている。

　第一に、基本権保護義務論は、社会のなかでの人権侵害の構造を従来の私人間効力論のように人権の侵害者と被侵害者との対抗関係として捉えるのではなく、人権の侵害者、被侵害者、国家の三者の関係と捉えることによって、「私人間効力の問題の立体的な把握を可能にするとともに、私人間の人権問題に対する国家の役割を明確にする」という点が指摘されている[93]。「保護義務は、第三者の侵害から各人の基本権法益を保護すべき国の義務を観念することによって、基本権の名宛人を拡張せずに、私的人権侵害の解決をはかる」、すなわち、「保護義務論は、基本権が直接には国家と市民との関係を規律する法であるという前提を堅持したうえで、国家と市民との間に、基本権尊重関係と並んで基本権保護関係を設定することによって、基本権に基づく救済の対象を私人による侵害にまで拡張しようとする」という評価も[94]、同様に保護義務論による問題の立体的把握と国家の役割の明確化を指摘するものであるといえよう。

　第二に、従来の私人間効力論では「必ずしも明確でなかった私人間の人権制限関係の衡量について、国家、侵害者、被侵害者との関係での審査基準を明確にした」点が挙げられている[95]。もちろん、この指摘は、従来の私人間効力論においても、侵害者によって行使される基本権と被侵害者の基本権との間での比較衡量がなされてきたことを否定するものではない。そもそも、私人相互の基本権が衝突する場合に利益衡量が行われることは、間接適用説に立つか直接適用説に立つかということにかかわりなく、当然のことと考えられてきた。実際、本書で論じている無罪推定法理の保障に関しても、裁判公開の原則や芸術著作権法上の公表権限など様々な対抗利益との衡量が、私人間効力論（間接適用説）に立つ論者からも行われている[96]。また、連邦政府報告書でも、「『事前の有罪視的』報道を如何なる形式においても常に禁止あるいは制限する規範は、意思疎通の基本権、とりわけ報道の自由や放送および映像による公表の自由の保護領域への侵入である。報道の自由等と……意思疎通の基本権を制限する憲法上の要求とが比較されなければならない。その際には、関係者に基本法上保護されている法益の比較衡量的整序が必要である」とされている[97]。したがって、保護義務論固有の意義は、利益衡量基準をさらに明確化した点に求められるのである。

　利益衡量基準の明確化は、具体的には「過少保護の禁止」と「過剰介入の禁止」という2つの基準に結実していると考えられている。すなわち、一方で、国家

による基本権の保護は「憲法上要請された最低限を下回ってはならない」(過少保護の禁止)。他方で、国家による基本権の保護は基本権を侵害している側の基本権に対して「過剰に介入することになってはならない」(過剰介入の禁止)。要するに、「問題となる双方の基本権のどちらも原則として他方のために完全に犠牲にされてしまってはならず、できるだけどちらにも実効的な適用領域を保持しなければならない」のである[98]。

■ 4. 無罪推定法理の保障と基本権保護義務論

　以上のように間接適用説を発展的に再構成する基本権保護義務論は、近時、報道機関による無罪推定法理の保障の侵害を根拠付ける論理としても用いられている。たとえば、フロバインは、欧州人権委員会やドイツの裁判所が、私人間の関係についての一定の具体化を国家に対して義務付けるところの積極的な国家の保障義務も欧州人権条約から生じるということを繰り返し承認しているという事実を踏まえて、かかる欧州人権条約の「保障的機能」は欧州人権条約6条2項の無罪推定法理の保障に関しても考慮されるとする。そして、その帰結としてフロバインは、「私的生活、したがってまた人格権を保護している欧州人権条約8条に関連して国家は、報道における『事前判決』を防ぐことを可能にするような民法上の便益を公表からの保護のために個々人に自由に使わせることを義務付けられる」と述べて、国家は民事法上の権利実現手段の創設を通じて基本権＝無罪推定を受ける権利の保護義務を果たすべきであると論理構成している[99]。

　またキュールも、無罪推定法理の保障は直接的には国家機関だけを拘束するということを基本としながら、欧州人権条約6条2項に基づき、国家は、場合によっては、国内法の保護の可能性を容疑者が充分に使用できるようにし、被疑者がその規定を使って事前の有罪視的雰囲気を作り出すような犯罪報道から身を守ることができるようにすることを義務付けられることがありうるとする。そして、「積極的な国家の保障義務」の内容としては、やはり国内法において被疑者が報道による公表に対抗する民事法上の措置を取ることを可能にすることを要求しているのである[100]。

第6章　権利侵害の構造 ÷ 157

■ 5. 公正な刑事手続を受ける権利と私人間効力論

(1) 私人間効力論における無罪推定法理の保障の意味

さて、以上に見てきたところからすると、ドイツにおいては、基本権保護義務論を採るか否かという論理構成の違いはあれ、いずれにしろ、無罪推定法理の保障は直接報道機関を拘束するものではないが、私法規定を通じて間接的に報道機関に対しても効力を及ぼすと考えられていると評価してよいようにも思われる。しかしながら、無罪推定法理の保障の私人間への適用に関する議論をさらに詳細に検討すると、必ずしもそのように即断することはできないのではないかとの疑問が沸いてくる。

疑問は、無罪推定法理の保障の私人間への適用を論じる際に論者が念頭に置いている「無罪推定法理」の意味に関連して生じる。すなわち、間接適用説であれ、基本権保護義務論であれ、無罪推定法理の保障の私人間への適用についてなされている議論をよく見ると、各論者は、先に分析した無罪推定法理の保障の2つの意義のうちの一方、すなわち公正な刑事手続を受ける被疑者・被告人の権利という側面を全くといってよいほど念頭に置いていないように感じられるのである。たとえば、「事前の有罪視は一般的人格権の侵害として理解される。というのは、無罪推定法理の保障が報道機関に直接的には適用されないとしても、その根本にある法思想は、甚だしい事前の有罪視を民法823条の意味での人格権侵害であると解することを許容するからである」とのロクシンの叙述は[101]、「甚だしい事前の有罪視」＝社会全体の犯人視自体を侵害と考えており、そこには手続関係者の予断が公正な刑事手続を受ける被疑者・被告人の権利を害するという視点は含まれていないように思われる。また、間接適用説に基づく利益衡量の際に、無罪推定法理の保障に基づく被疑者・被告人側の利益として「社会的に葬るほどのひどい中傷を阻止する」ことを挙げているボルンカムにも同様の傾向が見て取れる[102]。そして、逆に公正な刑事手続を受ける被疑者・被告人の権利の報道機関に対する適用について論じている場面では、むしろ私人間効力論ないし基本権保護義務論との関係は遮断される傾向にあるのである。

たとえば、フロバインは、報道を通じて嫌疑が明らかにされることによってさらに報道合戦が生じたりするならば、そのような嫌疑の公表は刑事手続に対する影響力を増大することになるという欧州人権委員会の認識を共有したうえで、次のよ

うに指摘する。すなわち、「委員会は、それを欧州人権条約6条1項の問題と見ている。公正な刑事手続を受ける権利はそのような〔報道の〕裁判官への影響によっておぼつかないものにされる。……もちろん問題とされている裁判官への影響によってその行動が無罪推定法理の保障と矛盾する限りでは、欧州人権条約6条2項の第一の意義〔国家による有罪取扱いの禁止〕との結び付きが認められる」[103]。この指摘は、訴訟外の要素が裁判官へ影響を与えることによって無罪推定法理の保障、そして公正な刑事手続を受ける権利が侵害されるということを明らかにし、無罪推定法理の保障が公正な刑事手続を受ける被疑者・被告人の権利としての意義を有することを示すとともに、かかる意味での無罪推定法理の保障に関しては、原因は何であれ最終的に国家＝裁判官が適正な刑事手続以外の部分から影響を受けてしまったか否かが権利保障あるいは侵害の有無にとって決定的であることを示している。また、フロバインは、私的生活の保護に関しては間接的な第三者効およびそれを発展させた国家の保護義務が考慮されるとも明言しており[104]、このこととの比較からも、公正な刑事手続を受ける被疑者・被告人の権利としての無罪推定法理が私人間効力論ないし保護義務論とは違った論理で報道と結び付けられていることが見て取れるといえよう[105]。

(2) 公正な刑事手続を受ける権利と私人間効力論

報道を通じて生じた予断によって侵害されることが認識されている、社会から疎外されない権利としての無罪推定法理と公正な刑事手続を受ける権利としての無罪推定法理との間に、報道機関に対する適用関係についてのこのような違いが生じる原因は、つまるところ、両者の間に規範としての性質の違いがあり、そのことが無意識のうちに認識されているというところに求められるのではなかろうか。

すなわち、まず、社会復帰権としての無罪推定法理は、社会が予断を持ち被疑者・被告人を犯人視することを侵害の内容と見ている。この場合、国家も報道機関もともに侵害を発生させる原因体として位置付けられ、その結果、両者に対して「予断を発生させることの禁止」が命じられる。そして、無罪推定法理の保障が基本権であるとすれば、本来国家にしか妥当しないはずの禁止規範を報道機関にも適用できるかという形で問いが立てられることになるから、まさに私人間効力論が予定する典型的なパターンになるのである。

ところが、公正な刑事手続を受ける権利としての無罪推定法理は、裁判官・参

審員が予断を持つこと（証人の予断が引き継がれることを含む）＝訴訟外の情報に基づき心証を形成することが侵害の内容である。この場合の無罪推定法理の保障の侵害は国家しかなしえない。なぜなら、報道機関は裁判官・参審員として予断を持つことはできないからである。したがってこの場合には、国家のみに対して「予断を持たないこと」が命じられることになる。報道機関に対する一定の行動の自由の制限は、あくまで国家がこの意味での無罪推定法理から命じられた規範を守るために使う一手段にすぎない。すなわち、報道機関への一定の行動（あるいは行動しないこと）の義務付けは、「国家が予断を持たないこと」という意味での無罪推定法理の規範が間接的に報道機関にも適用された結果ではないのである（仮に間接適用説の論理を当てはめるなら、「報道機関は予断を持たないこと」が命じられるはずである）[106]。

　以上の関係は、間接適用説を基本権保護義務論に置き換えて考えたとしても変わらない。すなわち、公正な刑事手続を受ける権利としての無罪推定法理を保障するために国家が最終的に報道機関の基本権行使を制限する手段を取ったとしても、それは基本権保護義務に基づく行為ではない。基本権保護義務論は、「私人Yによる私人Xの基本権の侵害によって生じた紛争のX―Y間での解決を基本権に基づいて行う」という命題を前提としたうえで、権利侵害の阻止あるいは回復を実効的なものにするためになされる国家の介入をいかにして正当化するかという課題に応えるために生み出された論理である。しかし、公正な刑事手続を受ける権利としての無罪推定法理には、そもそもそのような前提はない。阻止されるべきはあくまで「国家自身が予断を持つこと」であり、私人Yの侵害「的」行為に対する国家の介入は、このような国家自身による権利侵害を阻止するために取られる一手段にすぎないのである。

　ただし、ドイツで行われている議論が、以上に分析してきたような規範の質的な相違についてどこまで明確に認識しているかは必ずしも明らかではない。実際、無罪推定法理は手続に従った罪責認定の独占を保障するとの前提に基づいて、一方で「報道機関が国家による刑事裁判権の影響の及ぶ領域で活動するならば、報道機関は無罪推定法理を法律によって定められた制限（基本法５条２項）として守らなければならない。……これは憲法上の規範の第三者効の問題とは関係ない。裁判外の帰責を妨げることは無罪推定の本来的任務に属する」といいながら、他方で「無罪推定法理の保障に外的効力も備わっている場合にのみ、無罪推定法理

の保障は個々人を保護し、軋轢を生じさせるような紛争から共同社会を守るという任務を果たすことができる」と述べるマルクセンのように、整合的な理解をすることが困難な議論も見られる[107]。マルクセンが「手続に従った罪責認定の保障」を「社会に予断を生じさせないこと」と理解しているとすれば第三者効（私人間効力）が問題となるはずであり、逆に「手続外的要素を判決等に持ち込まないこと」理解しているとすれば「共同社会の軋轢」は何ら関係ないはずである。

　同様に、無罪推定法理の保障の内容を裁判官・参審員の公平性の確保と理解しつつ、報道機関が報道を通じて裁判官・参審員の公平性に影響を与える場合には、報道機関も無罪推定法理の保障に反するとするスタッパー（Stapper）の叙述も曖昧さを残している。なぜなら、かかる意味の無罪推定法理の保障においては、法理に反したのはあくまで公平性を保てなかった裁判官・参審員であって、そのように仕向けた報道機関ではないからである。また、スタッパーがこの叙述のもとでいわゆる私人間効力論を念頭に置いているとすれば、報道機関が公平性を保つことが求められていることになるが、そうだとすると裁判官・参審員の公平性に影響を与えるかどうかということとは無関係であるばかりか、そもそもスタッパーが前提とする無罪推定法理の保障の内容と合わなくなるのである[108]。

　しかし、無意識であるにせよ、ドイツにおける無罪推定法理の私人間への適用に関する議論には公正な刑事手続を受ける権利としての側面を捨象する傾向が見られることは確かであり、かかる状況を示す淵源を辿っていけば、上に検討してきたような分析に帰着するといえるのではなかろうか[109]。

第6節　小括

　以上、概観してきたところから、ドイツにおける犯罪報道による権利侵害の構造がある程度明らかになったものと思われる。最後に、本章での検討をまとめる意味で、犯罪報道による侵害から保護されるべき権利相互の関係をもう一度全体的に整理するとともに、ドイツにおいて犯罪報道による権利侵害に関して行われている議論に特徴的な点を確認しておくこととしたい。権利相互の関係はかなり複雑であるため、図示（次頁図1）しておいた。あわせて参照されたい。

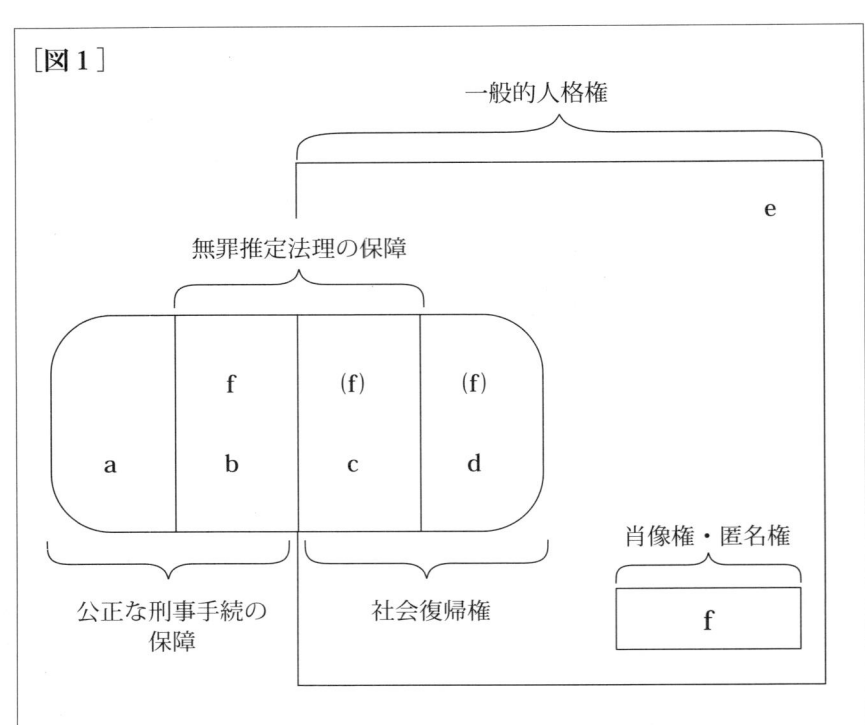

[図1]

公正な刑事手続の保障＝a＋b
無罪推定法理の保障＝b＋c
社　会　復　帰　権＝c＋d
一　般　的　人　格　権＝c＋d＋e＋f

a＝司法の無瑕性、裁判の権威の保障
b＝公平な裁判官等による公正な刑事手続を受ける被疑者・被告人の権利
c＝被疑者・被告人が社会的予断によって社会から排除されない権利
d＝犯人が社会的予断によって社会から排除されない権利
e＝道路交通の自由、宗教的人格権、著作者人格権など、c、d、fに属さない
　　個別的人格権
f＝一般的人格権の特別のあらわれとしての肖像権・匿名権
f＝fが反射的保護機能、保護射程確定機能を有する

■1. 犯罪報道をめぐる権利相互の関係

(1) 無罪推定法理の保障と公正な刑事手続の保障との関係

　犯罪報道を通じた侵害から保護されるべき権利・利益として検討した無罪推定法理の保障、公正な刑事手続の保障、社会復帰権、匿名・肖像権、一般的人格権は、それぞれ以下のような内容および被疑者・被告人に対する適正手続の保障にとっての意義を有する。

　まず、犯罪報道との関係での無罪推定法理の保障の本質は被疑者・被告人を社会における事前の有罪視＝予断から保護することにあるが、ここで念頭に置かれている保護の中身は、さらに2つに分かれる。1つは、報道機関が被疑者・被告人を「犯人視」した結果、社会全体が当該被疑者・被告人を「犯人視」してしまうことからの保護であり、もう1つは、報道を通じて引き起こされる社会的予断に証人や裁判官・参審員が汚染された結果、刑事手続が偏見を持った手続関係者の関与のもとで進行してしまうことからの保護である。

　次に、犯罪報道との関係での公正な刑事手続の保障の本質は、手続関係者が予断＝事前の有罪視的心証を持って手続に関与することを防ぐことにあるが、その目的は2つに分かれる。1つは、司法の無瑕性あるいは裁判の権威が傷つけられないようにすることであり、もう1つは、公平な裁判所による公正な刑事手続を受ける被疑者・被告人の権利が侵害されないようにすることである。

　無罪推定法理の保障と公正な刑事手続の保障とをあわせてみると、無罪推定法理の保障の「手続関係者の予断からの保護」という側面と公正な刑事手続保障の被疑者・被告人の権利としての側面とは、同じ内容を持っていることが分かる。すなわち、ともに公正な刑事手続を受ける被疑者・被告人の権利として、社会における事前の有罪視に汚染されない手続関係者による刑事手続を被疑者・被告人に保障しようとしているのである。

(2) 社会復帰権と無罪推定法理の保障との関係

　一方、社会復帰を妨げられない権利の保障の本質は、社会における「犯人視」によって共同体から事実上排除され、通常の社会生活を送ることを著しく困難にさせられることから被報道者を保護することにある。そして、社会復帰を妨げられない権利はその裏面としてそもそも社会的に疎外されない権利を概念上含んでおり、

また、社会における「犯人視」は捜査段階の報道によっても生じることから、この権利のもとでは、有罪判決確定後の犯人だけでなく被疑者・被告人も保護の対象となる。
　社会復帰権の以上のような理解をもとに、社会復帰権と無罪推定法理の保障との関係を見てみると、両者はそれぞれ同じ内容を共有する部分を持っていることが分かる。すなわち、社会復帰権の有罪判決確定前の部分と無罪推定法理の「社会全体の予断からの保護」という側面とは、等しく、社会における犯人視によって社会から疎外されてしまうことから被疑者・被告人を保護しようとしているのである。

(3)　肖像権・匿名権の位置付け
　「社会における予断」からの保護を本質的内容とするこれらの3つの権利に対して、肖像権・匿名権は、氏名や写真が公表されることによって社会的な偏見に晒されるということよりも、むしろかかる個人の属性が社会に公表されること自体を保護の本質とするものである。したがって、権利の性質としてはプライバシー権あるいは自己情報コントロール権的な性格を持つものである。しかし、氏名や肖像は、犯罪報道においては社会的予断を引き起こす重要な因子になることから、肖像権・匿名権の保護はその限りで「社会的予断」の発生を防止する機能をも果たすことになる。具体的には、肖像権・匿名権を保障することによって反射的に社会復帰権や無罪推定法理の保障が保護され、逆に、社会における予断からの保護を目的とする社会復帰権や無罪推定法理の保障を達成するために「氏名や肖像の非公開」が手段として使用されることになる。また、氏名や肖像の非公開を社会復帰権や無罪推定法理の保障の手段として使用するに当たっては、どの範囲で公表を差し控え（させ）るべきかということを判断しなければならないが、かかる判断に際しても、匿名権・肖像権の権利保護の射程範囲が参考にされるのである。
　以上に挙げた4つの権利のうち、個人的な情報あるいはプライバシーの保護と結び付く匿名権・肖像権や名誉あるいは自由な人格の発展の保護と結び付く社会復帰権は、人間の尊厳および人格の自由な発展を保障する基本法1条1項・2条1項に基づく一般的人格権の特別のあらわれとして、一般的人格権に属する。他方、公正な刑事手続を受ける権利は、個人の属性の固有性・多様性を保護する権利ではないから、一般的人格権の範疇には入らない。問題は、無罪推定法理であるが、

同法理が公正な刑事手続を受ける権利としての側面と社会復帰を妨げられない権利としての側面をあわせ持つことを思い起こせば、答えは自ずと明らかになろう。すなわち、無罪推定法理の「社会全体の予断からの保護」という側面は一般的人格権に含まれる。

■ 2. ドイツにおける議論の特長――権利侵害の原因論

　ドイツにおける犯罪報道によって生じる権利侵害についての議論に関して、いまひとつ特筆すべき点は、権利侵害の原因子にまで遡って権利侵害構造を明らかにしようとしている点である。

　原因子として特に注目されているのは実名報道と捜査機関の情報提供であるが、このように原因子をも視野に入れて権利侵害（ここでは予断の発生）を論ずることは、権利侵害構造のより精緻な把握を可能にするとともに、権利を保護するために取られる手段の選択の幅を広げることによって権利の効果的な保護の実現にも寄与するものと思われる。実際、ドイツにおいては、先に指摘したように、被疑者・被告人の実名や写真を公表し報道することは無罪推定法理の保障や公正な刑事手続を受ける被疑者・被告人の権利を侵害する重要な因子であると考えられ、権利侵害の有無を判断するにあたって特に厳格な審査基準のもとに置かれているし、また、捜査機関の報道機関に対する情報提供についても、その提供を制限する手段が実務上取り入れられていることから、いずれの因子も権利保護の方法をめぐる議論と効果的に結び付いているといえよう。そこで次章では、ドイツが、本章で見てきたような権利侵害の構造をめぐって行ってきた精緻な議論を権利侵害の救済論や防止論にどのように接続させ、具体的にどのような対応方法を提案し、実践しているのかという点について詳しく検討して、日本における問題解決の手がかりを得ることとしたい。

1　身元の特定報道を犯罪報道の問題点の1つと捉えるものとして、Hassemer, Der Einfluß der Medien auf das Strafverfahren aus Strafrechtlicher Sicht, in Brack, Hübner, Öhler, Stern(Hrsg.), Der Einfluß der Medien und das Strafverfahren, 1990, S. 61ff. なお、ドイツにおける犯罪報道による権利侵害、とりわけ匿名を求める権利の侵害については、参照、石村善治「西ドイツにおける犯罪報道と人権」清水英夫編『マスコミと

人権』(三省堂、1987年) 228頁以下、同「報道と人権——日本と西ドイツの場合」新聞研究408号 (1985年) 60頁 (いずれも石村善治『言論法研究Ⅲ』〔信山社出版、1993年〕所収)。

2　Bornkamm, Die Berichterstattung über schwebende Strafverfahren und das Persönlichkeitrecht des Beschuldigten, NStZ1983, S.103; Dalbkermeyer, Der Schutz des Beschuldigten vor identifizierenden und tendenziösen Pressemitteilungen der Ermittlungsbehörden, 1994, S.3.

3　したがって、本書で取り上げる場面では、肖像権は「著作権」の領域とは関係ない。Becker, Straftäter und Tatverdächtige in den Massenmedien- Die Frage der Rechtmäßigkeit identifizierender Kriminalbericht, 1979, S.138ff.

4　vgl. BVerfGE 35, S.224. (Lebach 判決)

5　なお、Koch, Publizistischer Mißbrauch staatsanwaltschaftlicher Ermittlungsverfahren, ZRP 1989, S.401. は、民法12条の氏名権との関連を指摘している。

6　Dalbkermeyer, a. a. O.(Fn. 2), S.17ff.

7　Becker, a. a. O.(Fn. 3), S.144ff.

8　vgl. OLG Braunschweig NJW 1975, S.651ff.

9　BVefGE 35, S.202ff.　なお、Lebach 判決については、平川宗信「犯罪報道と人権をめぐる諸問題」名古屋大学法政論集123号 (1988年) 360頁、石村善治「西ドイツにおけるマスコミ法研究の現状と課題 (一)」福岡大學法學論叢21巻3＝4号 (1977年) 432頁以下も参照。

10　BVefGE 35, S.204ff.

11　BVefGE 35, S.237.

12　BVefGE 35, S.239ff.

13　Becker, a. a. O.(Fn. 3), S.99ff.

14　Dalbkermeyer, a. a. O.(Fn. 2), S.21.

15　参照、F・スュードル (建石真公子訳)『ヨーロッパ人権条約』(有信堂高文社、1997年)。欧州人権条約6条2項は、「刑事上の罪で起訴されている人は全て、法律に基づいて有罪とされるまでは、無罪と推定される」と規定している (訳は、同書180頁による)。

16　Dalbkermeyer, a. a. O.(Fn. 2), S.24ff.

17　Erdsiek, Umwelt und Recht, NJW 1963, S.1048.

18　Rüping, Strafverfahren als Sensation-Zur Freiheit der Gerichtsreportage und ihren Schranken, in Hanack(Hrsg.), Festschrift für Hanns Dünnebier, 1982, S.395.

19　Marxen, Medienfreiheit und Unschuldvermutung, GA 1980, S.366.

20　Marxen, a. a. O. (Fn. 19), S. 375ff.

21　Frowein, Zur Bedeutung der Unschuldvermutung in Art. 6 Abs. 2 der Europanishen Menschenrechtskonvention, in Festschrift für Hans Huber zum 80. Geburtstag, 1981, S.555ff.

22　Marxen, a. a. O. (Fn. 19), S.373.

23 Koch, a. a. O. (Fn. 5), S.402.
24 Dalbkermeyer, a. a. O. (Fn. 2)S.26; Marxen, a. a. O. (Fn. 19), S.380; Erdsiek, a. a. O. (Fn. 17), S.1048.
25 Dalbkermeyer, a. a. O. (Fn. 2), S.27ff.
26 Bornkamm, Pressefreiheit und Fairneß des Strafverfahrens, 1980, S.207ff.
27 Jahn, Der Einfluß der Medien auf das Strafverfahren aus gesetzgeberischer Sicht, in Brack, Hübner, Öhler, Stern(Hrsg.), Der Einfluß der Medien und das Strafverfahren, 1990, S.7.
28 Bericht der Bundesregierung zum Thema- "Öffentliche Vorverurteilung" und "faires Verfahren", BT-D 10/4608, 1985, S.6. その他同趣旨の指摘として、vgl. Hassemer, a. a. O. (Fn. 1), S.67ff; Becker, a. a. O. (Fn. 3), S.134; Frowein, a. a. O. (Fn. 21), S.555; Erdsiek, a. a. O. (Fn. 17), S.1049ff; Hamm, Große Strafprozesse und die Macht der Medien, 1997, S.121ff.
29 Erdsiek, a. a. O. (Fn. 17), S.1049ff.
30 Kühl, Persönlichkeitsschutz des Tatverdächtigen durch die Unschuldvermutung, in Festschrift für Heinrich Hubmann, 1985, S.242ff.
31 Dalbkermeyer, a. a. O. (Fn. 2), S.31.
32 BT-D 10/4608, a. a. O. (Fn. 28), S.6.
33 佐藤幸治『現代法律学講座5 憲法〔第3版〕』（青林書院、1995年）451頁。
34 五十嵐清『人格権論』（一粒社、1989年）7頁。
35 Dalbkermeyer, a. a. O. (Fn. 2), S.16ff.
36 Bornkamm, a. a. O. (Fn. 4), S.103. Lebach判決も「犯人の実名や写真を挙げ、あるいは犯人に関する描写をしつつ行う犯罪の発生、実行および訴追に関するテレビ放送は、必然的に基本法1条1項と結び付いた基本法2条1項に基づく基本権の保護領域と関わる」とする。vgl. BVerfGE 35, S.219ff.
37 Becker, a. a. O. (Fn. 3), S.100.
38 Kühl, a. a. O. (Fn. 30), S.251. 連邦政府報告書も「無罪推定法理の保障機能は、……一般的人格権の射程を決める際に考慮される」として、無罪推定法理の保障と一般的人格権とが結び付くことを認めている。Vgl. BT-D 10/4608, a. a. O. (Fn. 28), S.9.
39 Bornkamm, a. a. O. (Fn.26), S.216.
40 Dalbkermeyer, a. a. O. (Fn. 2), S.31.
41 vgl. Becker, a. a. O. (Fn. 3), S.223; BVerfGE 35, S.232; Stuckenberg, Untersuchungen zur Unschuldvermutung, 1998, S.145.
42 Marxen, a. a. O. (Fn. 19), S.380ff.
43 Becker, a. a. O. (Fn. 3), S.223, 255.
44 有罪視発言が無罪推定法理の保障に反するか否かを判断するにあたって、報道機関と一般私人との世論に与える影響力の格差を斟酌する必要があることを指摘するものとして、Stuckenberg, a. a. O. (Fn. 41), S.560ff.
45 Kühl, a. a. O. (Fn. 30), S.250ff.

46　Kühl, a. a. O. (Fn. 30), S.251ff.
47　Hassemer, Vorverurteilung durch die Medien ?, NJW 1985, S.1923; auch Bornkamm, a. a. O. (Fn. 4), S.108.
48　Becker, a. a. O. (Fn. 3), S.254ff.
49　Frowein, a. a. O. (Fn. 21), S.555; auch Stapper, Namensnennung in der Presse im Zusammenhang mit dem Verdacht Strafbaren Verhaltens, 1995, S.81.
50　Kühl, a. a. O. (Fn. 30), S.242.
51　Roxin, Strafrechtliche und strafprozessuale Plobleme der Vorverurteilung, NJW 1991, S.154.
52　Dalbkermeyer, a. a. O. (Fn. 2), S.31.
53　Dalbkermeyer, a. a. O. (Fn. 2), S.31.
54　Kühl, a. a. O. (Fn. 30), S.242ff.
55　Roxin, a. a. O.(Fn. 50), S.154.
56　以上の検討と公正な刑事手続の保障が一般的人格権のもとには置かれないということとをあわせて考えるとき、ダルブケルメーヤーの次の叙述、すなわち、「公正な手続を求める権利は刑事手続の過程において単に間接的に生じる『不公正』な結果から個々人を保護するものではない。したがって、公正な刑事手続は、被疑者が社会的に汚名を着せられないという意味ではなくて、むしろこの汚名が刑事手続の進行に不利な帰結をもたらさないという意味で被疑者を報道から保護するのである。……公正な刑事手続は、各々を人格権侵害から保護するというよりも、むしろ法治国家的な手続を保障するだけである」という記述は、曖昧さを解消するだろう。ダルブケルメーヤーは、公正な刑事手続の保障が被疑者・被告人の権利であることを認めたうえで、それが一般的人格権の保護とはつながらないことを示していたのである。vgl. Dalbkermeyer, a. a. O. (Fn. 2), S.31.
57　See, J. Ballon and C. Dienes, *Handbook of Free Speech and Free Press* 511(1979).
58　Becker, a. a. O. (Fn. 3), S.99.
59　無罪推定法理の保障が一般的人格権のもとに置かれる理由もここから明らかになる。無罪推定法理の保障と一般的人格権を結び付ける議論は、①の意味での無罪推定法理の保障を念頭に置いていたのである。
60　Ostendorf, Die öffenliche Identifizierung von Beschldigten durch die Strafverfolgungsbehörden als Straftat, GA 1980, S. 455.
61　OLG Braunschweig NJW 1975, S.653.
62　Jahn, a. a. O. (Fn. 27), S.8ff; auch Stuckenberg, a. a. O. (Fn. 41), S.145.
63　Roxin, a. a. O. (Fn. 51), S.158.
64　Dalbkermeyer, a. a. O. (Fn. 2), S.163.
65　Dalbkermeyer, a. a. O. (Fn. 2), S.165.
66　Dalbkermeyer, a. a. O. (Fn. 2), S.16.
67　Dalbkermeyer, a. a. O. (Fn. 2), S.111ff.
68　Ostendorf, a. a. O. (Fn. 60), S.455.
69　Kühl, a. a. O. (Fn. 30), S.253.

70　Dahs, Anm. zu BGH Urt. v. 1986. 1. 16., NStZ 1986, S.563.
71　Bornkamm, a. a. O. (Fn. 26), S.258ff.
72　Dalbkermeyer, a. a. O. (Fn. 2), S.112ff.
73　Dalbkermeyer, a. a. O. (Fn. 2), S.141ff.
74　Dalbkermeyer, a. a. O. (Fn. 2), S.147.
75　Becker, a. a. O. (Fn. 3), S.253ff.
76　Becker, a. a. O. (Fn. 3), S.220ff.
77　Scholderer, "Morder, die man nie verlißt" – Ein Lehrstück über die Rechtwirklichkeit des Lebach- Urteils, ZRP 1991, S.300.
78　同様の考え方が取られている判例として、vgl. OLG Braunschweig, NJW 1975, S.651.
79　Kühl, a. a. O. (Fn. 30), S.253.
80　Dalbkermeyer, a. a. O. (Fn. 2), S.123ff.
81　vgl. Ostendorf, a. a. O. (Fn. 60), S.456.
82　最判昭和48年12月12日・民集27巻11号1536頁。
83　最判昭和49年7月19日・民集28巻5号790頁。
84　参照、深瀬忠一「私法関係と基本的人権——三菱樹脂事件」『憲法判例百選Ⅰ〔第3版〕』（有斐閣、1994年）23頁。
85　Roxin, a. a. O. (Fn. 51), S.156ff.
86　Bornkamm, a. a. O. (Fn. 2), S.104. vgl. auch Bornkamm, a. a. O. (Fn. 26), S.254ff.
87　OLG Frankfurt NJW 1980, S.599.
88　連邦政府報告書では、「報道機関による事前の有罪視の場合、無罪推定法理には直接的な意義はない。無罪推定法理は裁判官および他の国家組織のみを直接拘束する。しかし、その保障機能は、——民法823条1項、場合によっては民法826条をも考慮に入れて——一般的人格権の射程を決める際に考慮される」とする考え方は「圧倒的通説」であるとされている。vgl. BT-D 10/4608, a. a. O. (Fn. 28), S.9; auch Jahn, a. a. O. (Fn. 27), S.16.
89　基本権保護義務との関連で間接的第三者効についてのドイツの議論状況を分析するものとして、小山剛「私法関係における基本権の保護——基本権の私人間効力と国の保護義務」法学研究（慶應義塾大学）65巻8号（1992年）29頁以下、同『基本権保護の法理』（成文堂、1998年）212頁以下。
90　Canaris, Grundrechte und Privatrecht, AcP 184 S.226.
91　Canaris, a. a. O. (Fn. 90), S.227ff.
92　Canaris, a. a. O. (Fn. 90), S.227ff.
93　戸波江二「国の基本権保護義務と自己決定のはざまで——私人間効力論の新たな展開」法律時報68巻6号（1996年）126頁以下。
94　小山剛・前掲注89論文・36頁、同・前掲注89書・223頁。
95　戸波江二・前掲注93論文・127頁。
96　vgl. Bornkamm, a. a. O. (Fn. 2), S.105ff; Bornkamm, a. a. O. (Fn. 26), S.261ff.
97　BT-D 10/4608, a. a. O. (Fn. 28), S.10.

98 山本敬三「現代社会におけるリベラリズムと私的自治(1)――私法関係における憲法原理の衝突」法学論叢 133 巻 4 号 (1993 年) 18 頁。なお、参照、小山剛・前掲注 89 書・84 頁以下。
99 Frowein, a. a. O. (Fn. 21), S.555ff.
100 Kühl, a. a. O. (Fn. 30), S.248.
101 Roxin, a. a. O. (Fn. 51), S.157.
102 Bornkamm, a. a. O. (Fn. 26), S.261.
103 Frowein, a. a. O. (Fn. 21), S.555.
104 Frowein, a. a. O. (Fn. 21), S.556.
105 vgl. Stuckenberg, a. a. O. (Fn. 41), S.560; Rüping, a. a. O. (Fn. 18), S.396.
106 公正な刑事手続を受ける権利としての無罪推定法理は、国家の義務として、捜査機関等が自ら積極的に裁判官・参審員に予断を生じさせるような行為をしてはならないという命題をも含む。しかしこの命題は、いうまでもなく私人間効力とは関係ない。ただし、報道機関の情報請求権に基づいて捜査機関が情報提供を行う場合には、再び報道機関の基本権行使と公正な刑事手続を受ける被疑者・被告人の権利との対立関係に戻る。
107 Marxen, a. a. O. (Fn. 19), S.373.
108 Stapper, a. a. O. (Fn. 49), S.80ff.
109 ロクシンやボルンカムなど多くの論者が、無罪推定法理の保障が間接的に適用される結果、同法理の違反は「一般的人格権」侵害として理解されると述べている点も、私人間効力論が公正な刑事手続を受ける被疑者・被告人の権利を念頭に置いていないことを間接的に示しているといえよう。vgl. Roxin, a. a. O. (Fn. 51), S.157; Bornkamm, a. a. O. (Fn. 2), S.104.

第7章 ◇ 公正な刑事手続を保障する手段

第1節　ドイツ報道評議会（Deutschen Presserat）の対応

■ 1.　自主規制基準

(1)　報道綱領

　新聞、雑誌発行者およびジャーナリストからなるドイツ報道評議会は、報道による権利侵害に自ら対処するために、すでに1973年に報道綱領（Pressekodex）を策定し、職業倫理の向上を図ることを試みている。

　報道綱領はまず、報道の自由が報道機関およびジャーナリストの国家からの独立と情報収集、意見表明および批判の自由とを保障していることを確認したうえで、「出版社、編集者およびジャーナリストは、仕事をする際に、公衆に対する責任および出版の名声に対する義務を常に意識しなければならない」と規定し、報道に携わる者の心構えを示している。そして、引き続き16の項目を立てて、報道のあるべき姿を具体的に提示している。以下、これらの提示のなかから「犯罪報道と被疑者・被告人の公正な刑事手続を受ける権利」問題に関連が深いと思われる項目を抜き出して、簡単に説明しよう[1]。

　まず、1項は「真実および公衆への真実の伝達の尊重は、出版にとって最も重要な命題である」として、情報の真実性の確保を要請している。そして、2項で「特定の報告および情報についての文章および写真による公表に関しては、情況に応じて要求される注意とともに、内容の真実性についての吟味がなされるべきであ

る。記事の意味するところは、脚色、見出し、写真説明〔キャプション〕によって歪曲されたり、変造されたりしてはならない。不確定な通知、噂および憶測は、そうであると分かるように表現されるべきである」と規定し、真実性の確保のためになすべきことが具体化されている。さらに3項では、「公表された報告あるいは主張が後に誤りであることが判明した場合には、それを報道した報道機関は遅滞なく (unverzüglich) 自ら適切な方法で訂正をしなければならない」と規定し、万一誤報が生じた場合の訂正を求めている。

報道のうち、とりわけ犯罪報道については、9項で「根拠のない容疑、とりわけ名誉侵害的な性質を有する情報を公表することは、ジャーナリストの礼節 (Anstand) に反する」としたうえで、具体的な報道のあり方を13項で次のように規定している。すなわち、「継続中の捜査および裁判手続に関する報道は予断のないものでなければならない。それゆえ出版は、かかる手続のはじめから、またその手続の間を通じてずっと、記事および見出しにおいて一方的で予断を抱かせるような態度表明をしないようにするべきである。容疑者は、裁判所の判決が下るまでは犯人であると指摘されてはならない。……裁判所の決定に関しては、重大な正当化事由がなければ、言渡しの前に報道すべきではない」。

そして、これらの各項目に違反があった場合、報道評議会は公式に譴責 (Rüge) をすることができること、その譴責は当該報道機関において掲載されるべきことが定められている (16項)。

(2) ドイツ報道評議会の勧告に従った編集作業に関する基準

さらにドイツ報道評議会は、報道綱領に関連して、「ドイツ報道評議会の勧告に従った編集作業に関する基準」を定め、これを順次拡充することも行っている[2]。同基準では、とりわけ個人を特定するような偏向した報道の危険性が的確に認識され、以下のような基準が作られている。

まず、捜査段階の報道に関しては、「警察および検察による捜査手続および裁判所による予備審問は、犯罪の解明および、容疑をかけられ、あるいは告発された人物の罪責の有無の確認のみを目的とするものである」ということが確認され、26項において次のように規制されている。すなわち、「出版はかかる手続の報道および氏名の公表をする際には抑制的であるべきである。出版は——それが差し迫ったものであれ——容疑しか存在しない事件に関しては、本文、見出しあるいは叙

述の形態から、あたかも容疑者あるいは被疑者が有罪であるとか、既に犯人であると証明されたといった印象を想起させてはならない。予断を抱かせるような主張は、人間の尊厳および人格権の憲法的保護に反する」。

また、裁判報道に関しても同様に、「叙述や見出しにおいて一方的あるいは予断を抱かせるような態度表明をしないようにするべきであること」、「手続に関与している人の公正さや裁判所の自由な決定を侵害するようなあらゆる事柄を公表しないようにすること」を求めている（27 項）。

さらに、被疑者・被告人および犯人の氏名および写真の公表に関しては、28 項で再度、「当事者および犯人の氏名および写真の公表の際には、公衆の情報を求める利益と被疑者・被告人の人格権との間で誠実に衡量がなされるべきである。完全な実名および写真の公表は、重大な犯罪が問題となっている場合に限って正当化される。容疑しか存在しない場合には、氏名および写真の公表は、公表することが司法の利益になるか、あるいは犯罪の解明に役立つ場合に限って正当化される」と規定しており、特に慎重な取扱いが求められている[3]。

■ 2.　評価

このように、ドイツ報道評議会は、報道による権利侵害を防止するために報道の内容にまで踏み込んだ自主規制基準を定めている。しかしながら、これらの基準の実効性については、残念ながら多くの論者から疑問の声が上がっている。というのは、報道綱領の文言自体が明らかにしているように、これらの原則はあくまで「職業倫理の確保」に寄与するものであって、「法律上の責任の根拠を示すものではない」からである。

たとえばベッカー（Becker）は、ドイツ報道評議会の報道綱領や基準で定められている最小限の要求さえ、ドイツの新聞において日々現実に行われている犯罪報道はほとんど満たしていないと述べて報道綱領の実効性のなさを強調し[4]、かかる情況では、報道機関の自主規制が、犯罪報道を通じて被疑者・被告人が違法に汚名を着せられることを一般的に防止するという機能を果たすことは不可能であると断じている[5]。またロクシン（Roxin）も、報道綱領の問題点として、出版以外のメディアには適用されないことと並んで、報道綱領が倫理的勧告という形の拘束力しか持っていないためにしばしば破られる点を指摘している[6]。さらにボルンカ

ム（Bornkamm）も、「報道評議会は、いかなる執行権限も持っていない。報道評議会が評議会によって鼎立された職業倫理のルールに対する違反を知った場合にできることは、警告を発することだけである。さらに踏み込んだ制裁は禁じられている。したがって、未決定の訴訟に関する報道の自由は、〔評議会の〕指導要領によっては制限されない」と述べて[7]、同様の指摘をしている[8]。

　もちろん、報道綱領については他方で、その積極的な意義を認める意見も存在する。たとえばエルドジーク（Erdsiek）は、報道綱領は報道機関の参審員に対する取材を規制することによって参審員が予断を持つことを防止するという機能を果たしていると主張している[9]。また、上述のように報道綱領の実効性について厳しい見方をしているボルンカムも、報道綱領は未決定手続に関する偏向した報道がジャーナリストの倫理に照らして害悪であることを示し、そこから生じる紛争の解決に寄与する用意があることを示唆していると述べており[10]、報道綱領の存在意義を全く否定する態度を取っているわけではない。しかし、いずれにせよ、報道機関の自主規制だけで犯罪報道による権利侵害に充分に対処できるとはいいがたい情況にあることは確かであるといえよう。

第2節　連邦政府報告書

■ 1.　提言

(1)　刑事手続上の既存の制度の活用

　一方、連邦政府は、1984年の連邦議会の決議をきっかけに、犯罪報道を通じた公正な刑事手続の保障の侵害の問題を正面から取り扱うこととなった。すなわち、ドイツ連邦議会は、ドイツキリスト教民主同盟（CDU）、キリスト教社会同盟（CSU）および自由民主党（FDP）からなる議会内会派の提案に基づき、1984年5月、連邦政府に対して、「社会における事前の有罪視によって公正な訴訟を困難にされるべきではないというアングロサクソンの訴訟法の根本思想をドイツ刑事訴訟法が受け継ぐことができるか否かを調査し」、その結果をドイツ連邦議会に報告するように求めたのである[11]。

連邦政府が提出した報告書は犯罪報道に関わる刑事手続上の様々な論点に触れているが、刑事手続に関する公式の情報提供の適切な「流通」を実現するための「慎重かつささやかな」改革の提言を除いては、基本的に、現在用意されている刑事手続上の手段が犯罪報道による権利侵害の発生の防止に役立っているとの評価をしたうえで、権利保護が十全ではない部分についてそれらの手段のさらに積極的な活用を促すものであった。

　すなわち、連邦政府報告書はまず、公判開始までの全手続が原則として非公開の書面による手続で行われ、それらの手続に参審員は関与しないということが、社会的な事前の有罪視の発生の防止に有効な役割を果たしているとする。具体的には、第一に、報道機関に対する情報提供義務がない限り、裁判官、検察官ならびに司法機関のその他の人間には職務上の守秘義務（ドイツ裁判官法46条、71条、連邦公務員基本法39条）が、弁護人たる弁護士には職業倫理法上の拘束がある。そして、守秘義務違反があった場合には、少なくとも懲戒法上あるいは職業倫理法上の制裁を受けるし、さらに場合によっては刑法353d条3号（裁判所の審理に関して禁じられる報道）、同203条（個人の秘密の侵害）、同353b条（職務上の秘密および特別な秘密保持義務の侵害）等によって処罰されることもありうる。第二に、書類閲覧権は私人ではなくて権限を与えられた弁護士のみに認められ（刑事手続および過料手続に関する基準〔RiStBV〕185号4項、5項）、また公衆の利益のため、あるいは私人の恥さらしを回避するために必要な場合には弁護士の閲覧も制限されうる。第三に、法廷においても、個人的生活領域に由来する事柄や個人あるいは共同体の秘密に属する事柄が争点になる場合には、手続関係者を保護するために公衆を公判廷から排除することができる（裁判所構成法172条）。

　次に、ドイツ刑事裁判所の構成も、判決の担い手が社会的な「事前の有罪視的雰囲気」から影響を受けないように制度的に保障しているとする。すなわち、ドイツにおいては、1924年に「典型的な」陪審裁判所が廃止され、現在は「参審制」に基づき、職業裁判官と参審員が共同で審理し判決をする裁判体に訴訟が委ねられているが、職業裁判官が社会における事前の有罪視的な雰囲気から決定行動に関して影響を受けることがあることを示唆する経験的証拠は存在しないこと、また参審員は職業裁判官から適切な助言を受けることができることに鑑みると、参審制のように職業裁判官が組み込まれる形の裁判体は構造的に社会における事前の

有罪視に対して「免疫」を持っているといえる。しかも参審員は、公判前手続では決定に全く関与しない。また、憲法と結び付いた裁判官の独立性（基本法97条1項）も、決定が社会的な事前の有罪視に影響されずに出されることを規範的な形で保障している。さらに、仮に裁判官が公平性を保てないことを自覚した場合には、刑事訴訟法（以下、「刑訴法」という）30条に基づき、当該裁判官は「回避」を届け出ることができる。

　一方、裁判制度上重要な役割を果たす検察官にも、確かに裁判官のような基本法上保障された独立性はないけれども、いわゆる客観義務がある。検察は一方的に不利な方向で捜査をするのではなく、真実の探求に客観的に寄与すべきであるという原則は、ドイツ刑事手続の根本的な原則に属する。したがって、検察官に関しても、事前の有罪視的な雰囲気が決定に影響を与えないようにするための制度的保障がなされている。

⑵　刑事手続において被疑者・被告人に保障されている権利の活用

　報告書はさらに、被疑者・被告人に認められている捜査、公訴および公判手続における手続上の権利も、社会的な事前の有罪視から生じる危険に対抗するのに役立っているとする。

　すなわち、第一に、被疑者・被告人は、社会における事前の有罪視が決定に影響を及ぼさないように反論によって対抗することができる。たとえば、刑訴法201条は起訴状に対する意見表明権を与えているし、刑訴法243条4項は証拠調べの開始前に事案について包括的に陳述する権利を被告人に与えている。このような発言＝対抗の機会は、質問権（刑訴法240条2項）、証拠調べの後の陳述権（同257条）、終結弁論（同258条）にも備わっている。証拠調べ請求権の行使も、社会的な事前の有罪視に対抗しうる手段である。

　第二に、裁判官の公平性に疑いがある場合には、被告人は当該裁判官の忌避を申し立てることができる。その際、偏見が存在するという懸念が客観的に根拠付けられているか否かは問題ではなく、当該懸念が忌避権を持つ者の観点からの思慮ある評価によって根拠付けられていれば足りる。また、「偏見を持った検察官」に対しては忌避についての法律上の規定はないが、客観義務違反が懸念されるような検察官を交代させることについて被疑者・被告人は事実上一定の影響を及ぼすことができる。

第三に、最終的には、判決理由提示義務（同267条）に裏付けられた上訴権を行使することによって、予断に基づく判決の是正を求めることができる。そして、これらの各権利の行使を実効的なものとするための本質的な前提として、被疑者・被告人は手続のあらゆる段階で弁護人の援助を利用する権利を有している。基本法上保障されている法的聴聞を求める権利を使って被疑者・被告人が社会と連絡を取ろうとするとき、あるいは被疑者・被告人が自らの利害状況を述べることによって一方的で事前の有罪視を惹起するような報道に対抗しようとするとき、被疑者・被告人は専門的な援助人を使うことができるのである。

■ 2. 評価

　連邦政府報告書が強調するように、現在用意されている刑事手続上の被疑者・被告人の権利や裁判制度が、社会における事前の有罪視に対して公正な刑事手続を維持する防波堤としての機能を果たしていることは確かであろうし、そのような手段の積極的な活用が望まれるという結論が導かれるのは当然のことといえよう。しかし、現行の刑事手続上の手段や制度だけで犯罪報道による被報道者の権利侵害を十分に防ぐことができるとは、やはりいえないのではなかろうか。学説が、現在の刑事手続法上の諸権利の活用を超える手段の検討を試みているという事実に照らしても、このことは明らかであるように思われる。また、そもそも連邦議会が「アングロサクソンの訴訟法の根本思想をドイツ刑事訴訟法が受け継ぐことができるか否かを調査」することを求めたのは[12]、現行の制度のもとで社会における事前の有罪視から公正な刑事手続を保護することに限界を見出したからであると推測するのは、必ずしも穿った見方であるとはいえないように思う。

　とはいえ、連邦政府報告書と同じく、現行の刑事手続制度を基本的に肯定的に評価し、現在用意されている制度や被疑者・被告人に認められている権利の積極的な活用を犯罪報道による公正な刑事手続を受ける権利の侵害に対する対応策の中心に据えるという立場の論者も皆無ではない。特に、職業裁判官は事前の有罪視的な報道に対して「免疫」を持っており、報道が心証に不当な影響を及ぼすことはないという考えは根強く存在する。すなわち、ノテーレ（Nothelle）は、報道による公表で職業裁判官の公正さに対する特別の危険は生じないとして、職業裁判官に対する報道による影響を否定したうえで、参審員についても、職業裁判官

に事実上依存していることを理由に外的な影響を受ける危険は少なくなると評価する。ノテーレはまた、検察官にも客観義務による拘束があることや生じた損害は上訴によって救済可能であることを主張している[13]。

同様にヤーン（Jahn）も、ドイツの刑事裁判所においては職業裁判官が単独で審理したり、あるいはそうでなくてもアメリカよりも職業裁判官の関与の比重が高いので、社会における事前の有罪視に対する抵抗力を参審員、そして裁判体全体が持つことができると説く。ヤーンはさらに、連邦政府報告書同様、裁判官に対する忌避権、陳述権、証拠提出権等、被疑者・被告人の刑事手続上の諸権利を活用すべきであるとしつつ、それらの権利を十分に利用するためには弁護人の援助が必要であると述べて、犯罪報道による公正な刑事手続を受ける権利の侵害に対処するために弁護人のいない被告人が重大な判断を迫られている場合にも、裁判所は被告人に対して職権で弁護人を付すことができるという解釈を導いている[14]。

ヤーンの主張は、連邦政府報告書で述べられた内容を被疑者・被告人の公正な刑事手続を受ける権利の保障を拡充する方向で発展させるものであり、その主張が重要な指摘を含んでいることは確かである。しかし、ヤーンやノテーレの考え方も、全体としてみればやはり、連邦政府報告書と同じような不十分性を抱えているように思われる。しかも、犯罪報道による権利侵害の予防・救済に関してドイツで行われている議論は、連邦政府報告書やドイツ報道評議会が示した枠組みにとどまるものではない。そこで以下では、被疑者・被告人の公正な刑事手続を受ける権利を保障する手段について、社会における事前の有罪視が発生した場合の刑事手続側の対応手段と事前の有罪視の発生自体を防止する手段とに分けて、それぞれドイツで行われている議論を改めて整理・分析することとする。

第3節　刑事手続側の対応手段

■ 1.　裁判官の忌避

(1)　刑訴法上の要件

犯罪報道を通じて社会に被疑者・被告人に対する事前の有罪視的な雰囲気が

発生してしまった場合、刑事手続がかかる雰囲気から影響を受けないようにする最も直接的な方法は、連邦政府報告書でも触れられた裁判官の忌避であろう。

刑訴法は、24条2項で、「裁判官の公平さに対する不信を根拠付けるに足る事由があるときは、予断・偏見を持っているおそれを理由としての忌避が認められる」と定めており[15]、またこの規定は同法31条によって参審員にも準用されるので、被疑者・被告人はこれらの規定を使って、報道によって予断・偏見を持つに至ったことが懸念される裁判官や参審員の忌避を申し立てることができる（刑訴法24条3項）[16]。そして、連邦政府報告書によれば、忌避を認める要件として、予断・偏見の懸念が客観的に根拠付けられていることまでは必要ではなく、その懸念が忌避権を持つ者の観点からの思慮ある評価で根拠付けられているという程度で十分であるとされているから[17]、忌避が認められる条件は一見するとそれほど厳格ではないように思われる。

(2) 判例の消極的な態度

しかし、ドイツにおいては、裁判官は憲法上の独立保障と職業上の倫理に支えられているので訴訟外的な要因から影響を受けることはないとして、裁判官の予断・偏見の発生を否定する考え方が強いこともあって、実務において実際に犯罪報道による予断・偏見のおそれを根拠に忌避を認めさせることはかなり難しいといわざるをえない。

たとえば、参審員が店先での立ち話で第三者から当該事件で提出された証拠には価値がないといわれたのに対して、一言異議を唱えただけで直ちに店を立ち去ったという事案において、1966年7月13日連邦通常裁判所決定は、参審員が、これまで提出された証拠に全く価値がないとの評価を下した第三者に対して、被告人が有罪か無罪かということには一切触れずに、単にその意見に反対したからといって、そのことから参審員の予断を推論することはできないとして、参審員忌避の申立を却下した[18]。

さらに連邦通常裁判所は1968年12月18日判決で、大要次のように述べて、審理の前に新聞を読んだことを予断発生の理由として参審員を忌避することを拒否した参審裁判所の判断を是認した[19]。すなわち、「参審裁判所が、被告人の犯行であることに疑いはないと報じた新聞記事を3人の参審員が審理の前に読んでいたという事実を予断のおそれを理由とする忌避の根拠として認めなかったのは正当

である。裁判官の心証形成に影響を与えうる訴訟外的な事情の存在だけでは、裁判官の公平性に対する不信を正当化する根拠は見出されない。むしろ参審員もかかる報道に影響されず、もっぱら公判の資料のみに基づいて心証を形成する義務を認識し、留意しているという前提から出発すべきであって、たとえば、一般に知られるところとなった裁判官の発言から偏った態度を認めうる確かな手掛かりを得られたときにはじめて、予断を理由とする忌避を認める根本的な根拠が見出される。逆に、確かにはじめから記事を読まないという態度を取ることによって、記事のなかに存在するかもしれない『予断』に対して厳格な拒絶を示すことはしなかったけれども、記事を読むこと以上には何もしなかったという場合には、かかる手がかりは見出せない。なぜなら、記事を読んだ参審員は内心の態度に関して何も表出していないからである。仮に、特別の手掛りもないのに一般的に、参審員が訴訟の帰結について不適切に先取りした記事を読めばそれだけで当該事案の公判および判決に寄与することから排除される根拠となりうるという前提から出発するならば、報道機関に裁判所の構成について不適切な影響力を行使することを認めることになるだけでなく、市民が制度上司法に関与することを根本的に危うくすることになる」。

(3) 学説による判例の支持

1968年12月18日連邦通常裁判所判決のように、裁判官の報道に対する「免疫性」への強い信頼を前提にして忌避要件を判断するならば、実際上、忌避が認められる場合はかなり絞られることにならざるをえない。にもかかわらず、ドイツの学説は一般に、忌避要件を現在以上に緩やかに解することに対して消極的である。

たとえば、1966年7月13日連邦通常裁判所決定を評釈したハナック (Hanack) は、「忌避の根拠は、問題となっている参審員の論評が、何らかの方法で悪意を持った態度を示していたり、偏見を示していたり、あるいはそれ以降の証拠調べ、弁論および合議における賛否についての詳細な検討を考慮することなく、あらかじめ得ていた一定の観点を固く保持するという決心を示している場合にはじめて生じる」と述べて、参審員が店から直ちに立ち去った行為は、市井の議論に必然的に伴うに違いない不純な影響を回避する方法として文句のつけようがないと評価し、判決の結論を支持している[20]。また、ノテーレは、報道の自由が有する意義とも関連させて、報道によって引き起こされる抽象的な危険では忌避を認めるのに十分ではなく、逆

に抽象的危険で足りるとすると、「被告人は、社会において形成された『事前の有罪視』によって刑事手続を意業的に妨害することができる」と主張している[21]。さらに、連邦政府報告書自体、現在の刑訴法における裁判官忌避の要件は比較法的に見ても極めて緩やかな部類に属するから、現在以上に忌避を認める可能性を拡大することは効率的な刑事司法の保障にとって適切ではないとして、要件の緩和に否定的なのである[22]。

■ 2. 裁判の場所的・時間的変更

それでは、忌避以外の手段の活用について、ドイツではどのような議論がなされているのだろうか。

多くの論者が検討の対象としている手段は、裁判の場所的あるいは時間的変更である。刑訴法 15 条は、管轄権のある裁判所に法的あるいは事実上の障碍がある場合には、直近上級裁判所の決定によって手続を他の地域の裁判所に移転することができるとしており、また同法 205 条は「被告人の不在、その他被告人の一身上の差し支えが公判手続を長期間妨げているときは、裁判所は決定で、手続を仮に打ち切ることができる」と定めているから、裁判の場所的あるいは時間的変更という手段を活用することは現行法上も不可能ではない。しかし、各論者は一般に、これらの手段の積極的な利用に対して否定的である[23]。

たとえば、ダルブケルメーヤー（Dalbkermeyer）は、裁判の場所的あるいは時間的変更に予断を遮断する一定の効果があることを認めつつも、それらの手段には、法律上の問題点や実効性についての疑問が付随するとする。すなわち、まず法律上の問題点としては、場所的な移転の場合には基本法 101 条 1 項に基づく「法律に従った裁判官の原理」との衝突に、時間的な変更の場合には欧州人権条約 6 条 1 項で明確に表明されている迅速裁判要求との衝突に陥る可能性があるとする。一方、実効性に関しては、まず時間的な変更の場合、「社会的な事前の有罪視」という概念が曖昧なため、事前の有罪視的雰囲気によって他の方法では取り除くことのできない「障碍」が刑訴法 205 条の意味で生じたといえるほどに判決の公正さに対する危険が大きくなったのはいつかという点を個々の事案で評価することは困難であるとする。また、場所的な移転の場合、他の裁判所への移転が超地方的かつ追加的な報道を引き起こし、かえって事前の有罪視的な報道がなされる

範囲を広げるおそれがあるとするのである[24]。

　また、ハッセマー（Hassemer）は、場所的・時間的移転が法律に基づく裁判官の原則および迅速裁判命令と矛盾するという点を指摘するとともに、裁判官や証人の隔離も含めて、これらの手段はアメリカで採用されている純粋な陪審制と結び付いた方法であるからドイツに持ち込むのは「ふさわしくない」と述べている[25]。

　さらに、連邦政府報告書も同様の立場を取る。報告書はまず、場所的な移転については、たとえば「理由のある（個々の）忌避によって管轄権を持つ裁判所のあまりに多くの裁判官が排除されてしまった結果、規定に従って裁判官を充足することがもはや不可能である」といった例外的な場合に限って認められるとする。しかし、先に見たように、忌避を認めさせること自体がかなり難しい現状では、連邦政府報告書の出す例が実際に発生することはまず考えられまい。次に、時間的変更についても、欧州人権条約6条1項に基づく迅速裁判を受ける権利との抵触があること、報道による社会の事前の有罪視的雰囲気は被告人個人に原因を求めることのできる「障碍」ではないから刑訴法205条の文言とは合わないことを理由に、刑訴法205条に基づいて社会的な事前の有罪視が存在しなくなるまで裁判を時間的に停止することができる場合は極めて限られるとする[26]。

■ 3. 参審員の適格性の事前審査

　とりわけ、参審員については、適格性の事前審査によって、報道を通じてあらかじめ一定の心証を形成している候補者を除外するという方法が考えられる。しかし、ドイツにおいては、この方法にもやはり実効性の点で疑問が持たれている。すなわち、ロクシンは、検察官や裁判官は彼らの生活史、環境、社会倫理観、政治的性向等に由来する一定の見解および解釈をはじめから有している状態で手続に関与するから、「完全に公正」という精神状態が生じることはそもそもありえないという前提に立ったうえで、裁判官は報道によるものも含めてこれらの公正さを損ないうる無意識の影響について申告することはできないし、自ら自発的に知らせたくない意識的な偏見については隠そうとするであろうから、見解や予断の有無について裁判官に公式に質問するという心理学的方法には効果がなく勧められないとする。そしてさらにロクシンは、審査形式での質問は、裁判官となる者を心理的に圧迫することで、公正さにとって役に立つというよりもむしろ害になるとも主張するのであ

る[27]。また、ボルンカムも、いわゆる参審員選択手続は隠された予断を暴露するには適していないばかりか、質問された者に不快感を与えたり、手続遅延の原因になったりするとして、適格性の事前審査という手段を使用することに消極的態度を取っている[28]。

以上見てきたところから明らかなように、ドイツにおいては、様々な手段が検討されてはいるが、現在のところ、予断等の手続への侵入を阻止する手段として「使える」手段と考えられているのは裁判官の忌避だけである。しかも、忌避権にしても、満たされなければならない要件は実際上それほど緩やかとはいえない状況にあるのである。

■ 4. 職権による弁護人の付与

ところで、以上に挙げてきた刑事手続上の諸権利を被疑者・被告人が実際に時機に応じて適切に使い、報道による予断が刑事手続に侵入しないようにすることを可能にするためには、弁護人の援助が不可欠である。この点について、連邦政府報告書は、「被疑者・被告人に認められている捜査、公訴および公判手続における手続上の権利も社会における事前の有罪視の際立った危険に対抗するのに役立つ」が、それらの手続上の権利には「本質的な前提として、手続のあらゆる段階で弁護人の援助を利用できるという刑訴法137条に含まれている被疑者・被告人に対する保障が含まれる」として、弁護人の援助を受ける権利が刑事手続上の権利の保障の前提をなすことを指摘していた。しかし、その指摘は、現在の弁護人依頼権が果たしている機能の確認にとどまっており、犯罪報道による公正な刑事手続を受ける権利の侵害の防止に焦点を合わせた弁護人の援助を受ける権利の積極的な活用のための具体策を示すものではなかった[29]。

しかし、学説においては、連邦政府報告書と同じく、報道による公正な刑事手続の侵害の防止にとって弁護人の援助を受ける権利は本質的な前提をなすという認識に立ったうえで、さらに、正面から予断の発生を阻止することを目的として弁護人の援助を保障する道を開くべきであると主張する論者が見られる。すなわち、ヤーンは、報道によって手続関係者に予断・偏見が生じるおそれがある場合に、そのことを理由としていまだ弁護人によって支えられていない被告人に職権で弁護人を付すことを提案している[30]。また、ハッセマーは、「社会における事前の有罪

視は、刑事手続においてはさらに、被疑者・被告人の侵害された弁護能力の保障を目的とした必要的弁護（notwendige Verteidigung）（刑訴法140条2項）が当てはまる場合である。弁護人が既にいる場合には、（同140条の法意および手続的配慮義務に従って）場合によってはさらに別の弁護人が早期に並立させられる」と述べて、ヤーン同様弁護人の付与を求めると同時に、既に弁護人がいる場合も権利の十全な保障のために必要であればさらに弁護人を補充するべきであるとして、弁護人の援助を受ける権利の重要性を強調している[31]。

■5. 手続への予断の侵入後の対応手段

(1) 手続打切りに対する消極的姿勢

さて、以上の手段を尽くしてもなお裁判官をはじめとする手続関係者が事前の有罪視的な報道に影響を受けてしまい、その結果被疑者・被告人の公正な刑事手続を受ける権利が侵害されてしまった場合、ドイツにおいては刑事手続上どのように対応すべきであると考えられているのだろうか。

結論からいえば、ドイツにおいては、判決に実質的に影響を与えるような社会における事前の有罪視的状況に対処する手段として、かかる事態を訴訟障碍事由と見て手続を打ち切るという方法をいったんは検討の俎上に乗せながら、結局はこの方法による解決を否定し、量刑上の考慮という穏健なあるいは徹底的でない手段にいわば「代替」させるという論調が強い。学説は、以下に挙げるいくつかの理由から、社会における事前の有罪視的状況を訴訟障碍事由と見ることは困難であると考えているのである。

学説が挙げる理由の第一点は、予断の強さは段階的なものなので、有りか無しかの選択を迫る手続打切りという手段とは適合的でないということである。たとえば、ハッセマーは大要次のようにいう。すなわち、公衆の予断の強さは段階的で複雑なものであり、また公衆の非難の集中砲火の程度だけに限られない様々な要素が事前の有罪視的雰囲気の強さを左右する。たとえば、被疑者・被告人の弁護能力の有無、とりわけ被疑者・被告人が報道機関に対して独自に接触し、自らの弁護を公衆に対して効果的に組み立てて示す機会の有無であるとか、被疑者・被告人に有利な情報を報道機関が公表しようとしているか否かといった事柄は、予断の程度に決定的に影響するであろう。かかる複雑で段階的な決定要素を明確に

有りか無しかの決定をせざるをえない訴訟障碍の制度のもとで判断するのは適当でない[32]。

　第二点は、すでに訴訟障碍事由として認められている「長すぎる訴訟の継続」あるいは「捜査機関によるおとりの投入」と「社会における事前の有罪視」とでは、法的性質が全く異なるということである。すなわち、ダルブケルメーヤーによれば、長すぎる訴訟やおとりの投入は、「刑事司法の領域内の出来事を基礎にしているが、これに対して報道による事前の有罪視は、社会的現象として〔訴訟の〕外側から刑事手続に作用する」から、おとりの投入および手続の遅延は刑事訴追機関に責任を負わせることができる刑事訴追機関の行動に還元されるが、社会的な予断は刑事訴追機関の行動に還元することはできないというのである[33]。

　さらに、手続打切りは起訴法定主義から生じる検察官の訴追義務や裁判所の訴訟遂行義務に反し、刑事司法の正常な機能を阻害するという点も、予断が訴訟障碍事由として認められない理由に挙げられている[34]。この点は、特に連邦政府報告書によっても重視されている。すなわち、連邦政府報告書は、予断を理由とした訴訟障碍を解釈によって認めると、訴訟障碍事由にとって不可欠な法律による限定が得られず、国家の処罰請求を原則として成し遂げるという法治国原理から生じる義務を果たすことが危うくされるという憲法上の懸念があること、かかる懸念は有罪判決が見込まれる被疑者・被告人が訴訟障碍を適用させるためにわざと可能な限りの実体的な事前の有罪視的雰囲気を作り出そうとする可能性を排除できないということによってますます増大すること、さらに社会における事前の有罪視による訴訟障碍事由の有無を判断する手続においては「社会における事前の有罪視」の範囲と程度に関して手間のかかる議論と調査をしなければならず、結果的に刑事手続の本来の目的である被疑者・被告人の罪責問題が後景に退かされてしまうことを理由に挙げて、事前の有罪視による訴訟障碍を認めることに否定的な立場を取ったのである[35]。

　また、ダルブケルメーヤーも、起訴法定主義が訴追の義務と離れがたく結び付いているという点を挙げ、したがって「国家は法律の範囲外で自己の訴追権限および義務の利用を断念することはできないし、〔法律の範囲外で〕刑事訴追をする際の自己の組織の違法行為によって訴追権限や義務を『失う』こともできない」とする。そして、ダルブケルメーヤーは、以上の論法は検察官あるいは警察官が違法なやり方で報道機関に情報を提供した場合にも当てはまるとする。すなわち、「個々

の公務員の偏向した情報提供を一般的に国家に帰責することはできないし、それゆえ〔そのような情報提供は〕訴訟障碍も引き起こさない」というのである[36]。

(2) 量刑上の考慮

このように、ドイツにおいては、予断によって訴訟が影響を受けた場合の事後的措置として、訴訟障碍に基づく手続打切りという方法は一様に否定されているといってよいが、一方で、かかる侵害に対しては量刑上の考慮をすべきであるとする意見が強い。たとえば、ハッセマーは、公衆による事前の有罪視に基づく被疑者・被告人の損害は「事実上の処罰」とみなされ、量刑上評価されなければならないと述べ、さらに「量刑上の考慮」の利点として、「損害の程度を段階的に評価することができる」点を挙げる[37]。同じくダルブケルメーヤーも、社会における事前の有罪視という状況は量刑に際して有罪判決を受けた者に有利に考慮されるという手段を指して、この手段は「妨害の程度を段階的に評価するのに適切な方法である」と好意的に評価している[38]。さらに連邦政府報告書も、量刑上の考慮に対しては、特に問題点を指摘していないのである[39]。

以上に見てきたとおり、ドイツにおいては、社会的予断によって公正な刑事手続が侵害された場合に取られる手段として、手続打切りを排して、量刑上の考慮を取るという選択がなされている。そして、ドイツではこのような選択を疑問とする意見は管見の限り見られない。しかし、手続打切りという手段を排斥する選択をした場合に、果たしてかかる選択と矛盾することなく「量刑上の考慮」という手段を導き出すことが可能なのだろうか。

確かに「量刑上の考慮」の場合、予断＝侵害の程度に応じた対応はしやすくなるから、手続打切りに対して出されていた第一の問題点は回避できるといえよう。また、実体判決には至っているから、検察官の公訴義務違反や裁判所の訴訟の遂行義務違反を問われるおそれも小さい。しかしながら、侵害の原因は報道機関にあるという点は、量刑上の考慮の場合であっても等しく問題となるはずである。なぜ処罰の全部の断念を国家が負担することは許されないのに、処罰の一部の断念を（たとえ断念する部分が非常に大きな割合になっても）負担することは許されるのだろうか。刑事手続への予断の侵入後の対応手段に関して行われているドイツの議論は、内在的にかかる疑問を抱え込んでいるといわざるをえない。

1 Publizistische Grundsätze (Pressekodex) des deutschen Presserates, in Wassermann, Justiz und Medien, 1980, S.185ff.
2 Richtlinien für die redaktionelle Arbeit nach den Empfehlung des Deutschen Presserates, in Wassermann, Justiz und Medien, 1980, S.188ff.
3 vgl. Dalbkermeyer, Der Schutz des Besculdigten vor identifizierenden und tendenziösen Pressemitteilungen der Ermittelungbehörden, 1994, S.32.
4 Becker, Straftäter und Tatverdächtige in den Massenmedien-Die Frage der Rechtmäßigkeit identifizierender Kriminalbericht, 1979, S.23.
5 Becker, a. a. O. (Fn. 4), S.269.
6 Roxin, Strafrechtliche und strafprozessuale Plobleme der Vorverurteilung, NJW 1991, S.156.
7 Bornkamm, Pressefreiheit und Fairneß des Strafverfahrens, 1980, S.226.
8 ヤーン (Jahn) も「ドイツ報道評議会が規則違反に対して課すことのできる制裁は、違反を具体的に確認した決定、したがって実質的には非難を公表することである。このような職業倫理意識に訴える反応形態では、商業的観点に強く方向付けられた報道機関には十分に感銘を与えないことは明らかである」という。Jahn, Der Einfluß der Medien auf das Strafverfahren aus gesetzgeberischer Sicht, in Brack, Hübner, Öhler, Stern(Hrsg.), Der Einfluß der Medien und das Starfverfahren, 1990, S.12.
9 Erdsiek, Umwelt und Recht, NJW 1963, S.1049.
10 Bornkamm, a. a. O. (Fn. 7), S.227.
11 Jahn, a. a. O. (Fn. 8), S.10; Bericht der Bundesregierung zum Thema- "Öffentliche Vorverurteilung" und "faires Verfahren", BT-D 10/4608, 1985, S.30ff.
12 BT-D 10/4608, a. a. O. (Fn. 11), S.4.
13 Nothelle, Freie Press und faires Strafverfahren- ein Fall für der Gesetzgeben?, AfP 1985, S.21.
14 Jahn, a. a. O. (Fn. 8), S.13ff.
15 訳は法務資料437号による。
16 対応手段として忌避制度の活用を挙げるものとして、vgl. Roxin, a. a. O. (Fn. 5), S.159; Hassemer, Vorverurteilung durch die Medien?, NJW 1985, S.1927; Jahn, a. a. O. (Fn. 8), S.13ff.
17 BT-D 10/4608, a. a. O. (Fn. 11), S.23. vgl. auch Stapper, Namensnennung in der Presse im Zusammenhang mit dem Verdacht strafbaren Verhaltens, 1995, S.82ff.
18 BGH JR 1967 S.228.
19 BGHSt 22 S.289 (294ff.).
20 Hanack, Amn. zu BGH Urt. v. 1966. 7. 13, JR 1967, S.228.
21 Nothelle, a. a. O. (Fn. 13), S.21.

22　BT-D 10/4608, a. a. O. (Fn. 11), S.25.
23　vgl. Nothelle, a. a. O. (Fn. 13), S.20; Löwe-Rosenberg § 15 Rdn. 5(Wendisch).
24　Dalbkermeyer, a.a.O. (Fn. 3), S.220ff.
25　Hassemer, a. a. O. (Fn. 16), S.1927.
26　BT-D 10/4608, a. a. O. (Fn. 11), S.24ff.
27　Roxin, a. a. O. (Fn. 5), S.157.
28　Bornkamm, a. a. O. (Fn. 7), S.238.
29　BT-D 10/4608, a. a. O. (Fn. 11), S.18.
30　Jahn, a. a. O. (Fn. 8), S.14.
31　Hassemer, a. a. O. (Fn. 16), S.1928.
32　Hassemer, a. a. O. (Fn. 16), S.1927ff.
33　Dalbkermeyer, a. a. O. (Fn. 3), S.226.
34　vgl. Löwe-Rosenberg, Einl. Kap. 12 Rdn. 96, 98 (Schäfer); Löwe-Rosenberg, § 206a Rdn. 58 (Rieß); Kohl, Vorverurteilung durch die Medien?-Bericht über die 57. Tagung des Studienkreises für Presserecht und Pressefreiheit in Heilbronn am 31.5. und 1. 6. 1985, Afp 1985, S.102ff; Rieß, Verfahrenshindernisse von Verfassungs wegen?, JR 1985, S.45ff; Roxin, a. a. O. (Fn. 5), S.154; Nothelle, a. a. O. (Fn. 13), S.22.
35　BT-D 10/4608, a. a. O. (Fn. 11), S.27ff.
36　Dalbkermeyer, a. a. O. (Fn. 3), S.226.
37　Hassemer, a. a. O. (Fn. 16), S.1928.
38　Dalbkermeyer, a. a. O. (Fn. 3), S.233.
39　BT-D 10/4608, a. a. O. (Fn. 11), S.22; vgl. auch Jahn, a. a. O. (Fn. 8), S.14.

第8章 ◇ 予断の発生を防止する手段

第1節　報道の自由との関係

　社会においていったん予断が発生してしまった場合、そのような予断を原因とする侵害から被疑者・被告人の権利を守るのは、たとえ十全な対応手段が整備されていたとしても容易ではないと思われる。ドイツにおいても、当然このことは意識されており、それゆえドイツでは、予断の発生を防止する手段についても、発生した予断に対する刑事手続側の対応手段に勝るとも劣らないほど活発な議論がなされている。そこで次に、予断の発生を防止する手段をめぐるドイツの議論を見ていくこととする。

　個々の手段の検討を始めるに当たってまず注意しておかなければならないのは、表現の自由、報道の自由あるいは裁判公開原理との関係である。予断の発生を防止する手段は、いきおい何らかの形で情報や意見の公表を制限する効果を持ちがちであるからである。とりわけドイツにおいては、「公衆およびとりわけ報道機関は第三権力〔司法〕に対する監視機能およびコントロール機能を果たし、また同時に刑事法上の捜査手続に関する報道は、連邦憲法裁判所の表現に従えば、民主主義国家にとって根本的な意義を有するところの報道の自由の典型的なあらわれである」との表現に代表されるように[1]、報道の自由を権力監視・コントロール機能と結び付けて考える傾向が強いために、一般に、報道の自由に対する規制は特に厳格な基準に従った利益衡量を経る必要があるとされる。

　Lebach 判決においても連邦憲法裁判所は、最終的にはテレビ放映の差止めを

拒否した原審を破棄したけれども、その結論は、報道の内容、肖像権などの報道の自由と対抗する価値の具体的事件における保護の必要性の強さ、取り上げられた事件の同時代史的意義の有無と程度、報道が行われる時期など、様々な要素の衡量を経たうえで導き出されたものであった。しかも、同判決も、一般論としては、報道の自由が自由主義的民主主義的基本秩序（freiheitsich-demokratische Grundordnung）を構成する重要な要素であること、報道機関が市民のために必要な情報を包括的に調達する役割を担っていることなどを考えると、基本法5条2項に基づいてその活動が一般法律による制限に服するとはいっても、そこで命じられる他の法益への配慮は報道の自由を相対化するものであるべきではないと述べており、判例においても報道の自由に高い価値が置かれていることは明らかである[2]。

したがって、以下に個別的に取り上げる各々の手段についても、報道の自由との関わりに留意しながら検討していくこととする。

第2節　処罰と予防効果

まず、報道に対する刑事法的規制をめぐるドイツの議論を見てみよう。刑事法的規制、すなわち報道した者の処罰はすでに予断等が発生して刑事手続の公正さが侵害された後に行われるので、処罰が報道された者の刑事手続終了前に行われた場合に被報道者に対する有罪視的雰囲気を和らげる効果を持つことがありうるという点を除いて、当該刑事手続の公正さの維持、回復には役立たない。したがって、予断の発生を防止し、もって公正な刑事手続を保障するという観点からは、刑罰が存在することによる予防効果、とりわけ一般予防効果に注目することになる。しかし、結論からいうと、ドイツの学説は一般に、現行法上の刑罰規定では実効性に乏しく、かといって、公正な刑事手続を侵害するような報道機関の行動を広く処罰するのは報道の自由の観点から問題が多いと考えている。

現行ドイツ刑法は、公正な刑事手続を阻害する報道をした者を処罰する規定を有している。すなわち、同法353d条3号は、「刑事訴訟手続、過料を科す手続もしくは懲罰手続の起訴状若しくはその他の官の文書の全部もしくは重要な部分

を、それらが公開の審理で論じられ、若しくはその手続が終了する以前に、文言通りに公然と報道した者」を処罰の対象としている[3]。

しかしながら、この規定が「文言通り」の報道という構成要件を含んでいるために、実際に処罰できる場合は極めて限られるとの指摘が多くの論者からなされている[4]。つまり、「文言通り」の報道が処罰されるということは、逆にいえば、「歪曲され、偏向し、潤色された、あるいは全く虚偽の（たとえば容疑者を犯人であると指摘すること）見解」や[5]、文字どおりではないが「意味的には同じ内容」の官の文書の再現は処罰されないことを示しているから[6]、本規定は報道する側に刑事手続に関する予断的な情報提供を差し控えるインセンティブを与えるどころか、むしろ「歪曲された公表に特権を与えてさえいる」とされるのである[7]。要するに、刑法353d条3号は、「構成要件の厳密な限界付けによって報道の自由の制限を限定的でわずかな状態に保つという長所と引き換えに」、「刑事司法の保護にとってほとんど役に立たないという短所を背負い込む」ことになってしまったのである[8]。

公務の担当者が自己の知るところとなった秘密を漏示することを処罰する刑法203条や同353b条もしばしば取り上げられる。すなわち、「刑事訴追機関の側の軽率な行動によって被疑者ないし当事者〔の秘密〕（ここにはたとえば起訴に関する捜査結果の重要な内容も含まれる）が外部に至った（『暴露』された）場合には、私人の秘密の侵害のゆえに刑法203条2項によって、あるいは職務上の秘密の侵害のゆえに刑法353b条1項によって、あるいは場合によっては租税秘密の侵害のゆえに刑法355条1項によって、処罰されうる」。また、「報道機関の編集責任者あるいは記者は、刑事訴追機関の側の軽率な行動への関与のゆえに、より厳密にいえば、私人、職務、租税の秘密の侵害への関与のゆえに、事案の形態に応じて処罰されうる」[9]。

しかし、これらの規定が直接保護の目的としているのは秘密の保護であることを考えると、「偏向した見解からの保護のために意義ある作用を展開することはできない」と判断せざるをえないであろう[10]。

以上見てきたところから分かるように、ドイツにおいては現行の処罰規定に公正な刑事手続の侵害を予防する効果を期待することはできないといっても過言ではないだろう。したがって、刑法の予防効果に頼って予断の発生を防止しようとするならば、新たな規定を立法するしかない。しかしながら、次に見るように、ドイツの論者はかかる立法には重大な問題点が随伴すると考えている。

第3節　裁判所侮辱罪と報道の自由

■1．1962年刑法改正草案

　ドイツでは、刑事司法を妨害する報道を広く刑事法規制のもとに置くことを狙って、1962年刑法改正草案452条において、いわゆる裁判所侮辱罪の新設が提案された。草案452条は次のような規定であった。

　草案452条　刑事司法の妨害
　　第1審判決前の刑事手続の間に、印刷物、集会あるいはラジオおよびテレビないし映画での叙述において、
　　1．今後の手続の経過あるいは証拠方法の価値について、当該手続に関する当局の決定を先取りする形で論じたり、
　　2．事件に関連する非公式の捜査の結果について、裁判所の構成員、証人若しくは鑑定人の公平性、または真実もしくは正当な判決の発見を侵すような報道をした者は、1年以下の懲役、禁錮または罰金に処す。ただし、適用される法の問題に限定した議論はこの限りではない。

■2．連邦政府報告書による批判

　しかしながら、このように刑事手続に関する報道を広く処罰のもとに置く立法提案に対して、ドイツの論者は、かかる立法は基本法5条1項に定める表現の自由を不当に制限するとして、一斉に反発したのである。
　そもそも草案452条に対しては、連邦政府自らが、前述の連邦政府報告書においておおよそ次のように述べて、痛烈な批判を浴びせている。すなわち、草案452条は、確かに継続中の捜査手続をはじめから手続外の影響から守ることを可能にする。しかしながらその規定は、刑事手続の保護の必要性では正当化されないようなやり方で、表現、とりわけ報道の自由を制限している。もちろん表現の自由は、基本法5条2項に定められているように一般法律によって制限されうるが、その制限は表現の自由と一般法律によって保護された法益との間の利益衡量を経たうえ

でなければならない。そして利益衡量の際には、自由な意見表明の権利ならびに報道の自由の基本権は自由な民主主義にとっての「絶対的構成物 (schlechthin konstituierend)」であるということが考慮されなければならない。しかるに、草案452条は公衆の情報を求める利益より裁判官の独立性および刑事手続の公正性を一律に優先してしまっており、このことによって、国家機関に対する報道機関のコントロール機能および重要で公衆に特に興味を抱かせる問題に関して自由に情報を得る利益が、一定の段階まで、有効に機能する刑事司法の保護の犠牲になってしまう。そのような広範囲にわたる報道の自由の基本権の制限は、刑事手続の保護がその他の相対的に基本権の制限が厳しくない方法によっては得られない場合に限って許されると考えるべきである[11]。

■ 3. 学説からの批判

　連邦政府報告書が指摘した問題点は、学説においても取り上げられている。まず、民主的社会に果たす報道の機能については、ロクシン (Roxin) が強調している。ロクシンは、基本法上保護されている報道の自由を一般法律によって制限する場合には「報道の自由」という基本権の意義を斟酌しなければならないにもかかわらず、草案452条はかかる斟酌をしていないと評価したうえで、続けて、かかる評価を下した理由について、大要、次のような説明を加える。すなわち、包括的な批判は報道の自由の一部である。そして、批判はたいていの場合、当局による判断を先取りする形で証拠方法の価値が議論される場合に限って信服させるに足るものになる。また報道機関による証拠評価と新たな証拠方法の導入は、訴訟における情報の誤りを明らかにしたり、誤謬を適時に修正したりすることを可能にするので、不利益ではなくて利益をもたらす。結局のところ、報道を含む発言を処罰する規定は、裁判もまた温室のなかに置いておくことができるのではなく社会的な流れの動態のなかに置かれることから免れないということ、したがって、言論の闘争のなかで裁判は法を発見するということを見逃しているのである[12]。
　一方、草案452条導入のためには相対的に制限的でない代替手段が存在しないことが必要であることを強調するのは、ボルンカム (Bornkamm) である。すなわち「我々が、国家機関に対する報道機関のコントロール機能および（……）社会一般に関連する問題についての自由な情報〔取得〕の可能性を刑事手続の保護の

ために犠牲として捧げるならば、さらに厄介なことになるだろう。そのような報道の自由の広範な制限は、制限的措置の必要性が確定している場合に限って許容されるものと考えられる。相当性の吟味の際には、ドイツ刑事手続の保護の必要性だけでなく、とりわけ代替手段の〔存在する〕可能性が斟酌される。刑事手続の保護が他の相対的に制限的でない手段で達成される場合には、1962年草案452条のような規定は明らかに違憲である」[13]。

シェーラー（Scherer）は、アメリカ連邦最高裁がNebraska Press協会判決[14]において報道機関に対する事前抑制を事実上禁止したうえで、陪審員選択手続（voir dire）や裁判地の変更等の代替手段を使用している状況などを踏まえて、裁判所侮辱罪の違憲性についてさらに踏み込んだ評価をしている。すなわち、「報道による裁判所の軽視に対する処罰は……基本法5条1項と両立しえない。……目的―手段関係（判決発見の保護のための意見表明の自由の制限）は、――処罰によらずして――裁判所による手続の透明性を確保するもっと適切な代替手段があることに鑑みると、最も侵害的でない手段という原則に反する。したがって、報道を理由とする裁判所侮辱〔による処罰〕は裁判所の判決発見の保護にとって不適切であり、それゆえ違憲である」[15]。

以上に見てきたように、ドイツにおいては、1962年刑法改正草案452条を手掛かりにして新たな処罰規定導入の検討自体は活発に行われているが、結論的には、その導入は、「報道の自由を均衡の取れていないやり方で制限する」という理由から「おそらく、正当にも、ほとんど例外なく拒否されている」[16]といった状況にある[17]。

第4節　民事法上の手段を通じた一般予防

■1.　意義と機能

　一般に、報道機関や捜査・訴追機関が一方的で事前の有罪視的雰囲気を作り出すような報道や発表を行った結果、報道された者の人格権や肖像権が侵害された場合には、民法823条、同1004条が類推的に適用され、報道された者には損害賠償請求権ならびに不作為請求権が生じるが[18]、論者のなかには、個人の

失われた人格権に対する補償あるいはさらなる損失の防止を目的とするこれらの民法上の救済手段は、社会における事前の有罪視的雰囲気を訂正する効果を有したり、さらには刑法の処罰規定類似の一般予防的機能を持つことで、将来の予断的報道や発表を防止する効果を有したりもしていると考える者が見られる。
　たとえば、ダルブケルメーヤー（Dalbkermeyer）は、当局の発表によって人格権侵害が生じた場合には、被疑者・被告人は民法1004条に基づき、将来の同種の内容の記者発表を阻止するための不作為請求をすることができるとしたうえで、かかる請求は、「被疑者・被告人に対して広まった事前の有罪視を制限し、それゆえ訂正的に社会の雰囲気に影響を与えるのに適している」と述べるのである[19]。一方、ボルンカムは、賠償による民事的救済を通じた「人格権保護は、——1962年刑法草案〔452条〕で規定されたような刑事法的解決方法とは全く対照的に——柔軟である。……民事法的解決でのみ利益衡量が可能である。この方法に基づく場合に限り、正当な批判の可能性、したがって報道による〔権力〕コントロールを不当に制約することなく被疑者・被告人および刑事手続を予断的報道から保護することが可能である」と述べて、裁判所侮辱罪による処罰と対比する形で、民事法的救済が一般予防効果を持つこと、さらにその機能が刑事法的な手段よりも優れていることを力説している[20]。同様にベッカー（Becker）も、一方で「民事裁判所による相当に高額な慰謝料の認定は、社会復帰の機会を求める基本権に対する違法な侵害の事例においてしばしば、当事者にとって法秩序を通じて可能な、そしてほぼ十分に満足できる唯一の被害回復〔手段〕を意味する」と述べるとともに、他方、高額な慰謝料は、「相応する安定的かつ統一的な判例がある場合には、（身元を明らかにする）犯罪報道の範囲において報道機関〔の対応〕を極めて慎重なものにさせることになる」と指摘している[21]。
　損害賠償等の民事法的救済が実際に一般予防効果を持つか否かという点に関しては、ダース（Dahs）も、判例の態度が重要であると指摘している。すなわち、ダースは、のちに無罪判決が下った破産犯罪の嫌疑に基づく勾留中に検察官が報道機関に対して被疑者に関する違法な情報提供を行ったという事例において、州に対する損害賠償請求が認められる範囲を拡張した連邦通常裁判所判決の評釈で「判決は、捜査機関が事前手続において抑制的な『報道政策』を取るようにさせ」たと述べて、判例が、報道や発表のあり方に与える影響の大きさを指摘したのである[22]。

■ 2. 限界と問題点

　このように、民事法的救済がいわば緩やかなサンクションとして機能することによって公正な刑事手続を侵害するような報道や当局の公表を防止するという考え方自体は、ドイツにおいて一応成立しているといってよいであろう。しかしながら、他方で、これらの民事法的な救済方法は報道される者の権利保護を十分に果たしえていないという指摘がなされていることに注意しておく必要があろう。たとえばショルデラー（Scholderer）は、①刑事手続が並行している間に事件をもう1度裁判所に持ち込むことに対する強い心理的な圧迫、②権利行使を実現するために弁護士の援助を求めることによって生じる金銭的な負担に対する危惧、③拘禁における状況の悪化等の理由から、民事法上の手段を自ら用いる当事者の社会的能力は極めて乏しいのが常であると主張している[23]。

　民事法的救済が実際上それほど機能していないというショルデラーらの指摘を前提とすれば、当然のことながら、かかる救済が果たすべき一般予防効果にもそれほど大きな期待を寄せることはできないということになろう。実際、民事法的救済による一般的予防効果という考え方自体は認めている上述のベッカーにしても、民事法的救済による一般予防効果はいまだ現実のものとはなっておらず、報道機関は犯罪報道を慎重に行う「必要」を感じていないと評価している[24]。したがって、ドイツにおいては、民事法上の手段も予断の発生を防止する切り札とはなりえていないと判断せざるをえない。

第5節　裁判の非公開

■ 1. 裁判公開機能の二面性

　次に、公判の非公開に関するドイツの議論を見ていこう。裁判の非公開は、民事法あるいは刑事法上のサンクションを背景にした一般予防効果によって予断の発生を間接的に阻止しようとするアプローチとは異なり、報道機関に対する情報の流れを直接的に遮断しようとするものである。したがって、報道の自由との抵触が

あることは不可避である。しかも、そもそも公開裁判を求める権利は公正な刑事手続を受ける被疑者・被告人の権利の1つでもあるから、問題は一層複雑になる。

　まず、ドイツにおいても、裁判公開の意義は被疑者・被告人の公正な裁判を受ける権利および市民の情報を求める利益という2つの観点から捉えられている。たとえば、コッホ（Koch）は、刑事手続が公開されることによって公衆および報道機関は、第三権力、すなわち司法に対する監視機能およびコントロール機能を果たすと同時に、民主主義国家にとって根本的な意義を有するところの基本法5条1項に従って保障されている報道の自由をも満たされると主張して、公開原理が司法のコントロールと市民の情報取得の両面にとって意義を有することを指摘している[25]。またボルンカムも、公開原理は「まず第一に、国家の恣意から個々の被告人を保護することに役立つのであるが、それだけではなく、とりわけ市民の情報を求める利益にも役立つ」と述べて、同様の指摘をしている[26]。

　しかし、このような裁判公開の意義、とりわけ公正な刑事手続の保障の実現に果たす役割については、現代の公開裁判および報道のあり方に鑑み、疑問視する論者も見られる。たとえばベッカーは、一方で裁判公開が民主主義的社会的法治国家において必要な、公衆への透明性の確保や刑事司法のコントロール、ならびに「秘密裁判」からの被告人の保護に資することを認めつつ、他方で、公開の手続において経験的に見られる被告人に対する公衆ならびに報道の態度に鑑みると、法廷における公開と報道による公開とを等置することは、今日では実際には被告人に汚名を着せる見せしめの公開裁判を行うことを意味すると指摘するのである[27]。

■ 2. 裁判の非公開

　ベッカーのように、裁判公開が現実には被疑者・被告人の公正な刑事手続を受ける権利の保障に役立っていないばかりか、かえって侵害的に働く場合さえあるという立場を取るならば、少なくとも裁判の公開を是が非でも貫徹する必要性は薄らぎ、公開することから生じる利益と不利益とを衡量し、場合によっては非公開とすることも考えられるという帰結に至るであろう[28]。そして、ドイツにおいては裁判所構成法172条2号が「手続関係者あるいは証人の個人的な生活領域に属する事情……であって、そのような事柄を公衆の面前で議論されると優越的に保護されるべき利益を侵害することになるような場合」には、裁判所は審理あるいはその一

部を非公開とすることができると規定しており、現行法上、裁判を公開することによって裁判に関与する者の権利が侵害されるおそれがある場合に裁判を非公開とすることが認められているから、ベッカーらは本規定を使って事前の有罪視的な報道が生じることを防止すべきであると主張することになるのである。すなわち、ベッカーによれば、被告人の人格や被告人に関する医学的、心理学的および精神医学的鑑定の報告による証拠調べなどが公開の法廷でなされることによって、被告人の基本権に対する重大な侵害が生じるおそれがある場合には、裁判所の裁量は基本法19条2項（基本権の本質的内容の保障）のゆえに実質的に「零」に収縮し、公開の制限が義務的に命じられる[29]、という。

　ヤーン（Jahn）も、ベッカーのように非公開の義務付けまでは主張していないものの、手続関与者（被疑者・被告人、被害者、証人）の人格権保護の利益に関して、「その人の個人的生活領域の状況が話題とされることが確実である場合、公衆を、したがって報道機関も公判から排除することを要求する法的な根拠が非常に強められる。この場合、対立する利益との衡量にあたっては、疑わしい場合は人格権の保護に有利に決定される」と述べ、公判の非公開を積極的に認める姿勢を示している[30]。

■ 3. 裁判公開の方法 ── テレビ・ラジオ放送の是非

　このようにドイツにおいては、現在、公正な刑事手続を保障するために裁判を非公開にすることができるかという点も議論されてはいるが、裁判の公開に関して多くの論者によってもっと一般的に論じられている論点は、むしろ公開の方法、とりわけ裁判のテレビ・ラジオ放送・中継の是非であるといえる。

　結論を先取りすることになるが、ドイツの論者は一般に審理を放送することに対して否定的である[31]。たとえばエルドジーク（Erdsiek）は、審理のテレビ放送は、放送が断片的であり、したがって歪んだ像しか与えることができないという点で単に不適切であるというだけでなく、手続関与者の公平性に与える影響およびそれと結び付いた真実発見の危殆化が決して排除されないという点で問題であると述べ、裁判のテレビ放送に全面的に反対している[32]。ベッカーも、同時代史的裁判の報道の必要性は、既に手元にある、あるいは場合によっては裁判所の広報から報道機関の自由な処分に委ねられた被告人の写真等を利用しながら口頭あるいは文字

で報道することによって十分に満たされるから、仮に当該訴訟に同時代史的意義があったとしても、裁判所のなかでの被告人の写真撮影や録画をすることは許されないと主張している[33]。

これに対して、ボッケルマン（Bockelmann）は、公判のテレビ等による放送に対して、やや柔軟な態度を取る。ボッケルマンは、「放送あるいは映像による広範な伝達は、直接法廷に出席していない人に手続への参加の可能性を獲得させることになるので、一概に否定することはできない」として、主として市民の情報を取得する利益の観点から公判のテレビ放送に一応好意的な態度を示している。そして、「裁判所構成法169条が公判が直接の傍聴人に対して公開されること以上のことを求めていないとしても、法律の側では、間接的な公開を認めること、すなわち公判の内容を物理的に出席している人以外の人にも利用できるようにすることを禁じてはいない」と述べて、テレビ放送が法律上、許容される可能性についても言及しているのである。

しかし、ボッケルマンはさらに叙述を続け、手続関与者の側からこの問題を捉え直して、次のようにいう。すなわち、「自分の眼で見ることのできる——場合によっては多数の——人の目の前に登場することと、見えざる何千人、場合によっては何百万人の前に登場することは同じではない。したがって、〔自分が〕見ることのできる人の前で話し、その人々がその言葉を直接受け取るのと、無数の人知れず盗み聞きする人の前で話すのとでは事情が異なる。このことは、全ての手続関与者、裁判官、検察官、弁護人ならびに証人、鑑定人そして被告人にも当てはまる。以上のことから次のことが明らかになる。すなわち、手続において新時代の伝達手段の導入を許すことは、技術的可能性に対する手続の順応以上のことを意味する。それはまさに予見された、しかも法律において規定されていた公開の方法から、全く異なる公開の方法への移行を意味する。法廷を舞台へと変えてしまうかかる変化が真実発見および法律の適用に重大な結果を生むような影響を与えることには、疑う余地がない」。それゆえ、「放送中継および録音は、もっぱら手続自体の目的となる場合を除いて、関係者の1人でも異議を唱える場合には許されないし、仮にその異議が瑕疵あるものであっても、〔異議のなかで〕放送等が……手続の歪曲を招く可能性が示されている場合には、裁判所はそのような中継を禁止しなければならない」[34]。したがって、ボッケルマンの論理も、テレビ放送を完全に否定するものではないとしても、総体としては公判のテレビ放送を認めることに対しては、

第8章 予断の発生を防止する手段 ◆199

相当に厳しい態度を取っていると評価することができよう。

　確かに、旧東ドイツのホーネッカー議長が、旧西ドイツへ逃亡しようとした東ドイツ市民の射殺命令を出したことに対して処罰が求められたいわゆるホーネッカー事件裁判について、公判開始前の撮影を許可しなかった裁判所の命令が連邦憲法裁判所において違法と判断されるなど[35]、公判の放送メディアによる中継が将来にわたって全く可能性がないとまではいえないかもしれない[36]。しかし、本事案は、ホーネッカー氏という絶対的同時代史的人物が行った政治上の判断の評価が問われたという点で極めて特殊な性格を持つうえ、公判そのものの中継が問題となった事案でもないから、連邦憲法裁判所の判決が直ちに一般の刑事事件の公判そのもののテレビ・ラジオ中継に結び付くとは考えにくく、したがって、ドイツの議論全体の傾向としては、やはりテレビ・ラジオ中継を認めることには消極的であると判断することが妥当であろう。

■ 4. 小括

　ドイツにおいては、公正な刑事手続を保障するために裁判の公開を一定程度制限するという主張も学説の一部においてなされている。しかしながら、確かに裁判のテレビ・ラジオ中継には否定的ではあるが、一般的には、裁判公開が被疑者・被告人の公正な裁判を受ける権利や報道の自由、さらには市民の情報を求める利益の保障にとって重要な意義を有する点を強調する議論が強く、裁判の非公開の範囲を現在以上に拡大することが直ちに認められるといった状況にはないといえる。しかも、報道が捜査段階においてもなされる以上、裁判の非公開だけでは予断の発生の十分な防止はできないといわざるをえない[37]。そこで、以下ではさらに、報道機関に対する情報の流れを遮断するもう1つの方法、すなわち捜査機関の情報提供活動の制限について検討していくこととする。

---

1 Koch, Publizistischer Mißbrauch staatsanwaltschaftlicher Ermittlungsverfahren, ZRP 1989, S.401.
2 BVerfGE 35, S.221ff. vgl. Bornkamm, Die Berichterstattung über schwebende Strafverfahren und das Persönlichkeitrecht des Beschuldigten, NStZ 1983, S.105.
3 訳は法務資料439号による。

4 Roxin, Strafrechtliche und strafprozessuale Plobleme der Vorverurteilung, NJW 1991, S.156.
5 Dalbkermeyer, Der Schutz des Besculdigten vor identifizierenden und tedenziösen Pressemitteilungen der Ermittelungbehörden, 1994, S.168.
6 Bericht der Bundesregierung zum Thema- "Öffentliche Vorverurteilung" und "faires Verfahren", BT-D 10/4608, S.11.
7 Bornkamm, Pressefreiheit und Fairneß des Strafverfahrens, 1980, S.221.
8 Jahn, Der Einfluß der Medien auf das Strafverfahren aus gesetzgeberischer Sicht, in Brack, Hübner, Öhler, Stern(Hrsg.), Der Einfluß der Medien und das Starfverfahren, 1990, S.9.
9 BT-D 10/4608, a. a. O. (Fn. 6), S.13.
10 Dalbkermeyer, a. a. O. (Fn. 5), S.169.
11 BT-D 10/4608, a. a. O. (Fn. 6), S.16ff.
12 Roxin, a. a. O. (Fn. 4), 155ff.
13 Bornkamm, a. a. O. (Fn. 7), S.237.
14 Nebraska Press Association v. Stuart, 427 U.S. 539(1976).
15 Scherer, Forum-Verfassungswidrigkeit des Contempt by Publication unter dem Grundgesetz, JuS 1979, S.470ff.
16 Dalbkermeyer, a. a. O. (Fn. 5), S.177ff.
17 vgl. Kohl, Vorverurteilung durch die Medien?- Bericht über die 57. Tagung des Studienkreises für Presserecht und Pressefreiheit in Heilbronn am 31.5. und 1. 6. 1985, Afp 1985, S.102ff; Nothelle, Freie Press und faires Strafverfahren- ein Fall für der Gesetzgeben?, AfP 1985, S.21. ただし、Hamm, Grosse Strafprozesse und die Macht der Medien, 1997, S.118 は、導入に対して必ずしも否定的とは言い切れない微妙な言い回しをしている。
18 vgl. Roxin, a. a. O. (Fn. 4), S.157; Ricker, Rechte und Pflichten der Medien unter Berücksichtigung des Rechtsschutzes des einzelnen, NJW 1990, S. 2098ff; Nothelle, a. a. O. (Fn. 17), S. 20.
19 Dalbkermeyer, a. a. O. (Fn. 5), S. 209ff.
20 Bornkamm, a. a. O. (Fn. 7), S. 271.
21 Becker, Straftäter und Tatverdächtige in den Massenmedien- Die Frage der Rechtmäßigkeit identifizierender Kriminalbericht, 1979, S.271ff.
22 Dahs, Anm. zu BGH Urt. v. 1986. 1. 16., NStZ 1986, S.563ff.
23 Scholderer, "Morder, die man nie vergißt" -Ein Lehrstück über die Rechtwirklichkeit des Lebach-Urteils, ZRP 1991, S.301.
24 Becker, a. a. O. (Fn. 21), S.270ff.
25 Koch, a. a. O. (Fn. 1), S.401.
26 Bornkamm, a. a. O. (Fn. 2), S.105. vgl. auch BT-D 10/4608, a. a. O. (Fn. 6), S.18ff.

27 Becker, a. a. O. (Fn. 21), S.257.
28 Rüping, Strafverfahren als Sensation- Zur Freiheit der Gerichtsreportage und ihren Schranken, in Hanack(Hrsg.), Festschrift für Hanns Dünnebier, 1982, S.398.
29 Becker, a. a. O. (Fn. 21), S.234ff.
30 Jahn, a. a. O. (Fn. 8), S.11.
31 Ostendorf, Die öffentliche Identifizierung von Beschuldigten durch die Strafverfolgungsbehörden als Straftat, GA 1980, S.465.
32 Erdsiek, Umwelt und Recht, NJW 1963, S.1050.
33 Becker, a. a. O. (Fn. 21), S.238.
34 Bockelmann, Öffentlichkeit und Strafrechtspflege, NJW 1960, S.219ff.
35 BVerfGE 91, 125.
36 ホーネッカー事件および公判のテレビ中継に関する最近のドイツの議論については、参照、鈴木秀美「法廷内テレビ・カメラ取材と放送の自由――ドイツの憲法判例を素材に」『法と情報』刊行企画委員会編『石村善治先生古稀記念論集・法と情報』（信山社出版、1997年）221頁以下。
37 vgl. Roxin, a. a. O. (Fn. 4), S.156.

第9章 ◇ 手続関係者による情報提供活動の是非

第1節　捜査機関の情報提供活動の規制

■ 1.　刑事手続および過料手続に関する基準（RiStBV）

　第6章第4節で述べたように、ドイツにおいては、捜査機関の情報提供活動が事前の有罪視的な報道を生み出す原因になっているのではないかとの指摘が早くからなされてきた。連邦通常裁判所もすでに1958年の段階で、検察官が客観的でない情報を報道機関に提供した事案を扱った際に、結論としては検察官の責任を否定しつつも、次のように述べて、捜査機関の情報提供が社会において有罪視的雰囲気を誘発する危険性について鋭く指摘していた。すなわち、「報道機関に与えられた情報の公衆に及ぼす影響の正しい評価は常に容易というわけではない。本件のように検察による捜査手続の開始に関する情報が問題になっている場合には、特に慎重であることが望まれる。……──本件のように──確かに捜査は開始されたがしかし最終的な結論には全く至っていない段階で情報が与えられる場合には、法律的な素養のない素人は検察によるかかる捜査手続の開始を罪責を負わされる犯行の証明とほとんど等置してしまう傾向が極めて強いだけになおさら、情報〔提供〕によって公衆が当事者の負担に関する誤った情報を持つことのないように十分に留意されるべきである。市民が印刷された言葉に対して捧げる無批判の信頼のゆえに、検察は、情報を報道機関に与える場合には、まさに捜査の初期の段階においては、被疑者の名誉保護のために、被疑者に与えられる非難の実際

の内容以上に不利に当該被疑者を公衆に見せることになりかねない全ての発言を避けなければならない」[1]。

　捜査機関の情報提供と社会における事前の有罪視、ひいては公正な刑事手続の侵害との関係を指摘する声が高まりつつあった状況を受けて、1977年に制定された「刑事手続および過料手続に関する基準（RiStBV）」（以下、「刑事手続基準」という）においては、捜査機関による情報提供の制限を意図した規定が設けられることになった[2]。

　刑事手続基準のなかで捜査機関の情報提供に関連する規定は4a条と23条である。まず、4a条は、「検察官は、捜査手続の目的からは必要とされないにもかかわらず被疑者を晒し者にしてしまうことになる全ての事柄を避けることができる。このことはとりわけ、他の行政機関や他の人との文書のやりとりに当てはまる。被疑者あるいは被疑者が嫌疑をかけられている犯罪について公表する必要がある場合には、被疑者に対しては単に犯罪の嫌疑が存在するだけであるということが明示されるべきである」と定めて、被疑者を不必要に晒し者にすることを禁止している。一方、23条は次のように規定して捜査機関の出版および放送との協力の仕方についての指針を提供している。すなわち、「公衆への情報提供の際には、世論形成についての報道の特別の任務および意義を考慮しつつ、出版、ラジオおよびテレビと協力する。この情報提供は、捜査の目的を危うくしたり、審理の結果を先取りするものであってはならない。さらに、個々の事案において、完全な情報の提供を求める公衆の側の利益が被疑者や他の関係者、とりわけ被害者の人格権に優越するか否かということが吟味されるべきである。これらの人を不必要に晒し者にすることは避けられるべきである。通常、氏名の公表がなくても、公衆の一般的な情報を求める利益に応じることは可能である」。

　このように、刑事手続基準が定められたことにより、捜査機関の情報提供活動のあり方について一応の指針が示されたわけであるが、刑事手続基準では、具体的に捜査のどの段階でいかなる情報を提供してよく、あるいはしてはならないのかというところまでは示されなかった。したがって、提供できる（あるいは提供すべき）情報と提供すべきではない情報との具体的な分別をしようとするならば、他の規範に手がかりを求め、それらの規範と刑事手続基準とを関連付けて解釈することを通じて行うほかはない。以下では、主として情報の具体的な仕分けという観点から捜査機関の情報提供を正当化する規範とその限界について論じているドイツの議

論を見ていくこととする。

■ 2. 捜査機関の情報提供の限界(1)——報道法の観点から

(1) NW州報道法4条1項

　捜査機関の情報提供を正当化している規範として第一に挙げられるのが、報道法において定められている報道機関の情報請求権である。報道法は連邦および州ごとに制定されているが、各々の法律はほぼ同一の内容を持っている。ここでは、ノルトライン＝ウエストファーレン州報道法（以下、「NW州報道法」という）を取り上げる[3]。

　NW州報道法4条1項は、「当局は、出版の代理人に対して、その〔出版の〕公共の任務を果たすために有益な情報を提供する義務がある」と規定している。そして、本条は、報道機関が当局から恣意的に情報を教えられることを防ぐことによって、報道機関が国民と行政との間の接続あるいはコントロール機関としての任務を全うできるようにすることを目的としたものであると考えられているから[4]、理屈のうえからいえば、捜査機関にとっては、報道法上の義務を履行し、報道機関に情報提供をすることこそが公正な刑事手続の保障に資することになる。

　しかしながら、現実に行われている犯罪報道や捜査機関の情報提供のあり方を見れば、かかる理解は一種のフィクションであることを認めざるをえないであろう。実際、「報道法による情報開示請求権の確立によって、当局の包括的な情報提供義務へと向かう流れが引き出されるわけではない。……NW州報道法4条1項による情報を求める報道法上の請求権の承認は、ある情報が『伝達義務ある』情報に該当するか否かについての決定に関しては何らの意義も持たない」と述べるダルブケルメーヤー (Dalbkermeyer) をはじめ[5]、ドイツの論者は一般に、報道法4条1項について捜査機関の情報提供を無制限に認めたものとは理解しておらず、市民の情報を得る利益に応えることを目的とする捜査機関の情報提供にもおのずから限界が存すると考えている。そして、この限界を確定する手がかりになるものとしてしばしば挙げられる規定がNW州報道法4条2項にあたる規定なのである。

(2) NW州報道法4条2項

　NW州報道法4条2項は、(1)情報提供によって、継続中の訴訟の客観的な実

施が挫折させられ、困難にされ、妨害され、あるいは危うくされる可能性がある場合、(2)秘密保持に関する規定がある場合、(3)優越する公共の利益あるいは保護すべき私的な利益が侵害される場合、(4)情報請求の範囲が予測可能な程度を超える場合には情報請求権は存在しないと規定しており、本条を受けて学説は、これらの事由に該当する場合には捜査機関は情報提供を行うべきではないとしている。

たとえば、ダルブケルメーヤーは、「当局によってどの情報が伝達されなければならないかということを確定するための決定的な出発点は、むしろ NW 州報道法 4 条 2 項において挙げられている情報提供拒否理由のなかに見出される」と述べ、各号を紹介したあと、「情報の伝達が上述の〔1 号から 4 号の〕理由に抵触する場合には、当局は当該情報提供を拒否する義務がある。NW 州報道法 4 条 2 項は、その限りで法律上の秘密保護義務を認めている」と解している[6]。オステンドルフ (Ostendorf) も、各州の報道法によって、当局には報道機関が公共の任務を果たすのに役立つ情報を報道機関に伝達する義務が生じるが、他方、各州報道法においては情報提供拒否を正当化する一定の状況が列挙されていると指摘したうえで、刑法 203 条（個人の秘密の侵害）を報道法上の「秘密保持に関する規定」に属するものと解釈して、被疑者の身元に関する情報提供は許されないという結論を導いている[7]。同様にベッカー (Becker) も、秘密保持に関する公務員法上の規定と抵触する場合、優越する公共の利益あるいは保護すべき私的利益と対立している場合あるいは、継続中の訴訟の適切な実施が危うくされる場合には国家による情報提供が拒否されるとして、各州の報道法の枠組みを踏襲しているのである[8]。

このようにドイツにおいては報道機関の情報請求権を一定の制限のもとに置く報道法（4 条 2 項）を手がかりにして、刑事手続基準の考え方に沿った捜査機関の情報提供範囲の具体化が図られているといえよう。

■ 3. 捜査機関の情報提供の限界(2) —— 刑事司法政策的観点から

ドイツにおいては、主として情報を取得する公衆の利益に資することを目的とした報道法とは別に、円滑な捜査の遂行や刑事政策的な考慮を根拠として捜査機関に一定の情報提供を認める規定や理論が存在することから、これらの情報提供を正当化する規範の限界付けも問題となる。

(1) 被疑者追跡目的

　この種の規定として、まず、芸術著作権法24条が挙げられよう。本条は、「司法および公共の安全のために、当局によって肖像は、権限者ならびに公表される者あるいはその親族の同意なく広められ、公衆に見せられる」と定めているが、ドイツにおいては、捜査機関は本条に基づいて被疑者の追跡を目的とする被疑者の氏名や写真の公表を行うことができると解されている。

　しかしながら、被疑者を追跡する目的での捜査機関の情報提供も無制限で許されるとは考えられておらず、情報提供の可否の判断にあたっては当事者の人格権等との利益衡量が必要であるとされている[9]。たとえば、オステンドルフは、捜査機関による追跡目的での写真等の公表にあたっても比例性原則が適用されるべきことを指摘しつつ、具体的には、刑訴法131条の手配状の発付の要件が満たされているとき、すなわち勾留命令または収容命令が出されているときに限って、芸術著作権法24条に従った情報提供が許されると考えるべきであるとしている[10]。

　このような議論の動向を受けて、追跡目的での情報提供に関しては刑事訴追機関を名宛人とする公式の基準も作られており、学説同様、①報道機関を被疑者等の追跡に関与させる場合には刑事訴訟法全体を通じて適用される比例性原則が考慮されるべきこと、②したがって各事案においては、一方における効果的な刑事訴追を求める公共の利益と他方における被疑者等の保護すべき利益との間の慎重な衡量が必要とされること、③通常は、当事者にとって相対的に侵害的でない他の追跡手段では十分な成功が見込まれず、かつ追跡の援助の利用が事件の重要性や犯罪について予想される法的効果と均衡を失していない場合に限って報道機関を追跡に介入させるべきこと、④犯罪に関与した者の保護すべき利益が斟酌されるべきであり、通常は当該人物の氏名が報道されないことがこの利益を満足することになるという関係にあることなどが明示されている[11]。

(2) 住民への警告目的

　次に、芸術著作権法24条や刑訴法160条、同163条に基づいて、犯罪の嫌疑をかけられている容疑者についての情報を公表し、住民に警告を与えることの可否が論じられている。

　しかし、論者は一般に、かかる目的での捜査機関の情報提供には否定的である[12]。特に、オステンドルフは、警察が早い段階で住民に対して嫌疑を受けてい

る容疑者について警告する場合には無罪推定法理の保障と対立することになるとして、公表される者の権利と直結させて問題点を指摘している。すなわち、オステンドルフは、「住民のなかに存在する犯行に対する潜在的な予断、当局の公式発表に対する信頼感ならびに報道機関によって作り出される影響は、しばしばあまりにも早期に〔被疑者を〕社会的に晒し者にする効果をもたら」し、「警告は嫌疑を意味するだけでなく、実際上確定を意味する」ことになってしまうので、「警告」という処置を取ることは適切ではないと主張するのである[13]。

(3) 刑事訴訟法上の写真撮影

刑訴法81b条は、「刑事手続遂行の目的または鑑定事務の目的のために必要である限り、被疑者の意思に反しても写真を撮影」することができると定めており、ドイツにおいては本条についても捜査機関による情報提供の根拠になりうるか否かということが一応検討されている。

しかし、規定の文言から明らかなように、刑訴法81b条は捜査機関に対して「写真撮影」の権限を与えている規定であって、撮影した写真の「公表」権限を定めたものではない。

ダルブケルメーヤーが正しく指摘するように、容疑者の身元について公衆に教えることは本条の射程外にあるのであり[14]、したがって、捜査機関の情報提供活動にとっての本条の意義は、むしろ「写真が、直接的あるいは間接的な刑事訴追の目的の場合に限って被疑者の意思に反して撮影される」ことを示すことによって、「捜査手続における写真による情報提供に関しては個々の事案での衡量自体が排除され」、手続の早期の段階で容疑者を晒し者にすることが妨げられるという帰結を導けるところにこそあると考えられている[15]。

(4) 同時代史的人物

捜査機関による情報提供に関連して検討されるべきいまひとつの規定は、同時代史的領域に属する肖像の公表を認める芸術著作権法23条である。本条については、「この規定は私人のみに適用される」として、そもそも捜査機関の情報提供を正当化する根拠にはならないとする意見もあるが[16]、一応正当化根拠になりうると解したうえで、検討の対象に含めている論者も見られる。しかし、検討の対象に含めている論者も、「捜査が終結しない限り、そして検察が公訴提起を決意しない

限り、容疑者は芸術著作権法23条1項の意味での同時代人とはみなされない。その結果、この段階での身元を明らかにするような肖像の公表は許されない」であるとか[17]、検察または司法の広報は「芸術著作権法23条1項1号（類推）に従った身元の特定の自由について特に厳格な審査をし、容疑者の社会化の保護を考慮することが求められる」などと述べて[18]、結論としては、芸術著作権法23条に基づく捜査機関の情報提供の許容性を相当厳格に絞る傾向にある。

■ 4. 実務における情報提供活動の展開と限界

(1) 判例の態度

以上に見たような、捜査機関の情報提供活動に一定の枠付けをする傾向は、実務にも反映されつつある。まず、捜査当局による報道機関への情報提供の是非が問題となった判例のなかには、発表の違法性を認める判断を下したものがいくつか見られる。

たとえば、旋毛虫病の流行を理由にして開始された捜査手続が打ち切られたあとに検察官が記者発表を行い、そのなかで「検察の見解によれば、食品検査官の資格を持っている獣医師W（＝原告）も彼の代診者である獣医師Kもともに、最初に屠殺された21匹の豚について法律で定められた旋毛虫検査を行うことを怠ったことに対して責任がある。しかしながら、両獣医についてこの点で刑法上の責任を求めることはできない」と述べたことに対して取消し訴訟が起こされた事案において、連邦行政裁判所は、「記者発表が、とりわけ抗告人〔原告〕が本件で置かれた状況を考慮するならば、当局の動きを不適切に伝え、そのことによって抗告人の人格権を侵害している場合には、当該記者発表は抗告〔取消し〕の対象になる」とした[19]。

また、警察が追跡目的の記者会見をしたことに対して被疑者たる原告が人格権侵害を理由に損害賠償を求めた事案でも、ハンブルグ上級地方裁判所は、報道機関の手を借りる公開の追跡を認める要件として求められている比例性原則および補充性の原則（重大な犯罪であること、これまでの捜査からすでに容疑者に対する嫌疑がかなりの程度に達していること、他の相対的に厳しくない手段が使い果たされていること）の吟味が行われていないとして、原告の訴えを認めた地方裁判所判決を是認した[20]。

(2) 捜査機関の広報担当者に対する指示

さらに、実務においては、刑事手続基準をさらに具体化した形で当局の広報担当者に職務上の指示を与える基準も定められている。たとえば、バーデン＝ヴュッテンブルグ州の基準は、5号(5)において「報道機関に対する手続関与者の実名公表の際には抑制的であるべき」であるとしたうえで、5号(6)において記者発表のあり方について具体的に次のように定めている。すなわち、「記者に対する発表は、(a)報道において、手続の今後の推移あるいは証拠方法の価値について当該事案の決定を先取りするようなやり方で論じないようにする、(b)事実に関して、裁判所の構成員、被告人、証人あるいは鑑定人の公平性ならびに真実発見を害するようなやり方で報道しないようにする、といった報道が行われるように影響を及ぼすべきである」。そして、さらに6号において、州報道法4条2項の情報提供拒否事由をそのまま抜き出して、各事由に該当する場合の情報提供の拒否を明記しているのである[21]。

以上見てきたところからすれば、ドイツにおいては、報道の自由などとの衡量を行いつつ捜査機関の情報提供活動を一定程度コントロールしようとする考え方が広まりつつあるように思われる。しかし、この考え方を実効性あるものにするためには、発表できる情報とすべきでない情報の区別のさらなる具体化など、いくつかの問題点も残されているといえよう。とりわけ、刑事手続基準をはじめとする諸基準については、それらが単に行政内規としての性格を持つにすぎない、すなわち法的効力を持たないことから、実効性を疑問視する論者も少なくないことに留意しておく必要があろう[22]。

第2節　被疑者・被告人側の情報提供の可能性

■ 1. 反論権（Gegendarstellungsanspruch）

最後に、これまで見てきた手段とは対照的に、情報を積極的に社会へ流すことによって事前の有罪視的雰囲気が社会に生じることを阻止するという発想に基づい

て考えられている手段として、反論権と共同記者会見を検討することとしよう。

反論権はニーダーザクセン州ほか多くの州の報道法において規定されているが[23]、ここではNW州報道法11条の規定を見てみよう。NW州報道法11条は、まず1項で「雑誌の責任編集者および出版人は、その発行物においてなされた事実の主張に関係する人物あるいは機関の反論を掲載する義務がある」と規定し、反論権が原則として認められることを明らかにしている。また4項で、反論が認められなかった場合の法的救済についても定めている。しかし他方、5項では「1項ないし4項は、連邦および州の立法府、市町村（地方共同体連合）の代表ならびに裁判所による公式の公表についての事実に即した報道には適用されない」とも規定されている[24]。

1項の文言から明らかになるように、本条に基づく反論は、有罪視報道の場合も含めて、捜査当局側が請求することもできる。司法広報担当者の職務に関する基準も、7号で、「不適切な報道をできるだけ広範囲にわたって防止することが広報担当者のもう1つの任務である」として、「不適切な報道や報告が発生した場合、広報担当者は、報道の意義と範囲を考慮しつつ、訂正のための独自の記者発表をすることが適当であるか否か、あるいは州報道法11条に従った反論が必要であるか否かということについて検討する」と定めている[25]。

しかし、犯罪報道に関しては、NW州報道法11条に基づいて被疑者・被告人側が反論をしようとする場合に5項が障碍となるおそれがある。5項は、公式の発表を報道した場合に報道の内容に責任を負うのは報道機関ではなく伝達した当局であるという考え方に基づき、報道機関の反論掲載義務を否定するものであるが、その結果、情報の大半を捜査機関に依存している犯罪報道の場合、多くの記事が5項に該当すると判断されて反論の掲載が拒否されることになりかねないのである。

もちろん、ダルブケルメーヤーのように、伝えられた事実関係に対する当事者の意見を明らかにさせるという反論権の根本思想に応えるために、報道は当事者によって論戦の場として利用されなければならないから、報道機関は報道法に基づく請求に対して、当該公表は当局の情報に依拠しているとの反論でもって抵抗することはできず、したがって、検察および警察の記者発表によって人格権を侵害されたと感じた容疑者は、NW州報道法に従って制限されない反論権を持つ、と解釈する途がないわけではないが[26]、いずれにせよ、被疑者・被告人側の反論権が5

項の解釈次第で不安定なものにされるおそれがあることは否定しがたいであろう。

■ 2. 共同記者会見

　ザールラント州ではさらに、司法大臣の一般処分を通じて被疑者・被告人に対して記者会見への参加・寄与権が与えられている。すなわち、当事者は、検察の捜査手続において報道機関に対して文書で与えられる全ての情報を知らされ、自分自身あるいは弁護人を通じて検察当局が執り行う記者会見に参加し、そこで発言する機会を検察によって与えられており、さらに検察官は、不適切な事実の公表によって生じた予断的状況に訂正・説明を通じて対抗することを義務付けられているのである[27]。

　かかるザールラント州の試みについて論者は一般に肯定的な評価をしている。たとえば、ダルブケルメーヤーは、被疑者・被告人側に記者会見への参加権を認めることの利点として、検察が広報活動に際して被疑者・被告人の保護に値する利害を十分に斟酌することができるようになり、その結果、当局の公表を著しく抑制的なものにすることが可能になること、国家機関とともに公式に社会に対して発言する平等の権利を持つという手続法的保障によって、刑事訴追機関を通じて惹起させられた報道による侵害を修正ないし中和する可能性が当事者に対して開かれることを挙げたうえでさらに、このような記者会見への参加権を裁判所構成法にも規定すべきであると主張している[28]。

　記者会見への参加は「中立的な報道」という結果までをも保障するものではないから、ダルブケルメーヤーらの評価が実際のところどこまで成り立つかは必ずしも明らかではない。しかし、各州の報道法上において反論権という裏付けがあることをも考えあわせるならば、一定程度有効な手段となる可能性はあると思われる。しかも、共同記者会見が行われた場合には、報道機関がNW州報道法11条5項にあたる規定を使って反論掲載を回避することも難しくなるのではなかろうか。その意味で、ドイツにおけるこの手段に対する肯定的評価は必ずしも根拠のないものではないといえよう。

　1　BGH JZ 1958, S.673.

2　Richtlinien für das Strafverfahren und das Bußgeldverfahren, in Kleinknecht/ Meyer, Strafprozessordnung, 38 Aufl. (1987) S.1759ff. vgl. auch BerlABl 1997, 2139 in NJW 1998, S.1376.

3　Pressegesetz für das Land Nordrhein-Westfalen (Landespressegesetz NW), in Löffler/Ricker, Handbuch des Presserechts, 2 Aufl., 1986, S.514ff.

4　Dalbkermeyer, Der Schutz des Besculdigten vor identifizierenden und tedenziösen Pressemitteilungen der Ermittelungbehörden, 1994, S.44.

5　Dalbkermeyer, a. a. O. (Fn. 4), S.49.

6　Dalbkermeyer, a. a. O. (Fn. 4), S.49.

7　Ostendorf, Die öffentliche Idenfizierung von Beschuldigten durch die Strafverfolgungsbehörden als Straftat, GA 1980, S.460.

8　Becker, Straftäter und Tatverdächtige in den Massenmedien- Die Frage der Rechtmäßigkeit identifizierender Kriminalbericht, 1979, S.58.

9　vgl. Bornkamm, Pressefreiheit und Fairness des Strafverfahrens, 1980, S.264ff; Becker, a. a. O. (Fn. 8), S.143ff.　なお、Dalbkermeyer, a. a. O. (Fn. 4), S.40 も芸術著作権法24条に基づく「権限は完全な例外規定である」と述べている。

10　Ostendorf, a. a. O. (Fn. 7), S.451ff.

11　Richtlinien über die Inanspruchnahme von Publikationsorgan zur Fahndung nach Personen bei der Strafverfolgung, in Kleinknecht/Meyer, Strafprozessordnung, 38 Aufl., 1987, S.1854ff.　ただし、この基準については、報道機関の徴用を認める範囲が広すぎるとの批判がある。vgl. Bottke, Strafprozessuale Rechtsprobleme massenmedialer Fahndung-Zur Teilnahme von Strafverfolgungsorganen an der Fernsehsendung "Aktenzeichen XY …ungelost", ZStW 93, 1981, S.425ff.

12　Dalbkermeyer, a. a. O. (Fn. 4), S.77.

13　Ostendorf, a. a. O. (Fn. 7), S.455ff.

14　Dalbkermeyer, a. a. O. (Fn. 4), S.36.

15　Ostendorf, a. a. O. (Fn. 7), S. 453.

16　Ostendorf, a. a. O. (Fn. 7), S.453ff.

17　Dalbkermeyer, a. a. O. (Fn. 4), S.77.

18　Becker, a. a. O. (Fn. 8), S.210ff.

19　BVerwG NJW 1992 S.62ff.

20　OLG Hamburg NJW 1980 S.842ff.

21　Richtlinien der Landesjustizverwaltungen für die Medien und Öffentlichkeitsarbeit der Justiz und für die Zusammenarbeit der Justiz mit den Medien (Baden-Württemberg), in Wassermann, Justiz und Medien(1980), S.206ff.

22　Dalbkermeyer, a. a. O. (Fn. 4), S.34ff; Roxin, Strafrechtliche und strafprozessuale Plobleme der Vorverurteilung, NJW 1991, S.156ff.　かかる認識のもと、ダルブケルメーヤーは立法化の検討の必要性を、ロクシンは懲戒法との結び付けをそれぞれ主張する。vgl. auch Bornkamm, a. a. O. (Fn. 9), S.243ff; Hassemer, Vorverurteilung durch die

Medien?, NJW 1985, S.1927.
23 Seitz/Schmidt/Schöner, Der Gegendarstellungsanspruche in Presse, Film, Funk und Fernsehen, 2Aufl., 1990, S.295ff.
24 Landespressegesetz NW, a. a. O. (Fn. 3).
25 Richtlinien der Landesjustizverwaltungen für die Medien und Öffentlichkeitsarbeit der Justiz und für die Zusammenarbeit der Justiz mit den Medien (Baden-Wuettemberg), a. a. O. (Fn. 21).
26 Dalbkermeyer, a. a. O. (Fn. 4), S.212ff.
27 Koch, Publizistischer Mißbrauch staatsanwaltschaftlicher Ermittlungsverfahren, ZRP 1989, S.402; Jahn, Der Einfluß der Medien auf das Strafverfahren aus gesetzgeberischer Sicht, in Brack, Hübner, Öhler, Stern(Hrsg.), Der Einfluß der Medien und das Starfverfahren, 1990, S.10ff.
28 Dalbkermeyer, a. a. O. (Fn. 4), S.188ff; vgl. auch Koch, a. a. O. (Fn. 27), S.403.

第3部

考察

第10章 ◇ 権利侵害の構造論

第1節　手続関係者への予断と適正手続を受ける権利

■1.　権利侵害の理論的考察

　犯罪報道によって被疑者・被告人の適正手続を受ける権利が具体的にどのように侵害されるのかという点について、アメリカやドイツでは、事実認定者をはじめとする手続関係者に予断を与えることによって、被疑者・被告人の公平な裁判所による公正な裁判を受ける権利を侵害することが重視されているとまとめることができるだろう。そして、事実認定者に予断を与えるという問題点は、日本における従来の議論でも、断続的に指摘されてきた。

　たとえば、松本一郎は、「かりに、被告人を鬼畜のように、あるいは稀代のうそつきのように非難する有罪キャンペーンが連日くり広げられた場合、それが無意識のうちに裁判官の証拠、とくに供述証拠の証明力の判断に微妙な影響を与える可能性はないとはいえない」と指摘し、そのような行き過ぎた犯罪報道は、刑事訴訟法（以下、「刑訴法」という）が規定する起訴状一本主義の意義を実質的に失わせ、「憲法が被告人に保障する適正な手続を阻害し、公平な裁判所を損なう点においても、きわめて問題といわなければならない」と述べている[1]。また、元裁判官である三井明も同様に、センセーショナルに報道された事件を裁く裁判官の心理として、軽々しく無罪にはできないといった通常の事件とは違った特別の意識が働き、「そ

れが内心の圧力となって、裁判官の証拠に対する判断に影響し、誤判を生み出すおそれがないとはいえない」と述べて、犯人視報道が裁判官の誤った証拠評価に結び付く危険性を指摘している[2]。さらに、証拠評価に関連して田中輝和は、特に被告人が証拠能力や証明力を争っている証拠に関する報道の問題の大きさに着目し、このような報道は「刑事証拠法の基本原則である証拠裁判主義の、核心をなす要請に反〔する〕」と批判している[3]。

　それぞれの論者が、証拠裁判主義（刑訴法 317 条）や起訴状一本主義（同 256 条）との抵触を指摘した趣旨は、要するに、事実認定者が、証拠能力を欠く、あるいは適正な証拠調べを経ていない資料に基づいて心証を形成することを問題視するものであり、したがって、事実認定者が裁判外の情報によって予断を有することが問題の根本として捉えられているといえよう。その意味で、各論者は、予断を生じさせるような犯罪報道が刑訴法上の侵害として具体化される場面としてどこに注目するかという点では違いがあるにせよ、憲法上は、憲法 37 条 1 項の公平な裁判所による公正な裁判を受ける権利の侵害と捉える点では共通しているといえる。

　それでは、日本においても、犯罪報道が事実認定者に与える予断を適正手続侵害として理論構成することは可能であろうか。以下、問題となりうる点を順次検討していくこととする。

■ 2. 予断の実証性

　第一に、犯罪報道が事実認定者に予断を与えるような事態が実際に発生するのかという疑問がありえよう。とくに、日本においてはこれまでもっぱら職業裁判官が事実認定および量刑を担ってきたから、素人ならばいざ知らず、職業裁判官の判断が報道によって影響を受けることはないとの考え方が根強く存在してきた。古くは、事件に対する予断を抱いていることを理由に裁判官の忌避が求められた事案において、最高裁は、司法行政事務遂行上、「係属中の事件につきその審判にあたる裁判官がたまたま何らかの知識を得ることになっても」、事件に関して予断を抱いたことになるものではないとの判断を下しているし[4]、社会的に同一の事案について行われた民事裁判に関与した裁判官が刑事裁判の合議体の一員として関与したとしても憲法 37 条 1 項の「公平な裁判所」には反しないともしている[5]。また、

近時の刑事司法制度改革の議論のなかでも最高裁は、職業裁判官は事実認定のプロであって報道によって予断を生じないようにトレーニングされているから、少なくとも職業裁判官制度のもとで、報道が原因で事実認定者に予断が生じることはないとの前提に立っていると思われる意見を出しており、この問題に対する基本的な姿勢を変えていない[6]。

　確かに、裁判員制度の導入に伴って、センセーショナルに報道される重大事件の多くは裁判員裁判の方式で行われることが予測されるから、従来の反論は成り立たなくなる可能性はある。しかし、ドイツの議論にも見られたように、裁判員制度のもとでも、職業裁判官が裁判員を適切にリードして、裁判員が不当な予断を抱くのを防ぐことができるから、予断の発生が現実化することはないという評価がなされる可能性も依然として残されている。実際、「たとえ裁判員がマス・メディアの報道のゆえに偏見を抱いたとしても、職業裁判官がこれをコントロールする余地はアメリカよりも広い。そのことを考えても、日本では、マス・メディアの報道が理由となって被告人の公正な裁判を受ける権利の侵害が認められる可能性はかなり低いと思われる」と分析している論者も既に見られるところである[7]。

　しかし、アメリカ法の検討で見たように、アメリカにおいては多くの実証研究において報道による陪審員への影響が示唆されている。また、日本においても、弁護人や裁判官経験者から、報道を通じて職業裁判官が一定の予断を抱いた状態で審理に望んでいる場合があるのではないかとの懸念が示されている。

　さらに、日本においても、一般読者を対象とするものではあるが、犯罪報道が被疑者・被告人に対する犯人視を高める形で受け手の意識に影響を与えているとの実証研究がなされている。すなわち、五十嵐二葉は、「被疑者を真犯人と断定するトーンで詳細な事実記載の形を取って行われている現在の日本の犯罪（捜査）報道が、読者・視聴者に、捜査官憲が嫌疑の対象としている者にすぎない被疑者を、真犯人視する意識を持たせている」のではないかとの仮説を検証するために、一般市民を対象とした実験を実施した[8]。実験は、1986年に実際に起こった冤罪事件を素材として、実際の報道に類似した記事を読んだグループと、いつ、誰が、何の容疑で逮捕されたかという最少限度の事実のみを記載してできるだけ予断を排除した形で作られたモデル記事を読んだグループなど被験者をいくつかのグループに分け、反応の違いを調査するという方法によって行われた。その結果、実際の報道に類似した記事を読んだグループは、記事に書かれた人が「犯人だと思

う」と答えた割合が 52.0% であったのに対して、客観データ的な記事を読んだグループでは、37.3% にとどまった。また、被験者のうち「犯人と思う」と答えた人に、その理由を質問したところ、最も多かったのが「新聞に書かれているいくつかの事実から考えて犯人と思う」が 56.7%、「新聞が犯人と書いているのだから」が 20.0% もいた一方で、「警察が逮捕したから」は 29.3% であった。ここから五十嵐は、「民衆は新聞、とくにそれが与える詳細な事実報道の形を取る情報によって逮捕された人を犯人視するという結果が現れている」と分析している。

　もちろん、アメリカと日本との間に、報道のなされ方や刑事裁判制度の違い、あるいは刑事司法に対する市民の意識の違いなどがありうることを考慮すれば、アメリカでの実証研究の結果を直ちに日本での議論の前提に置くことは適当ではなかろう。しかしながら、アメリカにおいて、犯罪報道と事実認定者の予断との結び付きを示唆する実証研究が積み重ねられてきている事実と、日本でも現在のところまだ数としては限られているが、同様の傾向が実証的に示されつつある状況とを踏まえるならば、日本においても、犯罪報道によって事実認定者が公判前に有罪の予断を抱いてしまうという問題自体の存在を否定し去ることはできないのではなかろうか。言い換えれば、犯罪報道が裁判官や裁判員に予断を生じさせることがありうるという点について、一応の疎明はなされているといえよう。そして、適正手続を受ける権利について、一応の実証的根拠をもってその侵害が疑われる状況が存在する場合に、それ以上の確証を求め、それが示されない以上は検討の対象にしないという態度を取ることは学問のあり方として、何より基本的人権保障の重要性および不可欠性に照らして許されないといわなければならない。したがって、日本においても、犯罪報道が裁判官や裁判員に予断を生じさせることがありうるとの前提で議論を進めることは許されるし、必要でもあると思われる。

■ 3. 予断発生のおそれの判断方法

(1) 権利救済の実効性

　さらに、比較法的知見を踏まえ、権利救済の実効性の点や憲法および刑訴法の構造と照らし合わせるならば、裁判官が現実に予断を抱いたかどうかを適正手続侵害の有無の判断基準とすることが、そもそも妥当ではないように思う。

　すなわち、まず、アメリカにおいても、ドイツにおいても、事実認定者が予断を

持ったかどうかという要素だけで公平な裁判所による裁判を受ける権利が侵害されたか否かを判断してはいない。アメリカでは、「現実的予断の法理」と並行して、報道の共同体への浸透度、報道の時期、報道への国家の関与の程度、訴訟において許容されない報道の有無などを判定材料として、当該事件で行われた報道の性質そのものから予断の発生を判断（一種の擬制）する「本来的予断の法理」が併用されている。ドイツの学説においても、捜査機関の活動や公判等、刑事手続に関する情報を市民に伝える際に、被疑者・被告人をその手続段階での嫌疑の程度以上に不利に扱うこと、特に有罪が証明された犯人であると誤解されるような報道をすることを無罪推定法理違反と判断する考えが強い。要するに、アメリカ、ドイツのいずれも、報道を通じて情報を受け取った側の心理面への影響如何を問うのではなく、報道された情報の内容、性質、報道のされ方など報道した側の行為から客観的に予断発生のおそれの有無を判断しようとしているのである。

　そのうえ、かかる判断枠組みを持っているアメリカ、ドイツが実際にどのような運用をしているのかという点に目を転じてみれば、判断基準を明確にして、心理面への影響の有無を確定できないままに予断の発生が否定されるという、被疑者・被告人の権利保障にとって不利益な結果が発生しにくい制度にしても、必ずしも予断発生の（おそれの）認定が積極的に行われるとは限らず、効果的な権利救済に結び付かない可能性を否定できないといわざるをえない[9]。ましてや、事実認定者が現実に予断を抱いたかどうかを適正手続侵害の有無の判断基準にするならば、裁判所が予断の認定をすることはほとんど皆無となり、権利救済の実効性の著しく乏しい制度になることが容易に予想されるのである。

(2)　公平な裁判所による裁判を受ける権利の意義

　しかも、問題は救済の実効性の点のみにとどまらない。すなわち、現実の予断の有無を判断基準とすることはそもそも理論的に正しくないように思われる。なぜなら、憲法は「公平な裁判所」として、現実に公平でない裁判体が審理するのを防ぐこと以上の保障を被告人に与えようとしていると考えられるからである。

　刑訴法は、憲法37条1項の公平な裁判所の要求を具体化したものとして、起訴状一本主義や裁判官の忌避、管轄移転の請求等を制度化しているが、これらの制度や原則はいずれも、個々の裁判官が予断を抱いたかどうかを問わず、予断を抱くような状況の存否を客観的基準で判断し、予断を抱くような状況に裁判官が晒さ

れること自体を回避しようとしている。たとえば、起訴状一本主義は、あらかじめ裁判官が訴追側の証拠や資料に関する知識を得たうえで裁判に臨むことを防ごうとしているし、管轄移転についても刑訴法は、地方の民心等の事情により裁判の公平を維持することができないおそれがあれば、現実に裁判官が予断を抱いているか否かを問わず、検察官にその請求を義務付けている。そして、起訴状一本主義の考え方からすれば、予断排除原則は、職業裁判官が一応法律的に構成された捜査資料から当事者の主張についての知識をあらかじめ得ることさえも排除しようとしているのであるから、何らの法律的制約もなく、しかもリークに基づくなど情報の正確性に対する担保もなきに等しい情報をセンセーショナルな形で提供する犯罪報道から事件や主張についての知識をあらかじめ得たとしても公平な裁判所の憲法的要請と矛盾しないとは、なおさらいえないはずである。

　確かに、起訴状一本主義については、最近の司法制度改革、とりわけ裁判員制度導入をめぐる議論が進むなかで、再検討を迫る意見が出されている[10]。しかし、再検討を迫られているのは、訴訟開始前に一切の予備知識を得るべきではないとする点であって、これらの論者の主張も、当事者の一方のみの証拠、資料、主張を相手方が反論不可能な状態で事実認定者があらかじめ認識することまでを許容するものとは思われない。したがって、現在の刑訴法学の理論面での動きは、現在の被疑者・被告人に対する有罪視的犯罪報道のあり方が憲法37条1項に照らして問題があるとの結論を左右するものではない。

　以上に検討してきたところから、適正手続保障が侵害されたか否かは、事実認定者が現実に予断を抱いたかどうかではなく、事実認定者が被疑者・被告人に対する有罪視的犯罪報道に接したか否かによって判断されるべきであると結論付けることができるものと思われる。そして、公平な裁判所による裁判を受ける権利の保障内容をこのように理解するならば、権利侵害の有無の判断にとって決定的に重要であるのは、報道が有している偏頗性の程度であろう。報道における有罪視・犯人視が鮮明になるほど適正手続侵害の危険性は高まる。実際にどの程度まで報道のトーンが有罪方向に一方的なものになったときに侵害が現実化するのかについて具体的な基準を提示することがさらなる課題となるが、この課題の検討は、権利侵害構造の帰結部分に該当するので、犯罪報道による適正手続侵害の法的構造をめぐる他の理論的問題を解決したのちに行うこととしよう。

■ 4. 予断発生による適正手続侵害の構造

　さて、判断基準をどこに置くかという問題はともかく、いずれにせよ犯罪報道を通じて裁判官の公平性が害されたと評価される場合には、被疑者・被告人は適正手続を保障されなかったことになる。したがって、憲法31条に従い、処罰されることはないというのが論理的な結論となる。しかしながら、この結論に対しては、自ら積極的に適正手続侵害行為に加担していない国家が、私人たる報道機関が行った行為によって生じた権利侵害の責任を負わされるのはおかしいのではないかという疑問が出されるかもしれない。後に検討するように、有罪視的犯罪報道に基づく適正手続侵害に国家は積極的に関与していないとは必ずしもいえないのであるが、その点はここではさておくこととしよう。

　しかし、そもそも適正手続保障を定めた憲法31条の理解の仕方として、本条を侵害する側から捉えて国家の責任を否定するのは妥当ではないように思われる。

　憲法31条以下の適正手続条項は、望まずして刑事手続に引っ張り込まれ、刑罰という形で自らの自由・権利を最も峻厳なやり方で国家から奪われようとしている市民にとって、かかる不利益を甘受するうえで最低限保障されるべき権利である。そのような重大な不利益を受ける市民の側からしてみれば、誰が自分の権利侵害のきっかけを作ったかなどということはどうでもよいことである。換言すれば、被疑者・被告人にとっては、自らに対する手続において適正な手続が結果として保障されたかどうかが決定的な意味を持つのであり、権利侵害が発生した事情がどうであれ、権利保障がなされない以上、刑罰を受けるべきいわれはないといわなければならない。国家の側から捉えるとすれば、国家は、刑罰を科すために市民を手続に引っ張り込んだ以上、そしてその手続の結果、刑罰を科そうとする以上、引っ張り込んだ側の責任として、結果としての適正手続を被疑者・被告人に保障すべき義務を負っているということになる。

　要するに、適正手続保障の本質は、単に国家の積極的侵害行為を禁止しているというところではなく、被疑者・被告人に結果としての適正手続の保障を受ける権利を保障しているところにあると考えるべきであり、そうだとすると、侵害の原因を作ったのが報道機関であることは適正手続侵害を否定する理由にはならないというべきであろう。

　なお、念のため付言しておくと、適正手続侵害の有無の判断基準を報道機関側

の行為である報道の内容等に求めることと、原因は誰にあるにせよ結果として公平な裁判所による裁判を受けられなくなったら適正手続は保障されなかったことになるという理屈とは矛盾しない。適正手続侵害の根拠はあくまでも裁判所の公平性が害されたことである。このことと、公平性が害されたことをどうやって判断するかということとは別個の問題である。

　もちろん、事実認定者が予断を抱いたかどうかで決める、すなわち侵害の根拠と判断基準とを一致させるべきという意見もありうる。しかし、両者を一致させた場合、侵害の発生を正しく見抜けないという問題が存在するときに、より正確に侵害の有無を認識できる指標に置き換えて判断するというのも1つの知恵であり、そのようにしたからといって論理的な整合性が失われるわけではない。現に、起訴状一本主義は、公平性が損なわれたかどうかを、起訴状以外の情報を受け取った裁判所がその情報を心証形成に反映させたかどうかではなく、当該情報が裁判所に伝達されたかどうかどうかで判断しようとする制度であり、本書の主張は、現行刑訴法下の制度である起訴状一本主義の思考形式を忠実に守っているにすぎないのである。

第2節　無罪推定法理違反の意味

■1.　報道と無罪推定法理の保障との関係

　無罪推定法理の保障を有罪視的報道によって侵害される権利として位置付けることができるかどうかは、従来、争いのあるところであった。確かに、無罪推定法理の保障には、確定有罪判決まで被疑者・被告人に対してできる限り通常の市民と等しい権利・利益を保障すべきという意味付けを可能にする契機があるから、犯罪報道の場面においても同法理を適用して有罪視報道を封じられないかとの発想に至るのは当然であるといえようし、主張としてもかなりの説得力を有しているといえよう。しかし、それだけに報道関係者や報道の自由論者から、無罪推定法理の保障を犯罪報道に適用することに対する強い反発を招くことになる。そして、これらの論者から提起されている批判、すなわち、被疑者・被告人には無罪が推定さ

れるといっても、権利制約が一切認められないわけではなく、現に、刑事手続上も身体拘束をはじめとした通常の市民以上の権利制約が容認されているではないかとか、無罪推定法理の保障は刑事手続上の権利であって、刑事手続外で活動しているところの私人たる報道機関に適用するのはおかしいのではないか、といった批判[11]もまた相応の説得力を持って受け入れられている。

　無罪推定法理の保障はそれ自体かなり抽象的な内容を持つ。したがって、法理に込められた意味合いは、論者によってそれぞれ異なりうるし、上述のように、実際に大きな隔たりがある。それゆえ、かかる理論的対立を解くためには、犯罪報道との関係で無罪推定法理の保障が具体的にいかなる内実を有するのか、ということを確定させる必要があると思われる。

■ 2. 適正手続を受ける権利における無罪推定法理の保障の意義

　無罪推定法理の保障を犯罪報道による侵害から保護されるべき権利の支柱の1つと捉えているドイツにおいて、同法理の保障の侵害の本質は、報道機関が被疑者・被告人を「犯人視」する報道を行ったということよりも、むしろそのような犯人視報道を通じて社会的な偏見＝予断＝事前の有罪視的雰囲気が生じたところにあると考えられている。言い換えれば、犯罪報道との関係で無罪推定法理の保障は、被疑者・被告人の社会的評価の損失を防止し、社会の一員として認められた存在を侵されないという状態を確定有罪判決が下されるまで貫徹しようとしているのである。

　図式的にあらわせば「犯罪報道→予断の発生→無罪推定法理の保障との抵触」となる、かかる論理において、侵害の本質をなす「社会的な事前の有罪視」と無罪推定法理の保障との結び付き方について、ドイツの論者の理解はさらに2つに分かれる。

　1つは、報道機関が「犯人視」報道を行うことを通じて社会全体が被疑者・被告人に対して事前の有罪視的な予断を持ち、当該被疑者・被告人を社会から排除したり、差別したりしてしまうことが無罪推定法理の保障に反するとする理解である。被疑者・被告人側にとっては、社会から「犯人視」されることによって名誉を毀損されたり、日常生活（他の市民との正常なコミュニケーションなくして成り立たない）上の不利益を受けたりするという形で侵害が顕在化するから、かかる理解

のもとでは無罪推定法理の保障は人格権的な性格を有することになる。

　もう1つは、報道を通じて引き起こされた社会的な事前の有罪視的雰囲気に証人や鑑定人が汚染され、汚染された証言が裁判官に引き継がれることによって、あるいは裁判官自身が社会的予断に汚染されることによって、裁判官が予断を持って審理に臨んだり、証拠法則から逸脱した判断を行ったりするという形で無罪推定法理の保障を危うくするという理解である。証拠裁判主義や予断排除原則は刑事手続上の権利であるから、こちらのほうの無罪推定法理の保障の理解に従えば、無罪推定法理は被疑者・被告人の刑事手続上の権利としての性格を持つことになる。

　さて、無罪推定法理の保障を犯罪報道による被疑者・被告人の適正手続を受ける権利の侵害構造のなかでいかに位置付けるかという課題にとって注目すべきであるのは、いうまでもなく、ドイツにおいて析出された無罪推定法理の保障の2つの意味のうちの第二のほう、すなわち、「刑事手続上の権利としての無罪推定法理の保障」である。そして、上述したように、ドイツではこの意味における無罪推定法理の保障の侵害の本質を「事実認定者が予断を持つこと」と捉えていることが明らかになったが、かかる理解は日本において無罪推定法理の保障を犯罪報道による被疑者・被告人の適正手続を受ける権利の侵害論拠にしようとする場合にもそのまま当てはまるものと思われる。なぜなら、被疑者・被告人の適正手続を受ける権利としての無罪推定法理の保障は「捜査機関および裁判所から犯罪を犯した者であるという前提に立った取扱いを受けない（たとえば、拘禁中もできるだけ市民として有する権利を自由に行使できるとか、無罪の証明を求められないなど）」ことを被疑者・被告人に保障するものであり、報道機関がかかる保障を侵害しようとするならば、「捜査機関や裁判官が被疑者・被告人を犯人として取り扱うようにさせる」しかないからである。報道を使って有罪者的取扱いをさせるには、具体的には結局のところ、手続関係者、とりわけ裁判官に「予断」を生じさせるしか方途はないであろう。

　適正手続を受ける権利としての無罪推定法理の保障が犯罪報道との関連で以上のような意味を持つとすれば、その内容は「公平な裁判所による裁判を受ける権利」と重なり合うことになる。実際、ドイツの議論の分析からも、裁判官をはじめとした手続関係者が訴訟外の影響からフリーな状態で刑事手続に関与することを求める被疑者・被告人の権利は「公正な刑事手続の保障」という文脈からも導き出さ

れていることが明らかになり、その結果、公正な刑事手続の保障と無罪推定法理の保障とは手続関係者の予断の防止という点で重複し、共通の事柄を保障しようとしているとの帰結を導くことができた。犯罪報道による侵害から保護されるべき適正手続を受ける権利の具体化としての無罪推定法理の保障が公平な裁判所による裁判を受ける権利と重なり合うという理解の妥当性は、かかるドイツの議論分析によっても示されているといえよう。

■ 3. 適正手続侵害構造における無罪推定法理の保障の位置付け

(1) 公正な裁判所による裁判を受ける権利との共通性

犯罪報道による適正手続侵害の具体的な論拠としての無罪推定法理の保障が、犯罪報道が事実認定者に予断を与えることにより侵害される公平な裁判所による裁判を受ける権利と同義であるという理解を前提としたとき、言い換えれば、公平な裁判所による裁判を受ける権利と無罪推定法理の保障とは独立した2つの侵害論拠ではないという前提に立った場合、無罪推定法理の保障を侵害から保護すべき権利として前面に出すことに果たしてまたどのような意味があるのだろうか。

確かにドイツの場合は、「公正な刑事手続の保障」が司法の無瑕性あるいは裁判の権威の維持という側面から捉えられがちであるという事情があるから、権利性がより明確に徴表されている「無罪推定法理の保障」という概念で「言い換え」をすることによって、公正な刑事手続の保障も犯罪報道による侵害から保護されるべき被疑者・被告人の権利の1つであることを明らかにする必要性があるといえ、したがって、「無罪推定法理の保障の侵害」を提示することには意味があるということができよう。しかし、適正手続の保障が憲法31条に基づきまがりなりにも被疑者・被告人の権利であると理解されている日本においては、かかる観点から無罪推定法理の保障を侵害論拠として強調する意味は乏しいといわざるをえない。

(2) 権利侵害の判断基準の明確化機能

しかしながら、無罪推定法理の保障を侵害から保護すべき権利として掲げる意味は、単に公正な刑事手続の保障が権利性を持つことを明らかにするということだけにはとどまらないように思われる。なぜなら、被疑者・被告人のことを有罪が証明された犯人であると誤解させるような報道をすること、さらには捜査・訴追機関

が当該報道の時点で有している嫌疑以上に被疑者・被告人を不利に報じることを「無罪推定法理の保障に基づき」違法とするドイツの議論が示唆するように、無罪推定法理の保障を前面に出すことによって、犯罪報道との関係での公平な裁判所による裁判を受ける権利の中身を、換言すれば、権利侵害の成否を判断する指標を一層具体化することができ、同時に、具体化された基準を満たすことが憲法上の要求であることを明確化することができるからである。

　前述したように、適正手続保障が侵害されたか否かは、事実認定者が現実に予断を抱いたかどうかではなく、事実認定者が有罪視的犯罪報道に接したか否かによって判断されるべきである。そして、公平な裁判所による裁判を受ける権利の保障内容をこのように理解するならば、権利侵害の有無の判断にとって決定的に重要であるのは、報道が有している偏頗性の程度であろう。抽象的にいえば、報道における有罪視・犯人視が鮮明になるほど適正手続侵害の危険性は高まる、という関係にあるわけである。

　しかし、実際にどの程度まで報道のトーンが有罪方向に偏ったものになったときに侵害が現実化したといえるのかについて具体的な基準を示さなければ、理論的にいくら事実認定者の心理面への影響ではなくて客観的な報道内容によって適正手続侵害の有無を判断するのが正しい方法であるといえても、結局、実効的な権利救済にはつながらない。

　ところが、無罪推定法理の意味内容を公平な裁判所による裁判を受ける権利と結び付けて実質化することによって、犯罪報道との関係で公平な裁判所による裁判を受ける権利の侵害が認められるべき場合についてある程度具体的・客観的な基準を導き出すことができるように思うのである。その基準は、一言でいえば、ドイツの議論の検討から明らかになった「被疑者・被告人のことを有罪が証明された犯人であると誤解させるような報道、さらには捜査・訴追機関が当該報道の時点で有している嫌疑以上に被疑者・被告人を不利に伝える報道」ということになるが、この基準でも依然として相当に抽象的であるから、無罪推定法理の保障内容に関する従来の議論を手がかりに若干敷衍して考えてみよう。

(3)　導かれる具体的基準

　無罪推定法理の保障は、とりわけ事実認定との関係では、訴追側が全面的かつ合理的な疑いを超える高度の証明責任を負うという立証責任および証明基準の

原則としてあらわれるが、その論理的帰結として同法理は、証拠能力を有し、かつ被告人側の弾劾を経た証拠からしか有罪の心証を取ってはならないことを求めていると考えられる。

　無罪推定法理の保障について以上のように理解するならば、たとえば、調書作成過程に正確性の担保がほとんどなく、それゆえのちの裁判で証拠能力や証明力が争われる可能性を制度必然的に抱えている一方で、いったん認識されると予断を生じさせる危険性が高いという性質を有する被疑者の自白やポリグラフ検査結果などの情報をそのまま利用する報道は、適正手続侵害を肯定する方向に機能するということができるのではなかろうか。さらに、同じ性質を持つ情報としてほかに、被疑者・被告人の前科および悪性格情報、共犯者供述、被疑者・被告人の有罪を前提とした厳罰要求や一方的な人格的非難を内容とする被害者供述などを挙げることができる。いずれも、従来の刑訴法の議論において、証拠とすることに、あるいは証明力評価に慎重さを求められ、証拠法上、特別の手続や規制が課されていたり、その必要性が主張されているタイプの情報である。

　実際、アメリカにおいても、訴訟において許容されない情報のうち、被疑者・被告人の前科、自白の有無および供述内容、ポリグラフ検査の結果や当該検査を被疑者が受けることを拒否した事実の報道が予断の有無の判断に当たって特に重視されているのは既に見たとおりであり、これらの類型の情報の裁判外ルートを通じた伝達に対して特別な法的効果を与えようとするのは、故なきことではない。また、このように、適正手続侵害をもたらす犯罪報道をその規模や報道された情報の種類によって類型化し、判断を客観化するという手法も、アメリカの本来的予断法理やドイツの無罪推定法理の保障に従った判断方法において取られているやり方であり、比較法的にも見ても、決して成り立たない考え方ではない。

⑷　小括

　以上のように、適正手続を受ける権利としての無罪推定法理の本質をきちんと踏まえたうえで、この法理を刑事手続における「公平さ」を判断する指標と捉えるとき、すなわち、「公平な裁判所」を「無罪推定法理の基準に沿わない外的な情報から影響を受けたとの疑いを抱かれることのない裁判所」と捉えるとき、同法理を前面に出すことに独自の意義が生まれるだろう。しかし、無罪推定法理が人格権的側面と適正手続保障権的側面との二面性を有することを意識せずに漫然と「犯

罪報道は無罪推定法理に反する」と述べるだけでは、無罪推定法理を侵害論拠として前面に出す意義が失われてしまうばかりか、かえって次に検討する私人間効力論をめぐる争いに巻き込まれてしまうことになりかねない。

第3節　報道機関に対する適正手続を受ける権利の「適用」

■ 1. 適正手続の保障と私人間効力論

(1) 問題の構造

「犯罪報道は無罪推定法理の保障に反する」という主張に対して、従来、マスメディアは常に反発してきた。しかし、前節で見たとおり、ここでいう無罪推定法理の保障が「刑事手続上の権利としての無罪推定法理」のことを意味するならば、報道機関が直接、無罪推定法理の保障を侵害することは理論上ありえないから、マスメディア側の「無罪推定法理の保障は私人である報道機関には適用されない」との反論は、当たり前のことを述べているにすぎないということになる。

他方、適正手続条項が被疑者・被告人の側から捉えられるべきであるとするならば、被疑者・被告人は適正な法定手続によらなければ刑罰を科せられない結果としての権利を持つことになる。言い換えれば、被疑者・被告人は適正な法定手続を受ける権利を誰からであれ侵害されず、万一、侵害された場合には刑罰を科せられない権利を持つ。したがって、犯罪報道が原因となって刑事手続上の権利としての無罪推定法理の保障が侵害された場合にも、権利侵害の救済として取りうる唯一の方法は、被告人の処罰を断念することになる。そして、議論が被告人の処罰の是非にとどまる限り、仮に、報道機関が無罪推定法理の保障を間接的に侵害したとしても、報道の自由に何らの制約がかかるわけでもないから、やはり、マスメディアとしては、無罪推定法理の保障の報道機関への適用如何を論じる必要を感じないはずである。

しかし、容易に想像がつくように、実際には、議論は被告人の処罰の是非の点にとどまらない。なぜなら、かかる結論が国家にとって承服しがたいことは明らか

だからである。国家としては、国家自らが何らかの違法行為を行い、適正手続から逸脱した結果、刑罰権の実現が妨げられるというのであればやむをえないものとして甘受するとしても、国家とは別のアクターの行為が原因で適正手続が保障できなくなり、処罰が妨げられるいわれはない。しかし、被疑者・被告人としても、自らの適正手続を受ける権利が侵害されているにもかかわらず、そのことを無視して処罰されなければならないいわれはない。とすれば、このような不合理な事態を解消するために、国家が、適正手続の侵害を招来する行為を行う第三のアクターに対して、当該行為を禁止したり、を当該行為が取れないような環境条件のもとにアクターを置いたりしようと考えるのは自然の成り行きであろう。その結果、当該アクターの基本的人権が制約され、第三のアクターの視点からは、適正手続条項があたかも私人である自らに適用され、自らの基本権が侵害されたような状況が作り出されてしまう。以上の構造に、適正手続条項が私人間に適用できるのかという議論が展開される契機がある。

本節では、私人間効力論をめぐる以上のような複雑な問題構造に鑑み、改めて「犯罪報道による被疑者・被告人の適正手続を受ける権利の侵害」における国家、報道機関、被疑者・被告人相互の理論的な位置付けを明らかにすることを試みることとしたい。

(2) 私人間効力論の標準型

適正手続を受ける権利に私人間効力論あるいは基本権保護義務論が適用されるか否かということを論じるためには、まず私人間効力論および基本権保護義務論が当てはまる典型的な場合を「標準型」として示しておく必要があろう。ここでは、「私人Yが表現の自由を行使することによって私人Xの名誉（人格権）を侵害する」という場面を考えてみよう。

いわゆる間接適用説に立った場合、かかる現象は次のように説明されることになる。

①人格権は憲法上の基本権であり、本来は国家と私人との関係を規律するものである。つまり、人格権から生じる本来の命題は、「国家は私人Xの人格権を侵害してはならない」であり、同時に「私人Xは国家に対して自己の人格権を侵害しないように法的に求めることができる」あるいは、「国家による人格権侵害に対して、国家に法的責任を問うことができる」である。

②私人Yに対して憲法は直接には何も命じていないが、民法の一般条項に①の命題が取り込まれる結果、私人Yにも民法に基づいて次の命題が当てはまることになる。すなわち、「私人Yは私人Xの人格権を侵害してはならない」のであり、これに応じて「私人Xは私人Yに対して自己の人格権を侵害しないように法的に求めることができ」あるいは「私人Yによる人格権侵害に対して私人Yに法的責任を問うことができる」。

そして、基本権保護義務論は、私人Xが私人Yに対して法的な請求権を持つことに注目して、この命題を国家の側から捉えなおしたものである。すなわち、「国家は、私人Xの人格権を侵害しないという私人Yの法的義務を私人Yに守らせる義務がある」あるいは「国家は、私人Yによる私人Xの人格権侵害に対して私人Yに法的責任を課す義務がある」というふうになる。

③私人Yによる私人Xの人格権侵害は私人Yの表現の自由という基本的人権の行使の結果生じるものであるから、命題②は無限定に私人Xの人格権保護を命じるのではない。私人Yによる基本権行使との間で利益衡量が行われることになる。基本権保護義務論は、この利益衡量に、私人Xの人格権の過少保護の禁止と私人Yの表現の自由への過剰介入の禁止という基準を与えるという機能を果たす。

■ 2. 公平な裁判所による裁判を受ける権利と私人間効力論

(1) 公平な裁判所による裁判を受ける権利の侵害主体

さて、私人間効力論が以上のような特徴を持った理論であるとすれば、繰り返し述べてきたように、この理論を被疑者・被告人の適正手続を受ける権利としての「公平な裁判所による裁判を受ける権利」に当てはめることはできないといわなければならない。その理由は、公平な裁判所による裁判を受ける権利の性質を考えれば明らかである。

公平な裁判所による裁判を受ける権利は、事前の有罪視的心証を持たない事実認定者＝裁判所によって裁かれることを被疑者・被告人に保障している権利である。間接適用説に即して国家の側から捉えなおせば、この権利は、裁判所＝国家に対して「事前の有罪視的心証を持って裁判に臨み、判決を下してはならない」ことを命じているということができる。とすれば、かかる権利を保障することができ、したがってまた侵害することができる主体は「裁判官」ないし「裁判員」に限られる

はずである。報道機関ができることは、事実認定者に侵害させることだけである。
　仮にこの権利に間接適用説を無理に当てはめるとすれば、「私人Y（＝報道機関）は事前の有罪視的心証を持って裁判に臨み、判決を下してはならない」ということになる。しかし、このような命題が成り立たないことは説明するまでもないだろう。報道機関に判決を下す権限など与えられていない。

(2) 報道規制の法的位置付け

　ところが、裁判官はかかる予断を持つことを防止するために、私人＝報道機関に対して「裁判官に予断を生じさせるような行動をしないこと」を法的に命じることがありうる。そして、この法的命令こそがまさに曲者で、かかる場合には報道機関は「公平な裁判所による裁判を受ける権利」を根拠とした法的規制を受けることになるから、一見すると憲法規範が私人間に適用されたように見えるのである。
　しかし、名誉権の場合と比較して考えるとそうではないことが分かる。すなわち、名誉権の場合は、「国家が名誉を侵害しない義務」を履行するために「私人Yが名誉を侵害しない義務」が生じるのではなく、「国家が名誉を侵害しない義務」と「私人Yが名誉を侵害しない義務」とは互いに独立して存在している。これに対して「公平な裁判所による裁判を受ける権利」に基づく法的規制の場合は、あくまでも「公平性を保つ」という国家自身の義務を果たすための手段として私人Yの権利侵害「的」な行動が規制されるのである。つまり、私人Yによる予断を生じさせるような行動自体は「公平な裁判所による裁判を受ける権利」の侵害を構成しないのである。私人Yの行動の結果、国家が公平な裁判所による裁判を被疑者・被告人に提供できなかったことだけが侵害の内容をなす。だからこそ、名誉権の場合、被疑者・被告人は私人Yに対して差止めや損害賠償請求をすることになるが、公平な裁判所による裁判を受ける権利の場合には、被疑者・被告人は国家が自らにこの権利を保障してくれるのを待っていればよいという帰結になるのである。そして、国家が保障を与えてくれなかったら（その原因が私人Yにあろうと）被疑者・被告人は刑事手続から解放されるのである。

(3) 国家の義務

　なお、私人間効力論の当てはめの問題からは逸れるが、「公平な裁判所による裁判を受ける権利」から、国家に対しては「国家（この場合は捜査・訴追機関が

主な主体である）は裁判官に予断を生じさせるような行動をしてはならない」という別の義務も生じる[12]。こちらの義務も基本的にはやはり「国家（裁判所）が公平性を維持する義務」を根拠として、かかる義務を実現するための手段としての意味を持つものである。ただし、被疑者・被告人に適正な手続を提供する義務のある国家が自らその適正さを破壊する権限があると考えることは背理であり、したがって、「国家が公平な裁判所による裁判を提供する義務」は当然に「裁判官に予断を生じさせるような行動を国家自らが取ることの禁止」を内包していると考えるべきである。要するに、国家による侵害の禁止は、私人に向けられた「侵害の禁止」のように「国家（裁判所）が公平性を維持する」という目標達成に必要がある場合に限って選択されるという筋合いのものではなく、公平性を阻害しないこと自体もまた「公平性維持義務」の一環をなすのである。

(4) 社会復帰権の侵害 —— 無罪推定法理の保障の侵害のもう1つの意味

公平な裁判所による裁判を受ける権利に対する間接適用説のもう1つの当てはめ方として想定されるのは、この権利から「私人Yは裁判に基づかないで私人Xを有罪である者として取り扱ってはならない」との命題を導き出すというやり方である。こちらの命題であれば、確かに私人も「権利侵害者」になることができる。しかし、ドイツの議論において確認されたように、「被疑者・被告人が社会において有罪者扱いされない」という命題はむしろ社会復帰を求める人格権の内容をなすものであり、したがって、公正な刑事手続を受ける権利とは異なる種類の権利から出てくる命題なのである。

(5) 権利侵害の効果

さらに、権利侵害が発生した場合の効果という点でも、「公平な裁判所による裁判を受ける権利」は通常の間接適用説とは異なる。権利侵害が発生した場合、つまり事前の有罪視的心証を持って裁判官が裁判に関与したと判断される場合、かかる事態は適正手続違反にあたるから、裁判官の忌避や裁判の場所的移転などの方法を使って、あくまで当該刑事手続内で権利の回復を図らなければならないし、仮に権利の回復が保障できなければ処罰をあきらめるしかない。要するに、この権利の保障に対して責任を取ることのできる主体は国家に限定されるのである。

仮に、裁判官に予断を生じさせるような行動を取った報道機関の処罰や、そのよ

うな報道機関に対する（懲罰的）損害賠償請求が認められるとしても、それらのサンクションは刑事手続上の権利侵害に関しては将来の手続に対する不当な行為を予防する効果を発揮することができるにすぎず、当該被疑者・被告人の適正手続を受ける権利の侵害の回復にとっては何ら役に立たない。すなわち、報道機関を処罰させ、あるいは懲罰的賠償金を得たところで、刑事手続上何らの措置も取られないまま処罰されたのでは、被疑者・被告人の適正手続を受ける権利は侵害されたままになるのである。

(6) 基本権保護義務論からの検証

以上の検討から、公平な裁判所による裁判を受ける権利に私人間効力論（間接適用説）を及ぼすことはできないことが明らかになったものと思われる。そこで次に、公平な裁判所による裁判を受ける権利に基本権保護義務論を及ぼすことができるか否かという問題に移ろう。

間接適用説との対応関係から離れて「公平な裁判所による裁判を受ける権利」を考えるならば、「国家は公平な裁判所による裁判を受ける権利を被疑者・被告人に提供する義務がある」という国家に対する規範命題をストレートに導き出すことができる。しかしながら、この場合に国家が被疑者・被告人に対して負う権利の保障義務は、いわゆる基本権保護義務とは異なる。

すなわち、公平な裁判所による裁判を提供する義務は、文字どおり「公平な裁判所による裁判」という状態を国家が責任を持って被疑者・被告人に提供することまでを国家に義務付けているのに対して、基本権保護義務論の場合には、国家が負うべき義務は被侵害私人が他の私人による基本権侵害を阻止しようとしたり、侵害によって生じた損害の回復をしようとしているときに、それらの実現を可能にする法的な手段を用意しておくことにとどまるのである。

また、両者の違いは権利侵害が発生した場合に求められる国家の対応にもあらわれる。すなわち、基本権保護義務論に従えば、国家は被侵害私人による侵害私人に対する損害賠償請求権を認め、この権利の実現のための法制度を用意しておけば足りるが、公平な裁判所による裁判を受ける権利の場合には、提供できなかった責任は全て国家が取らなければならず、何らかの刑事手続上の手段を使って改めて公平な裁判所を提供しなおすか、あるいは処罰を断念しなければならないのである。

要するに、「公平な裁判所を提供する義務」は結果までを要求するという意味でまさに「提供する義務」であるのに対して、いわゆる基本権保護義務はいわば「私人が自己の基本権を守るための手段を与える義務」と性格付けられるといえよう。そもそも、基本権保護義務論が、「私人Yによる私人Xの基本権の侵害によって生じた紛争のX—Y間での解決を基本権に基づいて行う」という命題を前提としたうえで、権利侵害の阻止あるいは回復を実効的なものにするためになされる国家の介入をいかにして正当化するかという課題に応えるために生み出された論理であることに思いを致せば、基本権保護義務論が以上のように性格付けられることは当然の帰結であるといえよう。

■ 3. 弁護人の有効な援助を受ける権利と私人間効力論

(1) 公平な裁判所による裁判を受ける権利の適正手続権上の位置

さて、以上に述べてきたような公平な裁判所による裁判を受ける権利の特質は、公平な裁判所の保障に備わった特殊な性質なのだろうか。それとも、適正手続を受ける権利に普遍的に備わっている特徴なのであろうか。仮に、公平な裁判所による裁判を受ける権利が、適正手続を受ける権利のなかでも特異な存在であるとしたら、公平な裁判所の保障についてなぜそのような特殊な性質を認めることができるのか、という点の説明がさらに必要になる。そこで、次に、事実認定者の予断とは関係のない適正手続上の権利として「有効な弁護を受ける権利」を例に挙げて、「公平な裁判所による裁判を受ける権利」と同じように私人間効力論との関係を検討し、「公平な裁判所による裁判を受ける権利」の法的性格を最終的に確定させることにする。

(2) 弁護人の援助を受ける権利による検証

憲法34条の弁護人の実質的な援助を受ける権利は、従来、まず接見交通権との関係で、国家に対して「被疑者・被告人が弁護人の援助を受ける権利を侵害しない義務」を課していると捉えられてきた。この命題は、被疑者・被告人が弁護人の援助を受けようとするときに国家が邪魔をして援助を受けられないようにすることを禁止するものである。したがって、名誉権などの人格権の場合と同様に、国家を私人Yに置き換えた命題を作ることができる。

すなわち、まず「私人Yは被疑者・被告人による弁護人の援助を受ける権利の行使を邪魔してはならない」という命題が論理的に成立し、次いで憲法34条が私人に適用されるか否かという問いが立てられ、間接適用説などを経て実際に私人Yに対してかかる法的な規範を課すことになる。もちろん、マスメディアをはじめとする私人の基本権行使によって被疑者・被告人が弁護人の援助を受けられなくなるという事態が名誉権侵害の場合のように日常的に発生するとは考えられないが、理論的にはありうる事態である。しかも、麻原被告人による弁護人の選解任をめぐって、報道合戦や弁護人に対する過剰な密着取材が行われたり[13]、あるいはオウム事件関係の被告人の弁護活動を糾弾するような報道がなされたりしているオウム事件などの経験を踏まえれば[14]、かかる事態は現実にも十分に起こりうることが明らかになるだろう。

　しかしながら、以上の考察から直ちに弁護人の援助を受ける権利に私人間効力論を当てはめることができるという結論が得られるわけではない。なぜなら、実際に私人の行動によって弁護人の援助が受けられなくなってしまった場合の対応方法が異なるからである。

　すなわち、通常の私人間効力論によれば、権利侵害が生じた場合に賠償などを行って侵害の回復を図る義務があるのはあくまでも私人である。しかし、弁護人の有効な援助を受ける権利の場合、侵害私人がいくら被害回復に努めても刑事手続上の適正さが回復するわけではない。弁護人の有効な援助を再び受けられるように何らかの手段を講じる責任は国家にあるのであり、またかかる手段を取ることのできる主体も国家に限られる。さらに、刑事手続上の適正さが回復できなければ、国家は処罰を断念しなければならない。要するに、私人Yは国家と同じ形で憲法規範を課されているわけではないのである。

　このように、弁護人の援助を受ける権利が、権利侵害に対する法的責任主体は国家に限られるという性質を持っているということは、次のことを示しているといえよう。すなわち、この権利の保障の本旨は「国家には被疑者・被告人に対して弁護人による有効な弁護を提供する義務がある」というところにあり、したがって、「弁護人の援助を受けられなくなるような邪魔をしてはならない」という命題は、むしろ国家による有効な弁護の提供義務を果たす手段としての義務と見るべきであるということである。

(3) 弁護人の援助を受ける権利と私人間効力論

さて、弁護人の援助を受ける権利の以上のような理解を前提とすれば、この権利に間接適用説を当てはめることはできないという結論に至ることは明らかであるが、かかる理解は同時に、この権利が公平な裁判所による裁判を受ける権利と同一の権利構造を持っているということも明らかにしているように思われる。すなわち、弁護人の援助を受ける権利は国家に対して、「被疑者・被告人に対して弁護人による有効な弁護を提供する義務」を課したものであり、かかる義務を果たす手段として国家は、国家自身に対して、被疑者・被告人をして弁護人の十分な援助を受けられなくするような行為をしてはならない（たとえば接見妨害の禁止）という禁止規範を課し、私人にも同様の行為をしてはならないという禁止規範を課すということになる。

ただし、公平な裁判所による裁判を受ける権利の保障のところでも述べたように、「被疑者・被告人に対して弁護人による有効な弁護を提供する義務」を課された国家自らが「有効な弁護の提供を邪魔する権限を持っている」と考えることは背理であり、「有効な弁護を提供する義務」は当然に「有効な弁護の提供を邪魔しない義務」を内包していると考えるべきである。それゆえ、私人に対する禁止規範の賦課は有効な弁護を提供する義務を果たすために国家が取る1つの手段にすぎず、したがって手段として選択されないこともありうるが、国家による侵害の禁止は有効な弁護を提供する義務から必然的に導き出されるものであり、両者の義務付けの論理は異なるのである。

(4) 弁護人の援助を受ける権利と基本権保護義務論

以上のように、弁護人の援助を受ける権利と公平な裁判所による裁判を受ける権利との構造が同一であるとすると、間接適用説のみならず基本権保護義務論もまた弁護人の援助を受ける権利に当てはめることはできないという結論が容易に導かれる。なぜなら、弁護人の有効な援助を提供する義務は、侵害私人を相手に自己の権利の侵害の阻止あるいは損害の回復を図ることを可能にする法的な手段を被疑者・被告人に提供することではなく、結果として「弁護人による有効な援助を受けることができる」状態を被疑者・被告人に保障することを国家に義務付けているからである。換言すれば、そもそも刑事手続上の権利は基本権保護義務論が妥当する条件を欠いているということである。すなわち、基本権保護義務論

は私人間の権利義務関係の存在を前提として組み立てられているが、刑事手続上の権利の場合には、そもそも私人間での損害回復を図ることは不可能なのである。弁護人の援助を受ける権利の場合も、たとえ私人の行為が原因であったとしても、弁護人による有効な援助を提供できなければ、その責任は国家が負うよりほかないのである。

■ 4. 結論

　以上の検討から、被疑者・被告人の適正手続を受ける権利は基本的に同一の構造を持ち、共通して私人間効力論およびその発展型としての基本権保護義務論は当てはまらないということが許されよう。刑事手続上の権利に関して被疑者・被告人は、結果としての適正な手続を国家から提供される権利を持ち、かかる権利の提供が国家からなされない限り処罰されることはないという形で国家の義務は果たされるから、私人間の権利義務関係を前提とする基本権保護義務とは保護の意味が異なる。
　要するに、刑事手続において被疑者・被告人は適正な手続を確保するべく自ら積極的に行動するといった負担を負う必要はなく、適正手続を確保するための労力は、全て手続に引っ張り込んだ側の国家が負担すべきなのである。
　ただし、繰り返し述べてきたように、無罪推定法理の保障をはじめとする刑事手続上の権利に私人間効力論が当てはまらないとしても、報道機関は、たとえば有罪視報道を通じて裁判所に予断を生じさせることによって無罪推定法理の保障・公平な裁判所による裁判を受ける権利を侵害させることはできるから、国家が、適正な手続を確保するという自らの義務を履行するために必要な手段として、報道機関に対して一定の法的規範を課すということはありうる。したがって、報道機関には刑事手続上の権利としての無罪推定法理の保障は適用されないという、主としてジャーナリストから出される批判は、被疑者・被告人に無罪推定法理および公正な刑事裁判を保障するためにマスメディアに対して法的な規制がかかりうることに対する有効な反論にはならない。

　　1　松本一郎「犯罪報道と刑事手続」ジュリスト852号（1986年）105頁以下。

2　三井明「誤判と裁判官」判例タイムズ528号（1984年）17頁。
3　田中輝和「刑事『事件報道』の実態と刑事訴訟法――東北の三大再審無罪事件の場合」東北学院大学論集・法律学27号（1985年）11頁、16頁。
4　最決昭和49年7月18日・判例時報747号45頁。
5　最決昭和31年9月25日・刑集10巻9号1382頁。
6　司法制度改革審議会に提出された最高裁判所「国民の司法参加に関する裁判所の意見」月刊司法改革15号（2000年）120頁参照。
7　松井茂記「公正な裁判を受ける権利と取材・報道の自由」阪大法学53巻3＝4号（2003年）247頁。
8　五十嵐二葉「犯罪報道が読者・視聴者に与える被疑者＝犯人視効果」新聞研究510号（1994年）58頁以下。同種の調査として、参照、五十嵐二葉「犯罪報道が読者・視聴者に与える被疑者＝犯人視効果――大学生対象のプリテスト結果」法社会学46号（1994年）222頁以下。
9　1960年代以降のアメリカにおいて、裁判所が被告人の権利救済をすることに対して消極的な姿勢に転化したと指摘するものとして、see, Brandwood, Notes, You Say "Fair Trial" and I Say "Free Press" : British and American Approaches to Protecting Defendant's Rights in High Profile Trials, 75 N.Y.U.L.Rev. 1412, 1429-1430(2000).
10　酒巻匡「刑事裁判の充実・迅速化――争点整理と証拠開示手続の構築」ジュリスト1198号（2001年）148頁、佐藤幸治＝竹下守夫＝井上正仁『司法制度改革』（有斐閣、2002年）140頁〔井上発言〕。
11　飯室勝彦「捜査と報道――その生理と病理（3・終）」捜査研究538号（1996年）52頁以下、天野勝文＝梓澤和幸＝井内康文＝清水建宇「〈座談会〉『事件報道と人権』の現在」新聞研究513号（1994年）21頁以下〔井内、清水〕。
12　この点を指摘するものとして、参照、北村肇『腐敗したメディア――新聞に再生の道はあるのか』（現代人文社、1996年）195頁。
13　朝日新聞1995年10月26日付朝刊。特に、1面の写真および写真説明参照。
14　毎日新聞1995年4月15日付朝刊の社説、読売新聞1995年6月2日付朝刊の社説、萩原健「刑事弁護士の職責」法学セミナー494号（1996年）35頁以下、五十嵐二葉「公判報道のゆがみをさらに広げるな」新聞研究537号（1996年）69頁、渡辺脩『刑事弁護雑記帳――麻原弁護に至るまで』（日本評論社、1998年）206頁以下。また、神戸連続児童殺傷事件においても、弁護活動を阻害しかねない過剰な取材や弁護人（付添人）に対する嫌がらせがあったことについて、参照、野口善國『それでも少年を罰しますか』（共同通信社、1998年）。

第11章 ◇ 適正手続を保障する法的手段

第1節　手続打切りとの関係

■ 1．量刑上の考慮の是非

　事実認定者に予断を生じさせるような犯罪報道が行われ、事実認定者が法廷外情報を得ることによって、公平な裁判所による公正な裁判を受ける権利が侵害されるという事態が発生した場合、国家として、かかる適正手続を受ける権利の侵害を放置しておくことは、許されない。感情的に如何に納得がいかなくても、私たちは、適正手続を受ける権利を保障しないままに当該被告人を処罰することはできないという結論を受け入れなければならない。
　この点、ドイツにおいては、量刑上考慮することで対処するという選択がされている。そこで、日本においても、処罰が是か非かという硬直的な二者択一論ではなく、量刑によって柔軟に対応することができないのかとの疑問が生じるかもしれない。
　確かに、予断を誘発する犯罪報道さえなければ有罪にできたかもしれない被告人の処罰を断念するという結論を受け入れるのには、困難が伴う。ドイツが手続打切りを避けて量刑上の考慮で対処しようとするのも、またアメリカが本来的予断法理および現実的予断法理を確立しつつも、特に1970年代以降、実際の適用に対して極めて消極的であるのも、「劇薬的対応」に対する躊躇のあらわれと見ることもできよう。

しかし、それでもなお本書は、量刑上の考慮による対処は、犯罪報道による権利侵害に対する対応方法として取りうる手段ではないとの結論に達せざるをえない。なぜなら、既に指摘したように、量刑上の考慮は認めるが、訴訟障碍事由による手続打切りは認めないというドイツの考え方は論理内在的に矛盾を抱えているからである。そしてなにより、「量刑上の考慮」という方法で適正手続侵害に対する解決を図ろうとすることは、憲法31条に定める被疑者・被告人の適正手続を受ける権利の考え方と合わないからである。憲法31条は、憲法が要求するレベルの適正さを持った手続を被疑者・被告人に保障し、要求されたレベルの保障を与えることができなかった場合には国家は刑罰権を失うと定めている。したがって、判断されるべきは、かかる手続を被疑者・被告人に保障したか否かという点である。量刑の問題は、適正手続が保障され、国家に刑罰権の行使が認められたのちにはじめて、認められた刑罰権をどのように行使するかという形で考慮の対象とされるのである。
　しかるに、適正手続違反を量刑上考慮するという考え方は、まず、いついかなる場合にも刑罰権があると措定したうえで、適正手続の侵害度に応じて刑罰権の行使できる部分を割り引こうとするものであり、判断の順序を不当に逆転させた論理であるといわざるをえないのである。

■ 2. 手続打切りの必要性

　処罰の断念は、具体的には、公訴棄却による手続打切りが活用されることになろう。日本の手続打切り論においては、従来は、捜査・訴追側が積極的に被疑者・被告人の適正手続を受ける権利を侵害した場合の処理が議論の中心であった。しかし、訴訟能力の欠如を理由とした手続打切りをめぐる議論の発展が示すように、捜査・訴追側が積極的に適正手続侵害を行っているとはいえないが、結果的に被疑者・被告人の適正手続を受ける権利を保障できない事態が発生した場合にも、訴訟障碍事由を認めて手続を打ち切ることができるとの考え方が台頭しつつある[1]。
　実際、いくつかの事例において、耳が聞こえず、意思疎通が困難な被告人について、訴訟能力の回復不能を理由とした手続打切りの可能性が追求され、そのうちの1つの事案では、公訴棄却による手続打切りを認める判決が出された[2]。この判決は最終的には最高裁で覆されたが[3]、最高裁においても、真に訴訟能力が回

復不能である場合には手続打切りも可能であるとする千種秀夫裁判官の補足意見が付された。開かれた訴訟条件として、犯罪報道が原因となって結果的に生じた適正手続侵害を理由とする公訴棄却の可能性を追求する機は熟しつつあるのではなかろうか。

さらにいえば、報道を原因とする適正手続侵害の場合、捜査機関が積極的に侵害行為に関与していないかどうかということ自体に、疑問の余地がある。ドイツやアメリカでも指摘されていることだが、情報源の多くを捜査機関からの公式・非公式の情報提供に頼っている報道機関が、予断排除原則を無意味なものにし、公平な裁判所による裁判を受ける権利を侵害するような報道をしているのだとしたら、それはとりもなおさず捜査機関がそのような性質の情報を提供しているということを意味しないだろうか。詳しくは後述する第4節で検討するが、予断排除原則を無にするような情報提供活動が捜査機関によって行われているとすれば、手続打切りを認めるべき根拠は一層強く存在するといえるだろう。

第2節　刑事手続側の対応手段

■ 1. 予断発生防止手段の検討の必要性

事実認定者に予断を生じさせるような犯罪報道が行われ、事実認定者が法廷外情報を得ることによって、公平な裁判所による公正な裁判を受ける権利が侵害されるという事態が発生した場合に刑事手続を打ち切るのは、適正手続保障を貫徹するためにやむをえない対応であるが、決して望ましいわけではない。被疑者・被告人にとっても、国家・社会にとっても、本来は、適正手続を受ける権利が侵害されることなく、はじめからきちんと保障されるほうが望ましいのはいうまでもない。したがって、犯罪報道と適正手続をめぐる議論は、事後的救済にとどまらず、犯罪報道による適正手続侵害の発生を防止するための法的対応手段の検討に進む必要がある。

法的対応手段の検討は、もちろん適正手続侵害の防止効果を計りながら行わなければならないが、同時に、犯罪報道は報道の自由という憲法21条で保障され

る基本的人権の行使であるから、適正手続を保障するための法的手段が不必要に報道の自由や知る権利を制約することになってはならない。したがって、日本においても、手段の検討は、まず、刑事手続側での対応から始める必要がある。

■ 2. 予断を有する事実認定者の排除(1) —— 裁判官の場合

有罪視的犯罪報道が行われて、有罪の予断や被告人に対する偏見を有するに至った事実認定者が存在すると考えられる場合に、当該事実認定者を刑事手続から排除することができれば、刑事手続が予断に汚染されることを防ぐことができる。このような考え方に基づき、ドイツにおいては裁判官の忌避制度が、またアメリカにおいては陪審員選択手続における理由付き陪審員忌避 (challenge for cause) および専断的陪審員忌避 (peremptory challenge) の活用可能性が模索されていることは既に見たとおりである。日本においても、同様に考えて、予断を持った事実認定者を排除する方法はないであろうか。その実効性はどうであろうか。

この点、刑訴法21条1項は、「裁判官が……不公平な裁判をする虞があるときは、検察官又は被告人は、これを忌避することができる」と定めており、本条を活用して、予断を抱いている裁判官の忌避を請求することが考えられよう。本条項については確かに、判例は、社会的に同一の事件に関する民事裁判に関与したことや[4]、司法行政事務遂行上、担当している事件の関係資料を読み知識を得たこと[5]は不公平な裁判をするおそれがあるときにはあたらないと判断しているから、事実認定者が裁判外で当該事件に関する情報を得たからといって直ちに予断排除原則に反するとは考えていないようである。したがって、これらの判例を前提とする限り、少なくとも、訴訟手続における裁判官の言動や態度などから、報道を通じて裁判官が予断を抱いていることを具体的に明らかにする必要があるということになりそうである。ところが、他方で、最決昭和48年10月8日は、「訴訟手続内における審理の方法、態度などは、それだけでは直ちに忌避の理由となしえない」と判断している[6]。それゆえ、以上のような判例の考え方をあわせると、予断的報道による汚染を理由として忌避が認められる可能性はほとんどないということになりかねない。

しかし、そもそも忌避が認められる場合をこのように狭く解すべきではない。また、最決昭和48年10月8日は、公判期日において弁護人が裁判長の在廷命令を無視して退廷したのちに再入廷しようとしたのを許可しなかったなどの法廷警察

権の行使をめぐるトラブルを理由に忌避請求がなされた事案であって、犯罪報道の場合に直ちに当てはまるとは思われない。現に、この決定自体、裁判官が訴訟手続外において既に事件につき一定の判断を形成しているなど、手続外の要因により裁判官が客観性のある審理をできない場合には忌避の理由になる旨、判示している。したがって、仮に判例を前提にするとしても、訴訟手続内における裁判官の言動や態度を手続外で予断を抱いたことの徴表として示すというやり方で、忌避を求めることは可能であるように思われる。

　ただし、刑訴法22条は、「事件について請求又は陳述した後には、不公平な裁判をする虞があることを理由として裁判官を忌避することはできない」と規定しているから、さらにこの点が問題になりうる。しかし、同条は、「忌避の原因があることを知らなかつたとき、又は忌避の原因がその後に生じたときは、この限りではない」という但書を置いているから、裁判官の言動によってはじめて当該裁判官が予断を抱いていることが明らかになったような場合には、忌避申立権は消滅していないと解することができ、またそのように解すべきであるように思われる。

■ 3.　予断を有する事実認定者の排除(2)──裁判員の場合

(1)　裁判員法における不選任制度

　さらに、従来、日本においては、裁判への市民参加が制度化されていなかったために、アメリカにおける陪審員忌避を応用して、予断を持っている（おそれのある）事実認定者を手続から排除するという方法は考えられなかった。しかし、裁判員制度の導入によって、かかる手段の活用可能性も現実性を帯びてきている。

　すなわち、裁判員法は、まず18条で、「裁判所がこの法律の定めるところにより不公平な裁判をするおそれがあると認めた者は、当該事件について裁判員となることができない」という一般的規定を置いている。そして、裁判所が個々の裁判員について不公平な裁判をするおそれがあるかどうかを判断するために、裁判員等選任手続に先立ち、裁判員候補者に対して事前に質問票を送付し、質問票のなかに必要な質問を盛り込むことができる（裁判員法30条1項）。さらに、裁判員等選任手続においても、同様の判断をするために必要な質問をすることができる（同34条1項）。また、裁判員等選任手続においては、検察官、被告人または弁護人も、裁判長に対して、裁判員候補者が不公平な裁判をするおそれがないかどうか等を

判断するために必要と思料する質問をするように求めることができ、質問をするように求められた裁判長は、「相当と認めるときは、裁判員候補者に対して、当該求めに係る質問をするものとする」と定められている（同34条2項）。そして、裁判所は、質問に対する裁判員候補者の陳述などから、当該候補者が不公平な裁判をするおそれがあると認めたときは、両当事者の請求に基づき又は職権で、当該候補者について不選任の決定をしなければならない（同34条4項）。

　一方、検察官および被告人は、裁判員候補者について、それぞれ4人（裁判官1名と裁判員4名からなる小裁判体の場合は3人）を限度として理由を示さずに不選任の決定を請求することができる（同36条1項）。この場合には、裁判所は自動的に当該候補者の不選任の決定をすることになる（同36条3項）。したがって、両当事者は、不公平なおそれがあると思料するが裁判所によって最終的に「おそれ」が認められず裁判員法34条4項に基づく不選任が適わなかった候補者についても、一定数まで、本条に規定された理由を示さない不選任請求権を行使することによって、事実認定者に入ることを阻止することができるのである。

(2)　不公平な裁判をするおそれの認定基準

　このような不選任制度は、アメリカの陪審制度において採用されている理由付き陪審員忌避および専断的陪審員忌避に類する制度であり、予断を有する事実認定者を排除するための有効な手段となりうる。しかし、裁判員法における不選任制度が、実際にどの程度、予断・偏見を有する裁判員候補者を排除する機能を果たすことができるかどうかは、裁判所の運用のあり方に左右されるという要素を多く残している。言い換えれば、本制度が所期の目的どおりの機能を発揮し、予断を有するおそれのある裁判員候補者を適切に除外することができるためには、いくつかの条件が満たされる必要がある。各規定とも、かかる条件を満たすことを可能にするような、そして適正な事実認定者の選択を可能にするような方向で解釈されなければならない。

　まず、不公平な裁判をするおそれの認定基準が過度に厳格なものにならないようにしなければならない。不公平な裁判をするおそれがあると認定される場合がほとんど想定しがたいような基準では、制度の存在意義は失われてしまう。とはいえ、犯罪報道との関係では、いわゆる重大事件ほどセンセーショナルな報道が大量になされるのが常であるから、当該事件の報道に触れたことのある人を一律に「不

公平な裁判をするおそれ」があると判断するような基準では、裁判員になることができる人がいなくなってしまうとの懸念が生まれても不思議ではない。また、報道を通じた情報のインプットによる心証形成への影響力と証拠を直接見ることによって得られるインパクトとでは大きな違いがあり、具体的な証拠の持つ力の圧倒的な大きさによって報道による影響は払拭されるとする見方[7]も一定の真理を突いているものと思う。

　しかし他方で、報道に触れたからといって直ちに「不公平な裁判をするおそれ」があると認められるわけではない、との主張が一人歩きして、たとえば、裁判員候補者が報道を通じた知識に基づいて被告人の有罪／無罪につき、確信を持っていると公言しているような場合に限って裁判員法34条の不選任規定が適用されるべき、といった解釈に基づく運用がなされるなど[8]、報道による予断・偏見のおそれが過少に評価されるような運用がなされるとしたら、公平な裁判所による裁判を受ける権利の実効的保障の実現はおぼつかないものになるといわざるをえない[9]。このような過度に抑制的な運用に基づく権利侵害の発生を防ぐためには、当該事件の報道に触れたか触れないかといった目の粗い基準ではなく、より具体的できめ細かい基準を作り、その基準に従って判断していくことが必要になる。的確な選択を可能にする基準作りは困難な課題であるが、さしあたり、アメリカ等の知見も踏まえ、いくつかの提案をしておきたい。

　第一に、極めて大規模かつセンセーショナルな報道が行われ、公平な裁判員を得ることがおよそ不可能な場合がありうることを率直に認めることである。このような場合に、何が何でも裁判を開くという前提を崩さずに、裁判員が得られないと裁判を開けないからとにかく誰かを選ばなければならない、という考え方に固執するようなことがあってはならない。公平な裁判所による裁判を受ける権利を保障する手段を探し出せないならば、国家は潔く処罰を断念しなければならないのである。そういう意味で、裁判員の選択が問題になる場面は、本来、「極めて大規模かつセンセーショナル」という程度にまでは至っていない犯罪報道の場合なのである。

　そのうえで、第二に、個々の裁判員が不公平な裁判をするおそれがあるかどうかの判断に当たっては、裁判員の頭にインプットされた情報の類型および性質が重視されるべきである。すなわち、予断を生じさせる危険性が極めて強いという性質を有する情報を得ている裁判員候補者は、不公平な裁判をするおそれがあるとみなされるべきである。具体的には、自白の詳細、被告人の悪性格などの負の方

向の人格的評価、前科などが典型的な予断誘発情報に分類されるだろう。これらの情報は、刑事訴訟法の枠組みのなかでも、法律的関連性がないとか、証明力に一定の限定をかけられるなど、適正な事実認定を誤らせる危険のある資料と位置付けられて、証拠としての使用に際して厳格な規制がなされているタイプの情報であるとの理解が共有されている。したがって、かかる予断を生じさせる危険性の強い情報に触れた事実認定者を手続から除外させる権利の保障は、憲法上の公平な裁判所による裁判を受ける権利の保障にとって本質的な要求であると考えなければならないように思われる[10]。

(3) 裁判員候補者に対する質問手続

ところで、以上のような基準に従って裁判員の選択を行っていくためには、その前提として、個々の裁判員候補者が報道を通じてどの程度の知識を得ているのかが、裁判所および両当事者に分からなければならない。裁判員候補者が有している情報の量と性質を正確に把握するという観点から、裁判員候補者に対する質問手続をどのようなやり方で行うかという点も重要である。

第一に、質問項目の設定に当事者が関与する機会が与えられる必要がある。裁判員法では、質問票の作成過程に当事者が関与できるかどうか明文の規定がないが、裁判員等選択手続において裁判長を通じて質問することができることとの均衡および不公平な裁判をするおそれのある候補者について当事者は不選任の請求権をもっていることに鑑みて、質問表作成過程にも当事者の関与が認められるべきであるとの主張が既になされている[11]。不選任請求権の保障が、公平な裁判所による裁判を受ける権利の本質的要求であるとすれば、請求権の実質的な行使を確保するための質問項目設定への被疑者・被告人側の関与も、適正手続を受ける権利の保障上、必須の手続であると考えられなければならない。

同様の理由から、裁判員等選択手続における当事者の質問に関しても、被疑者・被告人側の質問要求は、憲法に裏付けられた不選任請求権の実質的保障のために、原則として受け入れられなければならない。裁判長が、「相当の認めるとき」にあたるかどうかについて広範な裁量権を有するのは、検察官からの質問要求に限られ、被告人側からの質問要求については、明らかに関連性がないか、重複している場合を除いては、質問要求に応えるかどうかの裁量権を持たず、必ず質問しなければならないと解さなければならない。そのように解さなければ、裁判員法

34条4項は憲法違反に陥る可能性がある。

　第二に、具体的な質問項目に関しては、最低限、裁判員候補者が予断を有しているかどうかという点、そして、本書の考え方に従えば、裁判員候補者が報道を通じてどのような情報を記憶しているかどうかという点が浮き彫りになるような質問をする必要がある[12]。

　予断が浮き彫りになるようにするためには、単に報道を通じて事件に関する知識を有しているかどうかを漠然と問い、知識の多寡や関心の強弱について抽象的に答えてもらうだけというやり方では不十分であるばかりか不適切であるとさえいえる[13]。なぜなら、そのような質問の仕方では、予断の有無を明らかにしたいという質問者の意図が質問される側に分かってしまい、期待される答えが予測できてしまうからである。すなわち、裁判員になってもよいと考えている者に、知識の量や関心の強弱について、実際よりも少なめに申告することを許してしまう。同様に、裁判員になりたくないと考えている者には、実際よりも多めに申告することを許してしまう。いずれにしても、正確な予断の有無・程度を測る方法として、適切な質問方法とはいえない。たとえば、「ふだん、新聞やテレビのニュースをどれくらいの時間、どれくらい熱心に見ていますか」、「本事件に関して、誰かと話をしたことがありますか、どんな話をしましたか」といった質問と「本事案について、あなたが知っていることを自由に話してください」という質問とをうまく組み合わせるなど、自白内容や前科、被告人の悪性格に関する情報を得ているかどうかをできるだけ正確に把握する質問方法が模索されるべきである。その際には、上で例示した質問方法自体、適切な方法かどうかも法律家には評価が困難であるから、心理学などの関連諸科学の知見を積極的に活用していく必要があるものと思われる[14]。

　第三に、質問の方法は、いわゆる「隔離された個人的ヴォア・ディール」、すなわち、裁判員候補者に対する質問および質問に対する回答を他の裁判員候補者が見聞きできないような方式で行われるべきである[15]。裁判員等選任手続に集まった候補者を1つの大部屋に集めて順番に質問していくといったやり方が取られることのないようにしなければならない。なぜなら、他の裁判員候補者に対する質問や質問に対する回答を聞くと、そこから事件について得るべきではない情報や他の裁判員候補者の意見を知ってしまい、新たな予断形成につながるおそれがあるからである。また、裁判員候補者に対して投げ掛ける質問内容をあらかじめ教えてしまうことによって、裁判員候補者が質問の意図を察知し、真意を回答しないおそれが生

じてしまうからである。たとえば、あらかじめ有罪の強固な予断を抱いており、被告人を厳罰に処す場に加わりたいという意図を持っている裁判員候補者が、自らの有している予断が暴かれないように回答することを可能にしてしまうだろう。あるいは、より多くの場合に想定される事態として、裁判員として参加したくないと考えている候補者が、実際には予断を有していないにもかかわらず、予断を持っているかのように受け取れる回答をすることを可能にしてしまうおそれがあるのである。

以上のような質問手続を通じて、裁判員候補者が事件や被告人についていかなる知識や感情を有しているかということを正確に把握することは、最終手段として、理由を示さない不選任請求権を行使する際の手がかりにもなりうる。この点からも、有効な質問のあり方の探求は重要である。

■ 4. 裁判地の変更

アメリカでは、犯行地などの当該事案に関連する地域において犯罪報道が過熱し、地域住民に対して、事件についての特に強い感情や予断を引き起こす事態が生じた場合に、裁判地を変更するという方法が、報道による予断を遮断するための選択肢として挙げられている[16]。日本においても、同様の発想にたって、有罪視報道によって、事件が発生した地域など一部の地域において、被疑者・被告人の刑事手続上の権利行使を非難したり、手続的保障を無視した早急な有罪判決・厳罰を求めたりする世論が沸騰し、当該地域では公平な裁判を保障できないおそれがある場合に、管轄移転(刑訴法17条1項2号)を行うことは考えられないだろうか。

この点に関しては、事件が裁判が行われる地方で大きく報道され、一般市民が裁判の帰趨に甚大な関心を寄せており、公判に多数の傍聴人が殺到することも予想される状況にあるからといって、「他に特別の事情の認められないかぎり」、公平を維持しえないおそれがあるとは認められないとする古い判例がある[17]。この判例に従うならば、特定の地域の報道あるいはその報道に接した地域の雰囲気が他の地域に比べて相対的に過熱しているというだけでは管轄移転を認めるに十分な理由にはならないとの判断に傾くだろう。

しかし、センセーショナルな有罪視報道は、間接的にでも被害者や被害者遺族と人間関係を有する者の被害者への共感をより強く喚起し、また被害者との人間

関係のない者であっても、自分の知っている場所で起こった事件は、自らの生活と結び付けてイメージしやすいので、潜在的被害者に立つ傾向が他の地域の市民よりも強くなるおそれを否定できない。それゆえ、地域住民の事件や刑事裁判に対する関心の強さは、一定のレベルを超えると被告人の公平な裁判所による裁判を受ける権利を侵害する現実的危険を生じうると評価すべきであるように思われる。どのような要素を判断基準にすべきかを具体化するのは容易ではないが、少なくとも、被疑者・被告人が刑事手続上の権利を行使することに反対する住民運動や署名運動などが行われるような場合には、「裁判の公平を維持することができないおそれがあるとき」に該当すると認めて、管轄移転の可能性を真剣に探るべきではなかろうか。

■ 5. 有効性と射程

(1) 有効性

以上に検討してきたように、現在の刑事訴訟法のもとでも、裁判外の要因による公平な裁判所による裁判を受ける権利の侵害は想定されており、かかる侵害を防止するための仕組みもいくつか用意されている。従来、犯罪報道による影響との関係ではほとんど省みられることのなかった各制度の運用を裁判員制度導入をも1つの機に活性化する方向で見直していくことで、有罪視報道の影響が刑事裁判に及ぶことを阻止できる場合も少なからず存在すると考えられる。とりわけ、事件や事件関係者に関係を持つ地域とその他の地域とで報道の過熱度に有意な差がある場合に、管轄を移転したうえで、さらに忌避制度や裁判員候補者に対する不選任制度を活用して予断を持った事実認定者を摘出するなど、複数の手段を組み合わせることによって、一層の効果が期待できるものと思われる。

裁判地の変更に関しては、ドイツの一部の論者から、地方限定的な報道の場合も裁判地を移転することによって新たな裁判地での報道を引き起こすことになるから効果はないとの指摘がなされているが、そもそも報道する価値自体が疑われるような小さな事件が数多く報道されるという特徴を持つ日本の犯罪報道の場合、地方限定的な報道の多くは犯罪関連地域を離れれば報道価値をほぼ完全に失ってしまうと考えられるから、かかる懸念は必ずしも日本には当てはまらないといえよう。そうすると、犯罪の発生地など当該事件に関連する地域とその他の地域とで

報道の量およびトーンに有意な差がある場合には、積極的に管轄移転と事実認定者の忌避・不選任制度を活用していくべきであるように思う。

(2) 事件の重大性による限界

しかしながら、アメリカやドイツの議論を振り返るまでもなく、訴訟手続内での対応には限界があることも明らかである。

第一に、全国規模で繰り返し報道される重大事件においては、忌避・不選任制度も管轄移転制度も実効性は限りなく薄いといわざるをえない。全国規模でセンセーショナルに報道される事件の場合、報道の傾向は一層有罪視方向に偏りがちであり、さらに報道量の多さから、報道の内容は、被告人の人格、生育歴、特異なエピソードなどの被告人に対して有罪や悪情状の印象を植え付ける周辺情報にまで及ぶ。その結果、被告人の前科や自白の内容など、裁判が始まる前に強度に有罪の予断を生じさせる情報に触れていない市民・裁判官を見つけ出すことはほとんど不可能になるだろう[18]。そして、本書の立場からは、かかる性質の情報に触れている者は強固な有罪の予断を抱いているおそれがあると評価されることになるから、結局、公平な裁判所による裁判を受ける権利の要求を満たす事実認定者によって裁判体を構成することはできないという結論になる。

(3) 予断の抽出および予断伝播防止に対する限界

第二に、報道の規模が地域的にも量的にも限定された範囲にとどまり、予断を抱いているおそれのない事実認定者を選び出すことができる条件が存在する場合にも、実際に、予断を抱いている者と持っていない者とを正確に選り分けることができるか、という問題もある。すなわち、アメリカでも指摘されているように、裁判員候補者が出された質問に正確に答えるとは限らないし、裁判員候補者自身は真摯に答えようとしている場合であっても報道によって無意識のうちに刷り込まれた予断については答えることができない[19]。

同じことは、裁判官にもいえる。多くの裁判官は、世論が沸騰しているような事件の場合には、一層法のルールに則って誠実に職務を行おうとするだろう。すなわち、裁判官は犯罪報道によって自らの訴訟指揮に影響が生じないように慎重な訴訟指揮を行うだろう。しかし、そのことがかえって、評議および評決の一員にもなる裁判官が報道から無意識のうちに刷り込まれた予断を覆い隠す可能性を生じさ

せるのである。

　また、裁判員等選任手続における質問に関しては、裁判員候補者が予断的情報を持っていないかどうかを知るために質問することでかえって新たな情報を候補者に知らせることになってしまったり、被告人に対して予断を持っているのではないかとの疑いをかけられていると候補者に感じさせて被告人側への反感を抱かせるきっかけを作ってしまったりする危険があることもアメリカの議論で指摘されてきたところである[20]。このような危険は、「被告人がいったん自白したという記事を読みましたか？」という方式ではなく、「報道から知ったことを思いつく限り挙げてください」という自由回答式の質問形式を取るなど、質問のやり方を工夫することで相当程度防げるだろうが、そのような工夫で完全に危険を払拭できるかどうかは明らかではない[21]。

(4)　適正手続侵害の危険性

　第三に、それぞれの手段のなかには、積極的に活用することが、報道による予断の遮断という観点からは理論的に正当であるが、他の観点から理論的に問題となるというタイプの手段が含まれている。

　この種の問題点を抱える最も典型的な手段が、公判の延期である。アメリカでは、訴訟内的対応手段の一選択肢として、報道が沈静化するまで公判を延期するという方法がありうるとされている。日本においては、公判手続の停止が認められるのは刑訴法上は被告人の心神喪失や病気の場合に限られているから（刑訴法314条）、報道の過熱を理由とする公判の延期を認める直接の規定はないが、一定の時間的間隔を空けた公判期日を指定（同273条）するというやり方で、事実上、公判の延期を行うことは不可能ではなかろう。しかし、この方法は、被告人の迅速な裁判を受ける権利との抵触という重大な理論的問題を孕んでおり、被疑者・被告人の適正手続を受ける権利の保障全体から見て、積極的利用は必ずしも正当化されないといわざるをえないのである。

　そのほかの手段でも、たとえば、裁判地の変更は、一方で、被告人にとって必要な証人を得たり、必要な証拠調べを行わせることを困難にする可能性もあり、その場合には、憲法37条2項の自己のために証人を得る権利と抵触するおそれがある[22]。

　なお、公判の延期については、公判期日の指定日を遅らせるという方法を取るこ

と自体が、世論の批判を惹起し、被告人を非難・攻撃する報道をますます増加させるのではないか、公判を延期していったん報道が収束しても、公判を再開すれば報道も再燃するのではないか、など実効面からも多くの疑問があり、理論的問題の大きさと合わせて考えると、積極的に活用すべき手段の1つに位置付けることはできないように思われる。

(5) 小括

以上に指摘した問題点を踏まえて、訴訟内的手段の射程を改めて考えると、犯罪関連地域とその他の地域とで報道格差がある場合には、管轄移転と裁判官・裁判員候補者の忌避・不選任との組み合わせを中心的手段として用いることで予断防止に対する一定程度の有効性を見出すことができる。しかし、そのような場合にも、予断を持った事実認定者を完全に排除しきれない場合が残りうるし、適正手続に関する他の権利との抵触を招くおそれもある。また、センセーショナルな報道が全国的になされるような事件に対しては、訴訟内的手段の有効性は極めて乏しいといわざるをえない。したがって、訴訟内的手段のみで、犯罪報道を原因とする適正手続を受ける権利の侵害を完全に防止することは難しく、さらに踏み込んだ手段と併用していく必要があるといわざるをえない。

第3節　事前抑制的手法

■ 1. 手段選択の基本理念

刑事手続内での対応手段のみでは、犯罪報道を原因とする公平な裁判所による裁判を受ける権利の侵害を実効的に防止できないとすれば、報道の自由の保障に影響を与える可能性のある手段の検討にも踏み込まざるをえない。しかし、上述したように、表現の自由・知る権利もそれ自体、重要な基本的人権であることに疑いはないから、過度に表現の自由を侵害するような手段を用いることは許されない。被疑者・被告人の適正手続を受ける権利を十全に保障しつつ、表現の自由・知る権利の制限は最小限度にとどめる手段選択が目指されなければならない。このよ

うな基本的姿勢のもと、各手段を検討し、最終的に、あるべき手段のモデルを提示したい。

■ 2. 刑事制裁・民事制裁の位置付け

ところで、報道の自由を制約する可能性を有する法的手段として刑事法的制裁および民事法的制裁の是非が論じられることがある。実際、ドイツの議論を検討した際には、かの地の論点の立て方に従って、刑事法的制裁の可否や民事法的救済の可能性といった項目を立てて議論状況を紹介した。

しかし、理論的に整理すれば、本来、刑事法的制裁などの活用可能性は、まず、何らかの禁止すべき行為があることを前提として、そのうえで、当該禁止に対する違反にどれくらい強い態度で臨むか、換言すれば、禁止規定を担保する手段としてどれくらい強い手段が必要か、という場面で論じられるべき種類の問題である。本書において検討しようとしているのは、まさに報道機関や市民の行為や自由に制限すべきものがあるかどうかという点なのであり、制限すべき行為や自由があるという場合に当該制限をどういう手段で担保するかという問題とは位相が異なるといえよう。したがって、両者を同列に論じるのは適当ではなく、検討の順序としては、まず制限すべき行為や自由の有無および内容を確定することに集中して、刑事的制裁等の可否については、確定した制限すべき行為・自由を対象に、規制を担保する手段の1つとして位置付けて結論を出すというのが、理論的に正しい方法であるように思う。

そこで、以下では、刑罰的制裁および懲罰的民事賠償請求などの民事的制裁は検討の対象から外し、もっぱら報道機関や市民のどのような行為や自由を制限することになるのか、という観点から各手段を分類・整理したうえで、各手段の可否および妥当性を検討していくこととしたい。

■ 3. 情報発信型規制と情報入手型規制との関係

(1) 報道規制の2つのタイプ

そうすると、予断の発生を防止する手段で報道の自由を制約する可能性を有する性質を持つものは、大きく分けると2つのタイプに分類することが可能であるよう

に思われる。

　第一のタイプは、報道機関の情報発信を規制する方法である。具体的には、予断的情報の報道をあらかじめ法律で禁止する、予断的情報を報道しようとしている報道機関に対して、その都度個別的に報道禁止命令を出す、といった手法が第一のタイプにあたる。禁止や命令の実効性を担保するために、違反に対して何らかの法的制裁が加えられることを予定している場合があるが、法的制裁の有無は、規制の強さ、すなわち表現の自由に対する制約の強弱に関わる要素であって、情報発信規制という手法そのものの性質を左右するものではない。

　これに対して、第二のタイプとして、報道機関の情報入手を規制する方法が挙げられる。具体的には、手続を非公開にするとか、予断的情報を訴訟関係者が報道機関に提供することを禁止する、といった手法である。規制の実効性を担保するために、たとえば、禁止規制に反して報道機関に情報提供を行った訴訟関係者に対して何らかの法的制裁を予定している場合があること、法的制裁の有無が情報入手規制という手法そのものの性質を左右するものではないことは、第一のタイプと同じである。

⑵　情報入手型規制が選択される理由

　これら２つのタイプの手法のうち、相対的に見てその活用が認められやすいのは、情報入手型規制であるといえる。特に、アメリカでは、報道機関がいったん入手した刑事事件情報を報道することを禁止するいわゆる事前抑制を用いることは、連邦最高裁 Nebraska Press 協会判決によって事実上否定されたし、手続の非公開を認めるためにクリアすべき基準も極めて高い一方で、訴訟関係者の報道機関に対する情報提供規制については、連邦最高裁 Gentile 判決やその後の判例においても、学説においても、事前抑制よりは相対的に緩やかな基準で使用を容認する見解もなお有力に主張されている。また、ドイツにおいても、予断的報道を刑罰で禁止しようとする刑法改正草案はほとんど全く支持されなかったが、手続関係者の報道機関に対する情報提供については、かなり詳細に作られた基準に従って規制されている。

　それでは、情報発信型規制と情報入手型規制とに対してこのような反応の違いが出る原因はどこにあるのだろうか。各々のタイプに対する評価のコントラストが最もはっきり出ているアメリカの議論を振り返ってみると、表現の自由・知る権利に

対する制約度の違いに原因が求められているように思われる。すなわち、報道機関に対する事前抑制は、表現の自由を強度に制約するものであるから、厳格な基準を満たすものだけが憲法上、許容されると考えられているのである[23]。

(3) 表現の自由の制約度

確かに、報道機関の表現活動を禁止するという規制のやり方は、規制の直接の名宛人が報道機関であることから、「表現の自由・知る権利の行使が妨げられる」という構造が明確に露になり、それだけに規制される側や社会に与える衝撃度も強い[24]。しかし、表現の自由への制約の強さという観点から見たときに、報道機関の情報入手に対する規制のほうが、発信規制よりも表現の自由に対する制約度が小さいと果たしていえるのだろうか。

この点、アメリカにおいても、フリードマン (Freedman) らやディーンズ (Dienes) らによって鋭い疑問が提起されていることが思い出されるべきである。論者らは、手続関係者に対する口止め命令も、内容に基づき発言を制限するタイプの規制であり、思想の自由市場に入る前に表現を抑圧するという点では報道機関に対する直接規制と変わらないと指摘し、発言の主体によって事前抑制の可否の基準が変わることの不合理性を痛烈に批判したのである。

本書も、表現の自由に対する制約度という観点から見たとき、情報入手型規制のほうが情報発信型規制よりも、表現の自由・知る権利を制限する程度が低いとは必ずしもいえないと考える。制限の強度は、タイプの違いによって生じるのではなく、むしろ制裁の強さやそれぞれの規制手段の発動の要件の厳格さ／緩やかさによるのではなかろうか。

しかし同時に、本書は、以上のような認識をしたからといって、規制のタイプを問わず、表現の自由・知る権利に対する制約は、押しなべて許されないという結論を取るわけではない。表現の自由に対する制約度が必ずしも低くないことを自覚しつつも、したがって、規制には慎重であるべきであるという結論を共有しつつも、なお一定程度の規制が必要な場合があると考える。そして、表現行為が被疑者・被告人の適正手続を受ける権利の侵害をもたらす場合は、規制が必要である場合の典型であると考える。なぜなら、「憲法31条以下は、自由の保障そのものをではなくて、原則として在る自由をある特定の場合例外的に侵害・剥奪することを許す条件を設定しているのである。例外を正当化する手続条件を特記すること、す

なわち例外を例外として浮き彫りにすることによってその効果として、原則としての自由（ひとの行動の自由）を確保する構えになっている」、「手続要件をはめ込むことによって例外が定められているのだとすれば、もうこれ以上さらに例外の例外ということは、あり得ない」からである[25]。要するに、適正手続を受ける権利は絶対的保障のもとに置かれるべきなのである。

　それでは、表現の自由・知る権利に対する制約度が、各々の規制方法の活用の可否および活用順序の決め手にならないとすれば、たとえば、刑事制裁を背景としない刑事事件情報の報道禁止、同じく刑事制裁を背景としない訴訟関係者の報道機関に対する情報提供禁止、あるいは手続非公開は、同列の手法として、国家の裁量によってどれを選択してもよいということになるのだろうか。そうではないように思われる。それぞれの手段は、被疑者・被告人の適正手続を受ける権利の保障との関係性の強さ、および関係のあり方の違いに応じた用いられ方があるべきであると考える。

第4節　手続関係者の報道関係者に対する情報提供の制限

■1.　捜査機関による情報提供の規制

　アメリカにおいてもドイツにおいても、訴訟関係者の口止めという手段が最も積極的に活用される傾向にある。その理由は、表現の自由の尊重という観点から説明されることもあるが、実はそれだけではないように思われる。すなわち、アメリカ、ドイツとも訴訟関係者に対する口止めという方法に向う実質的理由は、有罪の予断を誘発する情報がどのようなルートで社会に流通していくのかということに関して問題点の認識があり、そこで認識された問題を解決するためには訴訟関係者の発言を規制することが必要あるいは適当であると考えられたというところにあるように思われるのである。

　その問題とは、捜査における取調べの過程で得られた自白の内容やポリグラフ検査の承諾の有無および検査結果など、必ずしも証拠能力・証明力が認められる

とは限らない一方で、有罪の予断を引き起こすおそれは強いというタイプの情報の源が、ほとんどの場合捜査機関に由来するという現実である[26]。そして、記者クラブ制度と結び付いた捜査機関の公式・非公式な情報提供のあり方が現在の犯罪報道に大きく影響していることは、日本においても否定しがたいところである[27]。

日本においても有罪の予断誘発的な報道の主たる情報源が捜査機関であるとすれば、この点において、国家が適正手続侵害に積極的に関与していないとは必ずしもいえないことになる。すなわち、捜査機関は、被疑者・被告人の適正手続を受ける権利を侵害するおそれが強いと性格付けられる行為を自ら積極的に行っていることになると思われるのである。

そして、そうだとすると、捜査機関の情報提供を制限することは、被疑者・被告人の適正手続を受ける権利の保障の本質的内容となるはずである。なぜなら、すでに論じたように、公平な裁判所による裁判を受ける権利を保障することを義務付けられている国家は、その必然的な帰結として公平な裁判所による裁判を受ける権利を侵害しない義務＝裁判官をはじめとする手続関係者に予断を生じさせない義務を負っているからである。したがって、捜査機関の情報提供が公平な裁判所による裁判を受ける権利の侵害を発生させる原因となっているとすれば、自己の目標達成を否定するようなかかる行動を取ることは当然許されないということになる。要するに、捜査機関の予断誘発的情報提供活動の制限は、国家の裁量で選択される一手段なのではなく、それ自体、適正手続保障義務の本質的な内容を構成するのである。

以上のような考察から、訴訟関係者の情報提供規制という手法に関連して、さらに２つの点が問題となることが分かるだろう。第一に、「訴訟関係者」と一括して情報提供の可否を論じることが果たして妥当なのかどうか、という点である。「捜査機関による予断誘発的情報提供」に対して適正手続保障の観点から独自の法的位置付けがなされるとすれば、当然、訴訟に関係する各アクターについてアクターの法的地位の違いを捨象してひとまとめにして論じることは適切ではないということになろう。特に、対立当事者たる被疑者・被告人側は、適正手続を受ける権利の主体であるという捜査機関とは正反対の法的地位を有するから、その情報提供規制の是非・あり方については固有の検討が必要となる。第二に、規制されるべき予断誘発的情報とは具体的にどのような類型の情報なのか、という点である。この点が明らかにされなければ、規制は、結局実効性を持たないことになる。以下、

それぞれの点について、検討しよう。

■ 2. 規制されるべき予断誘発的情報の具体化

　捜査・訴追機関から報道機関に提供される様々な情報のうち、具体的にどのような情報の提供が規制されるべきかという問題は、基本的に、事実認定者の予断の有無を判断するための具体的基準に関する議論とパラレルに考えられるべきである。事実認定者の有罪の予断を誘発するタイプの情報と性格付けられ、その報道が公平な裁判所による裁判を受ける権利の侵害を積極的に認定する要素として使われるのに、かかる情報を捜査・訴追機関が提供することは許されるというのでは、捜査・訴追機関による適正手続侵害行為を放置することになり、予断防止策としての整合性も失われてしまうからである。

　そうすると、規制の対象となるべきタイプの情報を総論的・抽象的に定義するならば、「刑事裁判において証拠能力や証明力が否定される可能性があることを相当程度否定できないにもかかわらず、いったん認識されると有罪の予断を引き起こす危険性が高いタイプの情報」とまとめることができるだろう。このような性質を持つ情報を網羅することは難しいが、少なくとも、以下に挙げる情報は規制されるべき情報の典型例といいうるだろう。いずれも、アメリカおよびドイツにおいても予断の有無の判断にあたって特に重視されている類型の情報である[28]。

　第一に、自白の有無および自白の内容ならびに自白に類する性質を持つ資料として、ポリグラフ検査の諾否および検査結果である。自白は、真実を語っているときには有罪を証明するこれほど確かな証拠はないとして、刑事裁判において重視されてきたが、それだけに本来の証拠価値以上の証明力があると誤認されやすく、虚偽の自白に基づいて無罪になるべき者を誤って処罰するという冤罪発生の原因になることがしばしば指摘されてきた。また、取調官との力関係によって、自白が強制され、被疑者・被告人の人権が侵害される危険性も指摘され続けてきた。だからこそ憲法は、自白法則と補強法則を定めて、自白に証拠能力および証明力を付与するための条件を厳格に規制しているのである。それゆえ、自白情報の報道機関への提供も同様に規制されるべきである。

　とりわけ、現在の日本の刑事手続の実務において取られている取調べ＝自白採取のやり方を前提とするとき、捜査段階で取られた自白は、証拠能力（任意性）の

点でも証明力（信用性）の点でも常に争われる可能性があるといわざるをえない。なぜなら、現在、犯罪報道の対象となるような被疑者の多くは、代用監獄に身体を拘束され、取調べを受けることを強制され、さらにその取調べは、弁護人が立ち会うどころか、可視化さえされていないからである。要するに、逮捕・勾留された被疑者は、身体拘束中の全時間にわたって（取調べ時だけではない）、主体的な防御権行使が不可能な状態に陥り、したがって、任意でない供述や虚偽の供述をする危険性を常に抱えているのである。

しかも、犯罪報道のあり方が問題となるような重大犯罪においては、捜査機関による必ずしも正確でない情報提供を受けてなされた報道をも道具に使って「自白」を引き出そうとする取調べさえ行われていることが、弁護人に対する聴き取り調査から明らかになった。捜査段階の自白に任意性および信用性があるという前提に立つことは、重大事件の場合には一層根拠がないといわなければならない。もちろん、最終的に裁判所の認定において任意性あるいは信用性が否定されるかどうかは個別の事案ごとに異なるが、少なくとも任意性や信用性に対して制度と運用に内在して必然的に疑いが生じざるをえない構造が存在する以上、かかる情報を裁判外のルートを通じて事実認定者に認識させる結果を招来する行動を捜査・訴追機関が取ることは許されないといわなければならない。

なお念のために付言しておくと、現在、裁判所の認定において、自白の任意性や信用性を否定される事例が必ずしも多くないことは、以上の結論を左右するものではない。なぜなら、第一に、現在の裁判所の自白の任意性および信用性の認定方法や認定基準を所与の前提としなければならない理由はないからである。自白法則や「疑わしきは被告人の利益に」原則などの刑事訴訟の基本原則に基づく理論的帰結として、自白を証拠として使うことにもっと厳格であるべきであるという結論が導かれることは当然ありうる。そしてその場合には、自白の証拠能力および証明力評価についてのあるべき姿を前提として、自白情報が心証形成に与える影響の強さとの間のギャップが測られ、捜査・訴追機関が自白情報を提供することの是非が問われることになるはずである。しかも、第二に、裁判所の判断が自白の任意性や信用性を認める方向で緩やかにすぎるという場合、その原因の1つに犯罪報道による事実認定者の予断発生の点が加わることが考えられるからである。

第二に、いわゆる共犯者の自白である。共犯者の自白には、いわゆる引っ張り込みの可能性があるゆえに、本人の自白と同等か、むしろそれ以上に高い虚偽の

危険性を有していること、にもかかわらず、共犯者自らは体験した事実を述べていることが多いために虚偽を見分けることが極めて困難で、いったん供述内容が認識されると、見せ掛けの信用性を認めてしまいがちな傾向が強いことは、つとに指摘されてきたところであり、かかる情報について、少なくとも公判廷以外のルートで無条件に事実認定者に認識させることは許されるべきではない。

　第三に、被疑者・被告人の前科・悪性格である。この種の情報も、事実認定者に不当な偏見を植え付け、争点を混乱させるとして、法律的関連性を否定されると考えられている代表的なものであり、原則として証拠能力を持たないのだから、裁判外のルートで事実認定者の耳に届けるような捜査機関の行為は禁じられるべきである[29]。

■ 3.　被疑者・被告人側による情報提供の可否

(1)　予断中和の可能性

　被疑者・被告人および弁護人側による情報提供を禁止することが、事実認定者に予断を生じさせないようにする方法として適切かどうかについては、既に見たように、アメリカでもドイツにおいても、多くの論者によって疑問を提示されてきた。多くの論者は、捜査・訴追側の報道機関に対する予断誘発的情報の提供を規制するとしても、他方で、知る権利の要求を満たすために、捜査・訴追機関は事件に関する一定の情報を公開する必要があるし、本来、提供を規制されるべき情報も実際にはしばしばリークを通じて報道機関に伝達されるから、結果として、被疑者・被告人を有罪視する世論が形成されることを完全に防ぐことはできないという認識を持ち、そのような状態で被疑者・被告人側の情報提供を規制すれば、社会における有罪視的雰囲気はますます増長すると考えるのである。すなわち、社会における有罪推定の枠組みに対抗し、事実認定者が有罪の予断を持つことを防止するためには、むしろ弁護人が被疑者・被告人の主張を積極的に報道機関に伝えて、報道が一方的で捜査側主張に偏ったものになることを防ぐ必要があるとするのである[30]。

　実際、アメリカで行われたある実証研究では、弁護側が、陪審員に対して、検察官が法的に許容されない負罪情報を紹介することによって何を得ようとしているのかということについて注意を促すだけで、検察官の主張に対して簡単に疑いを引き出すことができた、との結果も得られており、弁護側の対抗的主張の有効性に

一定程度、期待が寄せられているといえよう[31]。

　そして、日本においても、捜査側から報道機関を通じて社会に対して有罪の予断を抱かせる情報提供がなされている状況に対抗する必要性から、弁護人が被疑者・被告人側の主張を伝えることに積極的な意義を見出す意見も見られるようになってきている。たとえば、武井康年は、「犯罪報道を捜査機関からの一方的発表にのみ依拠させておくことは、公判開始前に社会の中に、被疑者は有罪であり極悪非道の人物であるとの予断を蔓延させることとなる」から、「裁判員制度を目前に控えた現在においては、弁護活動の主戦場は公判廷にあり、捜査段階で捜査機関から流される報道を横目に見ながら『公判で真実を発見させればよい』と超然としてはいられないのではないだろうか」と指摘し、「公判前における弁護人の予断排除のための発言に、より積極的な意味を認めるべきであろう」と述べている[32]。また、実際の弁護活動で被疑者・被告人側の主張を積極的に報道機関に伝える実践例も見られるようになってきている[33]。

(2) 予断悪化の危険性

　他方、日本においては、被疑者・被告人側の主張を報道機関に伝えることが、有罪方向での予断発生の防止に効果を持つとは限らないどころか、かえって有罪方向での予断を強める結果になるおそれさえあることが指摘されている[34]。上に触れた実践例についても、弁護人自らが紹介するように、弁護士の間でも当該事案において弁護人が積極的な取材対応をしたことに対する評価は一致していない。

　また、聴き取り調査においても、特に捜査の初期段階においては、否認しているという事実のみを伝え、被疑者の言い分の具体的な内容や取調べにおいて捜査機関から何を聞かれているかといった事件の中身に立ち入った情報の提供は基本的に行わないという選択をした弁護人も少なくないことが明らかになった。弁護人が被疑者側の情報提供に慎重になった理由としては、被疑者に不利益な方向に脚色して伝えられる懸念があったことおよび、話した内容が報道されるとその報道を捜査機関が捜査や公判で利用する懸念があったことなどが挙げられた。

　このように、被疑者・被告人に対する圧倒的な犯人視報道のなかで、被疑者・被告人側の反論が、捜査・訴追側の主張に対する弾劾という位置付けをされずに、言い逃れや言い訳をしていて往生際が悪いとか、反省していない、といった文脈で報じられる傾向を否定できない現在の日本の犯罪報道のあり方を考えれば、か

かる懸念を無視するわけにはいかないだろう。したがって、たとえば、アメリカの一部の論者によって主張されているような弁護人に対して発言を義務付けるというやり方は、防御の多様性を損ない、かえって被疑者・被告人の適正手続を受ける権利を侵害する危険が大きく、適当ではないと考える。

⑶　防御活動の一類型としての位置付け

　しかし、弁護人が、個々の事件において、被疑者・被告人に公平な裁判所による裁判を受ける権利を保障するために必要かつ有効であると考える場合に、事件や手続の進展や当該事件に関する報道の状況をにらみながら、報道機関に対して、被疑者・被告人側の主張を伝えることは、防御活動の一環として積極的に認められるべきである[35]。実際、聴き取り調査においても、公判段階に入ってからは、公判での被告人の発言の趣旨を理解させたり、被告人側の主張を報道させるために取材に応じたり、継続的な記者レクチャーを行った弁護人も複数見られた。また、事務所に対する個別の取材攻勢を避けるためにも、個別取材に応じない代わりに、ある程度の範囲では共同取材に応じることにして記者との間で取材のルール作りを行い、報道の内容にも良い影響をもたらした例もある。さらに、被疑者・被告人が報道を通じて主張することを望んでいる場合には、被疑者・被告人との信頼関係を維持するためにも、公表した場合の影響など十分に被疑者・被告人と意思疎通を図ったうえで、報道機関に伝える必要がある場合があると指摘する弁護人もいた。

　したがって、被疑者・被告人側による報道機関に対する情報提供は規制されるべきではなく、情報提供の可否および範囲、そして情報提供の時期について、被疑者・被告人と弁護人とが十分に相談して、防御権・適正手続の保障にとって有効かどうかを慎重に吟味したうえで、ケース・バイ・ケースで行う判断に委ねられるべきである[36]。

■4.　刑訴法281条の4・281条の5との関係

⑴　開示証拠の目的外使用禁止と被疑者・被告人による情報提供

　ところで、従来、被疑者・被告人側から行われる事件情報の提供に関しては、多くの場合、国民の知る権利や被疑者・被告人および弁護人の表現の自由の観点

から、あるいは、提供される情報の内容や情報提供が行われたときの手続段階との関係で、かかる情報提供が被疑者・被告人の防御活動にとって有効・適切といえるか、という観点から議論の的となってきた。ところが、2004年に行われた刑事司法制度改革の結果、導入された公判前整理手続において証拠開示の拡充に関する規定が新設されたことにあわせて、開示証拠の目的外使用を禁止し、その違反に対して刑罰を科す規定が同時に設けられた。そのため、被告人側が開示証拠を利用して報道機関に情報提供を行った場合に、これらの規定に反することになるのか、という点が新たに解決を迫られる問題点として浮上してきたのである。

仮に、開示証拠に基づく被告人側からの情報提供が開示証拠の目的外使用に当たるとされれば、被告人側は、自らの主張を報道機関に伝えようとする際に、主張を根拠付ける基礎となる情報を提供できなくなるおそれがある[37]。しかし、そのような裏付けのない主張では、予断を中和する効果が著しく減殺されるであろうことは、容易に想像できるであろう。開示証拠の目的外使用禁止規定は、被告人側に対する口止め規定として位置付けられるべきなのであろうか。かかる位置付けは、被疑者・被告人の適正手続を受ける権利を侵害しないのだろうか。

(2) 開示証拠の目的外使用禁止規定の趣旨

まず、開示証拠の目的外使用禁止規定の立法趣旨について、一般には、次のように説明されている。すなわち、「開示証拠の複製等が、管理の適正を欠き第三者に流出するようなことがあったり、開示の本来の目的以外の目的で使用されたりすると、罪証隠滅、証人威迫、関係者の名誉・プライバシーの侵害、国民一般の捜査への協力確保の困難化等の弊害が拡大するおそれが大きい」。しかし、「現行制度の下では、開示証拠の取扱いに関するルールが必ずしも明確ではなく、また、開示証拠の複製等が、暴力団関係者に流出する事例、インターネットで公開される事例、雑誌に掲載される事例などが現に生じている」から、これらの事態の発生を防止するために禁止規定が必要だというのである[38]。

(3) プライバシー保護と防御権との関係

では、「開示の本来の目的」で使用する場合にはどうなるのだろうか。すなわち、条文に即していえば、「当該被告事件の審理その他の当該被告事件に係る裁判のための審理」（刑訴法281条の4）またはその準備に使用する目的で開示情報を

公表・提供する場合にはどうなるのだろうか。

　もちろん、挙示されている弊害のうち、罪証隠滅や証人威迫目的での使用は正当な防御権の行使とはいえないから、権利の衝突ともいうべき事態は通常は生じない。しかし、名誉・プライバシーについては、訴訟の準備のための情報提供、すなわち防御権行使としての情報提供が結果的に第三者の名誉・プライバシーを侵害することは想定しうる事態である。

　仮に、本条について、開示の本来の目的での公表が名誉・プライバシーを侵害するような場合に、審理または審理の準備のための使用よりも、名誉・プライバシー保護のほうを優先させるか、あるいは利益衡量により優先させる場合がありうると解釈するとしたら、そのような解釈は適正手続を受ける権利の本質を正しく理解していないと断じざるをえない。本書で再三述べているように、適正手続を受ける権利は市民から自由・権利を奪うことを正当化するための絶対不可欠の条件であり、いかなる場合にも保障せずにすますことは許されないからである。

　しかしながら、刑訴法281条の4の文言が、防御権行使としての開示証拠の利用と名誉・プライバシーの保護とが衝突する場合に防御権保障を優先させることを確約しているかどうかは、必ずしも明らかではない。というのは、同条2項において、「前項の規定に違反した場合の措置については、被告人の防御権を踏まえ」、複製等の内容、行為の目的、関係人の名誉などの事情を考慮するものとするとの規定が置かれているが、この2項の文言および1項と2項との関係を見ると、解釈の仕方によっては、当該被告人の刑事裁判にかかる「手続又はその準備に使用する目的」という1項の文言と「防御権行使としての使用」との間に齟齬が生じる可能性のある条文構造になっているように思われるからである。もし手続またはその準備に使用する目的と防御権行使としての使用とが一致するならば、目的外使用は防御権行使としての使用ではありえないから、2項において防御権を踏まえる必要はないはずである。すなわち、本条は、開示証拠の防御権行使としての使用が、1項に規定する当該被告事件の「手続又はその準備に使用する目的」に該当しない場合がありうることを想定しているのではないかとの疑いを抱かせる文言になっているのである[39]。

　しかも、この懸念は、当該被告事件の「手続又はその準備に使用する目的」の範囲に入る活動を狭く捉える解釈が存在することで一層増幅する。すなわち、先に引用した改正法の趣旨説明は、本条について、雑誌やインターネットでの公表は

当然に目的外使用に当たるという前提に立っているとも受け取れる理解をしている。仮にそうだとすると、開示証拠を利用した様々な防御活動が「手続又はその準備」に直接関係しないという理由付けをされることによって、防御権行使として無条件に正当化される範囲が狭く限定され、その結果、本書が提言する被告人側からの報道機関に対する情報提供が開示証拠の目的外使用の典型として２項の問題に移されて、名誉・プライバシーとの利益衡量に投げ込まれてしまうことになりかねないのである。

(4)　本書の考え方

　しかしながら、すでに多くの論者によって指摘されているように、また冤罪救済支援運動の実践および成果からも明らかなように、もともと被告人の防御権の行使のありようは多様である。したがって、そもそも当該手続または手続の準備目的を反対尋問への活用などの場合に限る理由はない。しかも、捜査機関による情報提供が公平な裁判を受ける被疑者・被告人の権利を侵害する原因の一端をなしているときに、かかる被疑者・被告人の適正手続を受ける権利の侵害に対抗し、侵害の発生を防止するために行う被告人側からの報道機関に対する対抗的情報提供は、防御権行使そのものである[40]。そして、開示証拠の利用が防御権行使として位置付けられる場合に、改めて名誉やプライバシーとの利益衡量の天秤に乗せられることはない。それらの権利・利益との衡量は、刑事手続上の基本権を憲法に制定する際に、適正手続を受ける権利を絶対的に保障するという形で既に済まされているからである。

　したがって、少なくとも、犯罪報道によって有罪視的予断が発生しないようにすることを目的として被告人側が行う開示証拠に基づく情報提供については、「手続又はその準備」目的の範囲内に入る活動であると理解しなければならず、それゆえ、２項を適用して、名誉・プライバシー保護を理由に情報提供を禁止・制限することは許されないと解さなければならない[41]。

第5節　裁判公開制限の妥当性・有効性

■ 1.　予断防止手段としての位置付け

　アメリカ、ドイツの議論では、情報入手型規制として、公判などの刑事手続の非公開も検討されてきた。しかし、裁判の非公開という手段を犯罪報道を通じた被疑者・被告人の適正手続を受ける権利の侵害を防止する手段として使うべきかどうかを判断するためには、法的な観点と実際上の有効性の観点の両方から慎重な検討を必要とする。法的な観点から検討を要するのは、いうまでもなく、被告人の公開裁判を求める権利との関係であるが、そもそも事実認定者の予断を防止するための方法という観点から考えた場合、裁判の非公開が有効な方法であるとはいえないという実際上の問題がある。なぜなら、とりわけ、日本の場合には、起訴前の捜査段階にも報道が集中する傾向が強いから、公判が始まってから報道への情報の流入を規制したところで、そのときには既に事実認定者は大量の有罪視報道に晒されているからである。また、公判では、事実認定者は、法廷において生の証拠に触れ、審理を実際に体験しているわけだから、公判期日の様子を期日終了後に再度報道によって知らされても、心証形成に与える影響は大きくないといえそうだからである。

　しかしながら、裁判の非公開が報道機関を通じた被疑者・被告人の適正手続の侵害防止に何らの関係がないかといえば、そうではない。たとえば、報道関係者が多数傍聴していることを意識した被告人が萎縮してしまって、被告人質問に対して自分の考えや意見を述べることができなかったり、証人を十分に弾劾することを差し控えてしまったりするような事態になれば、報道機関の行為と防御権との抵触が問題となりうる。

　また、公判の様子の取材・報道と被告人に保障されるべき権利全体との関係を考えた場合には、公判報道が権利侵害をもたらす可能性は一層、無視しえないものとなる。なぜなら、名誉・プライバシー、社会復帰の利益などの人格権は、公判報道によって不断に侵害されるおそれが高いからである。アメリカやドイツの議論においても、裁判非公開の是非を考える場合に念頭に置かれていたのは、主として、名誉・プライバシーであり、報道が被告人に「汚名を着せる効果」の点であっ

たことからも、このことは明らかであろう。

　いずれにしても、裁判公開に伴う公判取材および報道が、被告人の権利保障と緊張関係に立つことは否定できない。しかし、そうであるがゆえに、裁判公開／非公開問題は、被告人の公開裁判を受ける権利および市民の知る権利と複雑に絡み合い、隘路にはまり込んでしまう可能性を否定できなくなるのである。すなわち、公開することによって、被告人の防御権と人格権が侵害されるおそれがあり、非公開にすることによって、被告人の公開裁判を受ける権利と市民の知る権利が侵害されるおそれがあるという複雑な関係をどう解きほぐすのか、という難問に直面するのである。

■ 2. 表現の自由論からのアプローチの問題点

　この点、表現の自由や知る権利を重視する立場からは、裁判の絶対公開は当然の要求としたうえで、さらに、法廷内カメラ取材を制限している現在の日本の裁判所の対応を厳しく批判し、一律の禁止は憲法82条等に反するおそれがあるとの意見さえ出されている[42]。

　しかし、このような理解は、上に指摘した裁判公開原則をめぐる複雑な権利・利益関係を捉え切れていないうらみがある。すなわち、憲法上被疑者・被告人にとっても権利であるはずの裁判公開が、必ずしも被疑者・被告人の権利・利益保護に結び付いていないという状況を軽視しすぎているように思われるのである。とりわけ、公開によって侵害される可能性のある権利のなかに、被疑者・被告人の適正手続を受ける権利が含まれる以上、表現の自由の優越的地位論に依拠する割り切りは許されないといわざるをえない。

■ 3. 適正手続権としての公開原則からのアプローチとその修正可能性

　一方、裁判の絶対的・可及的公開は、表現の自由論のアプローチとは異なる論理からも追求されてきた。従来の1つの考え方は、裁判所による専断的・恣意的判断を防ぐという裁判公開が有する適正手続上の意義から裁判公開の絶対性を導き、裁判の非公開を極力否定する論理を取るというものであった。その場合には、まず、被告人について考えれば、被告人は裁判公開によって確かに人格権侵害の

危険には晒されるが、人格権よりも一層必須不可欠の適正手続を受ける権利の1つである公開＝公正な裁判を受ける権利は保障されるのだから、適正手続の絶対的保障の必要性から、公開こそが被告人に対する権利保障のあり方であるとして正当化されることになる。また、適正手続を保障する方法として、憲法が裁判公開という具体的な手段選択をしている以上、もはや個別の事案で適正手続を保障する手段の選択をアドホックに行うという思考方法は取るべきでないとも説明される。一方、市民の権利についても、市民の側に公開によって失われる権利はないのだから、適正手続を受ける権利の保障のあり方として公開が選択されれば矛盾は解消するし、公開＝報道ではないから、公開自体は制限せずに、公開によって提供された情報をどの範囲で、どのように報道するかという点を独自の争点として設定して、人格権との衡量・調整は可能であると説明することは不可能ではない。

　私も、裁判公開原則の理解として、以上のような考え方を採ってきた[43]。そして、本書においても、基本的には、従来の考え方を維持するべきであると考えている。しかしながら、改めて考えてみれば、裁判公開の絶対的・可及的保障を追求すべきとする立場に立ったとしても、常に完全無欠な形態での公開以外は認められないとの結論に必然的に至らなければならないわけではないように思われる。換言すれば、完全公開か、非公開かの二者択一の選択しか考えなかったのは、やや硬直的にすぎたように思う。

　そうすると、刑事裁判を国民の目に晒すことによって、裁判官の専断的・恣意的判断や訴訟進行が行われないように監視し、もって被疑者・被告人の公正な裁判を受ける権利を保障するという、裁判公開原則の最も重要な意義を損なわない限りにおいて、少なくとも被告人の防御権を擁護する目的で公開のレベルを少しだけ下げる選択肢を考えることは可能であるように思われる[44]。

　ただ、そうはいっても、実際に報道機関による取材や報道による防御権の侵害を避けるために、公開度を下げる必要があり、同時に公開度を下げることで効果があがる場面はむしろ稀であろう。ありうるとしても、たとえば、法廷画家が傍聴しながら被告人の似顔絵を描くことを禁止するとか、被告人質問において、被告人の生育過程あるいは人間関係など防御上重要であるが、同時に極めてセンシティブなプライバシーについて聴かなければならない場面で傍聴席との間に遮蔽措置を施したり期日外尋問を利用したりする程度であると思われる。そして、その程度に限って公開レベルを下げるのであれば、裁判の監視機能は損なわれないだろう

し、知る権利に対する制約があるとしても防御権保障という目的のもとで正当化される必要最小限度の制限にとどまるといえるのではなかろうか。現に、いわゆる犯罪被害者保護を目的とした刑訴法改正において、証人と傍聴人との間に遮蔽措置を取ることが可能になっているが、改正の際の議論では、裁判公開が証人の供述態度や表情を傍聴人に認識させることまで要請しているとは解されないという理解のもと、かかる措置は裁判公開に反するものではないとの解釈が導き出されている。

本書は、犯罪被害者の場合は、被告人に負罪的な証言をする場合も少なくないから、表情も含めて一般市民の目に晒され、監視されたなかで証言してこそ、つまり誤解を恐れずにいえば、一定の精神的心理的負担を負いつつ証言してこそ、手続の公正さが満たされ、また真摯な証言も得られると考えるべきであり、被告人に不利益な方向の証言をする証人について、表情や姿が見えなくても被告人の公開裁判を求める権利を侵害しないとはいえないと考える。しかし、公開裁判を求める権利と同じく適正手続を受ける権利として絶対的保障が求められる防御権の保障を目的とするのであれば、傍聴の方法に一定の制限をかけることは正当化されうると考える。

1 指宿信「聴覚言語障害を理由とした訴訟無能力と手続打切り」判例タイムズ977号（1998年）15頁以下、渡辺修『刑事裁判と防御』（日本評論社、1998年）156頁以下、岡部泰昌「刑事手続と障害者の人権保障（下）」判例時報1274号（1988年）7頁など。手続打切り論の包括的な研究については、参照、指宿信『刑事手続打切りの研究』（日本評論社、1995年）。
2 岡山地判昭和62年11月12日・判例時報1255号39頁。
3 最決平成7年2月28日・刑集49巻2号481頁。
4 最決昭和31年9月25日・刑集10巻9号1382頁。
5 最決昭和49年7月18日・判例時報747号45頁。
6 刑集27巻9号1415頁。
7 佐藤幸治＝竹下守夫＝井上正仁『司法制度改革』（有斐閣、2002年）353〜355頁〔井上発言〕。
8 池田修『解説 裁判員法——立法の経緯と課題』（弘文堂、2005年）57頁の記述には、かかる厳格な解釈への指向性が窺われる。
9 柳瀬昇「裁判員候補者の予断と裁判員等選任手続——続・討議民主主義理論に基づく裁判員制度の意義の再定位」法政論叢42巻2号（2006年）150頁以下は、ゲームの理論的思考の観点から、専断的忌避のみでは有罪であるとの先入観を持った裁判員を排除して中立な裁判体を構成することは困難であり、まず、裁判所が「『不公平な裁判をするおそれのある者』の不選任を積極的に認容することを通じて、より強い先入観をもった候補者を

排除することが、公正な裁判を実現する観点からは求められる」〔151 頁〕と論じている。
10 　五十嵐二葉『刑事司法改革はじめの一歩』（現代人文社、2002 年）99 頁は、いわゆる理由付き忌避は、裁判官の判断に許否がかかる点、日本人の国民性から被告人側からの理由付き忌避の申し出が世論の非難を受けるなどして実質的に困難となることが予測される点に鑑みて、無条件忌避と理由付き忌避の 2 種類の制度が不可欠であると論じている。裁判員法 34 条の不公平な裁判をするおそれについて、本書のような解釈が受け入れられたとしても、後述する質問方法の不備が影響するなどして、不適切な知識を有している候補者を完全に排除できない可能性が高いことに鑑みると、理由を付さない不選任制度も含めて不可欠であるとする五十嵐の結論を基本的に支持したい。
11 　西村健「裁判員制度の実務的課題」季刊刑事弁護 40 号（2004 年）100 頁、後藤昭＝四宮啓＝西村健＝工藤美香『実務家のための裁判員法入門』（現代人文社、2004 年）73 頁〔西村〕および 147 頁〔工藤〕。
12 　効果的な質問項目の準備という観点からは、当事者が裁判員候補者の属性などの情報や質問票に対する回答などをなるべく早く知ることができたほうがよいという考えもありえよう。しかし、他方で、あまり早期に開示すると、情報量や調査能力に圧倒的な差を有する検察官が、弁護人以上に候補者に関する情報を収集することにならないか、とのもっともな懸念が表明されていることを考えると、裁判員法 31 条に定める候補者に関する情報の裁判員等選任手続 2 日前の開示、質問票の当日開示について、「遅すぎる」との評価を直ちに下すことはできないだろう。早期の開示による情報・準備の格差の拡大に対する懸念については、後藤昭＝四宮啓＝西村健＝工藤美香・前掲注 11 書・70 頁〔西村〕参照。
13 　この点に関して、村岡啓一「『質問票』のあり方――裁判員選任手続を主宰して」季刊刑事弁護 42 号（2005 年）28 頁以下は、日本の裁判員制度においては、「中立的な人間というのはフィクションだから一定の偏見があることを前提に多様な社会構成を反映した人間を選出し、モザイク状の陪審員団を構成するという方法」が適合的であり、「一方当事者に不利な有力者の排除という消極的方向ではなく、むしろ、裁判官との『協働』をなしうる常識人の確保という積極的方向に向かうから、裁判員候補者の背景事情を微に入り細に入り問うような詳細な質問事項は必要ではなく」と述べ、かかる考え方に従って模擬裁判員選任手続（30 頁以下）における質問を行っている。本書も、一般論として、以上のような考え方が 1 つの考え方としてありうることは否定しない。しかし、犯罪報道による影響に限っては、村岡が考えるような前提はありえないと思う。なぜなら、犯罪報道では、偏見は多様ではなく、被告人の有罪方向一色であるのが常態だからである。したがって、犯罪報道を通じて事件に関する情報を有している候補者については、被疑者・被告人に一方的に不利な予断・偏見を有している者の排除を積極的に追求していく必要があり、そうしなければ、被疑者・被告人の公平な裁判所による裁判を受ける権利は守れないように思われる。
14 　心理学分野からは、この点に関して既に十分な研究の蓄積があるとの指摘がなされている。そうだとすると一層積極的な活用が望まれよう。参照、黒沢香「陪審制・裁判員制による刑事裁判の研究」菅原郁夫＝サトウタツヤ＝黒沢香編『法と心理学のフロンティア I 巻　理論・制度編』（北大路書房、2005 年）128 頁以下。
15 　この点を指摘するものとして、福来寛「報道と陪審（上）」法学セミナー 549 号（2000 年）

128頁、E・Wバトラー＝H・フクライ＝J‐Eディミトリウス＝R・クルーズ（黒沢香＝庭山英雄編訳）『マクマーチン裁判の深層』（北大路書房、2004年）139頁以下、347頁以下。

16 センセーショナルな有罪視報道のなかで刑事手続が進められたマクマーチン事件裁判に関与した弁護側コンサルタントからも、同裁判の経験に基づき、裁判地変更の積極的な活用が提言されている。参照、E・Wバトラー＝H・フクライ＝J‐Eディミトリウス＝R・クルーズ・前掲注15書・345頁以下。

17 最決昭和24年3月5日・刑集3巻3号268頁。

18 アメリカよりも国土が狭いことや情報密度の地域格差が少ないことを指摘して、日本における裁判地変更の有効性に疑問を投げかける論者として、福来寛「報道と陪審（下）」法学セミナー550号（2000年）133頁。

19 Fein, McCloskey and Tomlinson, Can the Jury Disregard That Information? The Use of Suspicion to Reduce the Prejudicial Effects of Pretrial Publicity and Inadmissible Testimony, 23 Personality and Social Psychology Bulletin 1215, at 1223(1997); Kassin and Sukel, Coerced Confessions and the Jury: An Experimental Test of the "Harmless Error" Rule, 21 Law and Human Behavior 27, at 42(1997).

20 この点を指摘するものとして、see, Posey and Dahl, Beyond Pretrial Publicity: Legal and Ethical Issues Associated With Change of Venue Surveys, 26 Law and Human Behavior 107, at 115(2002).

21 Posey and Dahl, *supra* note 20 は、陪審員候補者に対する質問の方法として、最初は、陪審員候補者に事件に関するごく概括的な情報のみを提供して事件についての知識を有しているかを聴き、「知っている」と答えた候補者に対してのみ、段階的に具体的な情報を提示するというやり方で、陪審員候補者が質問を通じて事件に関する新たな情報を取得できないようにすることを提言している。Poseyらが取ったやり方は確かに示唆に富むが、この方法が本当に質問による偏見の植え付けを防ぐことのできるものなのかどうかは、たとえば、概括的情報の提供であっても予断が生じてしまうことはないのかといった点など、なお慎重に検討すべき点があるように思われる。

22 裁判地の変更に関しては、アメリカでは、合衆国憲法修正6条で「犯罪が行われた州および地区」の陪審による裁判を受ける権利が規定されていることとの関係で、またドイツにおいては、基本法101条で「法律に従った裁判官の原理」が定められていることとの関係で、それぞれ理論的な問題が指摘されている。しかし、いずれも日本の憲法にはない規定であり、日本の場合に同様の問題が直ちに生じることはないと思われる。もっとも、ドイツで指摘される法律上の問題点は、要するに事実認定者を恣意的に選択することを防ごうとする趣旨であると考えられ、その趣旨は、日本においても考慮されなければならない。しかし、この点も、管轄移転のルールを定式化すれば解決する問題であると思われる。

23 アメリカにおける表現の自由の規制に対する枠組みを基本的に支持する見解として、参照、松井茂記「公正な裁判を受ける権利と取材・報道の自由」阪大法学53巻3＝4（2003年）248頁以下、同『マス・メディアの表現の自由』（日本評論社、2005年）236頁以下。

24 この点に関して、福来寛・前掲注15論文・127頁は、直接的な情報規制が報道関係者

の激しい反撃を招き、裁判所と報道機関との闘いがクローズアップされる傾向にあることなどを指摘し、直接規制は予断防止にとって「あまり効果的な方法とは言えない」と述べている。

25　奥平康弘『憲法Ⅲ　憲法が保障する権利』(有斐閣、1993年) 300頁。

26　Dienes, Traial Participants in the Newsgathering Process, 34 U. Rich. L. Rev. 1107, 1163-1164(2001); Roxin, Strafrechtliche und Strafprozessuale Probleme der Vorurteilung, NJW 1991, S.154, 158. 弁護側コンサルタントとして実際に裁判に関与した経験に基づいてこの点を指摘するものとして、参照、E・W・バトラー＝H・フクライ＝J‐E・ディミトリウス＝R・クルーズ・前掲注15書・316頁以下、326頁以下。

27　この点を指摘するものとして、たとえば、参照、大出良知「事件報道の現状と刑事弁護の課題」季刊刑事弁護31号 (2002年) 93頁以下、前田俊之「記者クラブの歴史と問題点　その改革」現代ジャーナリズム研究会編『記者クラブ』(柏書房、1996年) 147頁以下。さらに、神戸連続児童殺傷事件を素材にして、社会学的に分析したものとして、小城英子『「劇場型犯罪」とマス・コミュニケーション』(ナカニシヤ出版、2004年) 53頁。

28　直接の報道規制を禁忌するアメリカとは大きく異なり、イギリスおよびイギリス型の裁判所侮辱罪を通じた報道規制という方法が取られているオーストラリアでも、自白、前科などが予断誘発的情報の典型として規制対象に挙げられている点では、アメリカと共通しているようである。イギリスにおける犯罪報道と公正な裁判の保障とを整合させるための制度について紹介したものとして、参照、ブレンダ・スフリン (本間一也訳)「陪審裁判と報道の自由――陪審裁判の保護を目的とした法廷侮辱に関する法による報道の自由の規制」鯰越溢弘編『陪審制度をめぐる諸問題』(現代人文社、1997年) 297頁以下、とりわけ、310頁以下。また、オーストラリアの制度について紹介したものとして、参照、細田啓介「オーストラリアにおける刑事陪審公判と報道の関係を中心とする手続の公正と公表との関係について (上) (中) (下)」判例タイムズ1127号、1129号、1131号 (2003年)、とりわけ1129号68頁以下。なお、イギリスの制度については、森健二「イギリスにおける陪審裁判と事件報道のあり方」判例タイムズ1080号 (2002年) 65頁以下も参照。

29　前科や悪性格情報は、公職者や公的人物の正確な評価のため、あるいは歴史価値のある事件の解明のために必要な資料となる場合もあるから、かかる場合には公共的情報として公表を制限できないのではないか、という意見もあるだろう。たとえば、参照、駒村圭吾『ジャーナリズムの法理』(嵯峨野書院、2001年) 236頁。確かに、報道対象者が刑事手続の当事者になっていない場合には、公共的人物については前科や悪性格も公共的情報になりうることは否定できない。しかし、報道対象者が被疑者・被告人となっている場合には、それらの情報は受け手に、刑事手続上問われている犯罪と結び付けて認識されてしまうことを避けがたいから、適正手続を受ける権利の保障を優先して、捜査機関からの情報提供を禁止するという選択をせざるをえない。

30　ABAの法曹倫理とも整合することは既に触れたとおりである。なお、イギリスでも同じような考え方がなされていることについて、参照、幡新大実「イングランド・ウエールズにおける弁護人の記者発表と倫理問題」季刊刑事弁護47号 (2006年) 146頁以下。

31　Steven Fein, Allison L. McCloskey and Tomas M. Tomlinson, *supra* note 19, at 1224.

32　武井康年「弁護人のマスコミ対応——広島女児殺害事件を題材に」季刊刑事弁護 47 号（2006 年）102 〜 103 頁。

33　今枝仁「広島女児殺害事件弁護団のマスコミ対応と考え方」季刊刑事弁護 46 号（2006 年）17 頁以下。

34　五十嵐二葉「公判報道のゆがみをさらに広げるな」新聞研究 537 号（1996 年）69 頁は、オウム真理教関連のある事件で無罪主張をしたところ、「被告人に反省させない弁護方針」として指弾されただけに終わり、「マスコミ受けは最悪だった」ために途中から記者会見をすることをやめたと述べている。同様の指摘は、麻原被告人の第一審弁護団からも出されている。すなわち、同弁護団は、1997 年 4 月 25 日、「いくら一生懸命説明しても弁護団の考え方がきちんと伝わらない」として、公判終了後に定期的に開いてきた記者会見を中止した（参照、朝日新聞 1997 年 4 月 26 日付朝刊）。

35　公表されている実践例として、参照、「インタビュー阿部泰雄弁護士に聞く　仙台筋弛緩剤混入事件　メディアにどう対応したか」季刊刑事弁護 31 号（2002 年）109 頁以下、山下幸夫「バタフライナイフによる強盗殺人未遂事件」季刊刑事弁護 31 号（2002 年）115 頁以下。

36　武井康年＝森下弘編『ハンドブック刑事弁護』（現代人文社、2005 年）83 頁以下は、被疑者・被告人側の主張の公表に積極的意義を認めつつ、刑事弁護の方法論として、公表するかどうかの判断にはとりわけ慎重さが必要であることを強調している。

37　ただし、条文上は、禁止の対象になっているのは「複製等（複製その他証拠の全部又は一部をそのまま記録した物及び書面）」（刑訴法 281 条の 3）の場合に限られ、情報内容の要約的な提供は禁止対象となっていないから、被告人側からの情報提供が本条の規制のもとに置かれることは実際にはそう多くはないものと思われる。しかし、被告人側が自らの主張を伝える際に、主張を根拠付けるために証拠そのものを引用、提示しなければ有効な主張とならない場合もありうるから、「複製等」という文言の解釈のみで問題の発生を回避することはできない。

38　辻裕教「刑事訴訟法等の一部を改正する法律（平成 16 年法律第 62 号）について(1)」法曹時報 57 巻 7 号（2005 年）25 頁。

39　実際、辻裕教・前掲注 38 論文・41 頁では、刑訴法 281 条の 4 第 2 項は、「前項〔1 項〕の違反となる行為が行われたことを前提に、これに対する措置を採るに当たって考慮すべき諸事情を掲げたものであり、前項の違反となる行為の範囲に影響するものではない」と解説されており、防御権の行使としての公表であっても審理または審理の準備目的には当てはまらない場合がありうることを想定し、しかもその場合に、名誉・プライバシーとの間での利益衡量をすることによって、いわば違法性阻却として処理しようとする発想が見て取れる。これに対して、森下弘「実務編・『禁止等規定』に対する留意点」季刊刑事弁護 44 号（2005 年）93 頁以下は、2 項についての以上のような理解に反対し、「2 項は、1 項に該当するか否かを判断するに当たって考慮すべき諸事情を規定したもの」と考えるべきと論じている。

40　渡辺修『刑事裁判を考える——21 世紀刑事司法の展望』（現代人文社、2006 年）282 頁以下、とりわけ 309 頁、福島至「記録の取扱い　理論編・改正刑訴法の批判的解釈」季刊刑事弁護 44 号（2005 年）80 頁以下など。

41　刑訴法281条の4、同281条の5に対しては、裁判公開原則や知る権利の観点からも疑問が投げかけられている。さらに、被告人の防御権行使との関係でも証人予定者等への記録の交付や共犯者間の開示記録の相互利用、さらには支援者や学術研究者への配布など、本書が考察の対象にした形態以外の様々な方法の防御活動を制限しないかという問題点もある。解釈論によって開示記録の目的外利用禁止規定がこれらの全ての指摘された問題点を解消しうるのかについては疑問もあるが、本書が扱う直接のテーマから外れることもあり、本書ではこれ以上立ち入らないこととする。

42　石村善治編『新版現代マスコミ法入門』(法律文化社、1998年) 74頁以下〔松井修視〕。

43　参照、渕野貴生「少年『犯罪』と審判公開」新倉修編『少年「犯罪」被害者と情報開示』(現代人文社、2001年) 72頁以下。

44　以前、私は、少年の刑事裁判に関して、少年の適正手続を保障することを目的として、同じような主張をしたことがあるが、成人被告人の場合であっても、手続公開に関して、適正手続を受ける権利相互の両立が困難な事態が発生するとすれば、少年の刑事裁判と同じ思考方法を取ることが許されると思う。少年の刑事裁判における公開制限の考え方および方法については、参照、渕野貴生「逆送後の刑事手続と少年の適正手続」葛野尋之編『少年司法改革の検証と展望』(日本評論社、2006年) 117頁以下。

第12章 ◇ 両当事者対等報道

第1節　情報発信型規制の必要性と危険性

　前章で述べたような情報入手型規制を組み合わせて活用することにより、社会における事前の有罪視的雰囲気の発生に一定の歯止めをかけることは可能であると思われる。しかしながら、これらの規制のみでは、なお事実認定者が事前の有罪視の予断を持つことを防ぎ、被疑者・被告人に対して公正な裁判所による裁判を受ける権利を保障するには充分ではないといわざるをえない。

　第一に、捜査機関から報道機関に対して提供される情報は、自白や前科情報に限られるわけではなく、犯行の態様や被害の状況、捜査の全般的な進行状況、逮捕、勾留、起訴、捜索、押収などの刑事手続の進行状況ならびに収集された証拠に関する情報など多岐にわたるが、これらの様々な情報も、自白や前科情報などの典型的に事前の有罪視的予断を強度に生じさせるタイプの情報ほどではないにせよ、多かれ少なかれ被疑者・被告人に対する有罪視的予断を生じさせる危険を内在している。しかし、他方で、犯罪や刑事手続の進行に関する情報は、社会の病理現象を改善・克服するための建設的な議論を行っていくためにも、捜査や処罰といった最強度の国家権力の行使に対する適切な監視・チェックを行っていくためにも、市民に対して積極的に提供されなければならない。したがって、類型的に適正手続を受ける権利を侵害するリスクが高いと考えられる種類の情報を越えて捜査機関からの情報提供を規制することは、市民の知る権利に対する過剰な制限にあたるおそれがあるので、許されないといわなければならない。

第二に、報道機関は確かに犯罪に関する情報源の多くを捜査機関に負っている。しかし、捜査機関以外から刑事事件情報を入手することも決して少なくはない。報道機関が独自に目撃者や地域住民、被害者、専門家などから取材を重ねて情報を入手し、報道するというルートが取られた場合には、その報道がいかにセンセーショナルで有罪の予断を与える効果の強い内容のものであっても、上述の各手段では、防止することはできないのである。

　さらにいえば、そもそも情報入手型規制自体も予断発生防止に間接的な効果を有するにすぎない。いくら捜査機関による有罪の予断を生じさせるリスクの高い情報提供を禁止し、被疑者・被告人側からの情報提供が積極的に行われたとしても、報道機関の手元に集まった情報が加工・編集されずにそのまま報道されるのではないからである。報道機関が、捜査機関側から入手した情報のみを偏重して報道し、被疑者・被告人側からの情報をなおざりにするという対応を取ってしまえば、情報入手型規制の予断防止効果は著しく減殺されることになろう。

第2節　両当事者対等報道モデルの提唱

■ 1．モデルの基本的枠組み

　このように考えてくると、公平な裁判所による公正な裁判を受ける権利の実効的な保障を実現するためには、情報の報道機関への流入部分だけでなく、報道機関からの発信部分に対する規制も検討する必要があるといわざるをえない。それでは、表現の自由に対する制約を最小限度に抑え、市民の知る権利を実質的に損なわないようにしつつ、予断的報道を規制するという課題に、どのようなアプローチをすれば応えていくことができるだろうか。

　本書は、以下に述べるような両当事者対等報道モデルを提唱することで、以上の課題に応えたいと考える。

　まず、モデルの基本的枠組みは、①個別の刑事事件や刑事手続について報道する場合には、捜査・訴追機関側の主張だけでなく、必ず被疑者・被告人側の主張も同時かつ並列的に報道する、②報道する際には、両当事者の主張はあくまで

主張にすぎず、確定した事実ではないということが明確に分かる書き方をする、③両当事者の主張を伝達する部分と報道機関自身の意見を述べる部分をはっきりと区別して報道する、という形態の報道がなされるために必要な法的規制を行う、というものである。

■ 2. 表現の自由の制約度

　このような方法は、確かに情報の発信方法に一定の制限をかけることになる。しかし、同じ発信型規制でも、少なくとも情報を遮断する方法に比べて、市民の知る権利に対する制限をかなりの程度回避できるものと思われる。また、さらにいえば、捜査側情報のみに偏重した報道を刑事事件や刑事手続に関する「正確な」報道といってよいのかどうかという点にもともと疑問があり、両当事者対等報道モデルの実現は、刑事事件や刑事手続に対する真に正確な情報を市民に提供するという点で、知る権利の実質的保障にも資する部分があるのではなかろうか。

　実際、いわゆる反論権をめぐる議論では、既に表現の自由について本書のような思考形式がなされていることが見て取れる。たとえば、右崎正博は、報道機関に対するいかなる規制も表現の自由を損なうという伝統的な表現の自由理解に対して、「巨大なメディアが情報を独占し、流通する内容（質）まで左右することのできる立場にあり、大多数の国民は事実上情報の単なる『受け手』の地位に置かれている。このように『思想の自由市場』が事実上大きな変容を被った現在、もし言論・表現の自由の保障が国家の干渉を受けないでいいたいことをいう自由、メディア所有者が法による統制から自由にメディアを使用する権利だけしか意味しないとしたら、それは、少数のメディア所有者が彼らの思想と相容れない思想を排除し、抑圧するための理論的根拠を提供するだけのものになってしまう可能性がある」という認識に立ち、「反論の機会の保障は、言論を抑圧することによってではなく、より多くの言論によって対処しようとする点でむしろ言論の自由の法理に適合的であるといえないだろうか」と問題提起している[1]。

■ 3. 予断排除方法の発想転換と実質的対等報道の必要性

　また、両当事者対等報道モデルは、起訴状一本主義、少なくともその精神に反

するのではないか、という批判もありうる。そして、その批判は、甘んじて受けざるをえない。報道の自由を最大限保障しつつ、事実認定者が公判前に公判外で予断を生じることを防ぐという困難な課題に答えを出そうとするとき、予断排除を実現する方法として、起訴状一本主義の底流をなしている考え方、すなわち、事実認定者には可能な限り事前に事件に関する情報を与えない、という方法論は放棄せざるをえない。敷衍すれば、両当事者が情報を提供しあうことで結果として中立・公正さを保障するという考え方に転換せざるをえない。しかし、だからこそ、提供される情報は、刑事手続の文脈において真に「対等」といえるものでなければならない。

　そうすると、上記①〜③は、現在の捜査・訴追機関側の視点に偏重している報道のあり方をあくまで形式的な意味で「対等化」するにすぎないことに気が付くだろう。捜査・訴追側と被疑者・被告人側との間に、権限のうえでも物理的・経済的な力のうえでも圧倒的な格差がある刑事手続において、形式的対等が当事者主義を戯画化するものであることは改めて指摘するまでもなかろう。両当事者が真に対等の立場に立って攻撃・防御を尽すことを可能にするためには、実質的当事者主義化がはかられなければならず、刑訴法も実質的な武器対等を保障することを基本原則として、それを実現するために様々な仕組みを用意している。無罪推定法理に基づく挙証責任然り、防御権の実質化としての黙秘権保障然りである。そして、そのような様々な当事者主義の実質化がはかられてはじめて、被疑者・被告人の適正手続を受ける権利は権利の名に値する意味のあるものになるのである。

　そうだとすると、犯罪報道も、同じ基本原則に則った報道の仕方をしなければ、被疑者・被告人の適正手続を受ける権利の侵害の防止にはつながらないということになるはずである。実際、被害者の死亡結果をもたらした原因が故意であったとする識者のコメント（意図コメント）と偶発的事情であったとする識者のコメント（偶発コメント）とを併記した模擬新聞記事を読んでもらって、行為者の責任の重さを聞く実験をしたところ、いずれのコメントも付されていない記事を読んだグループほどには、意図コメントの影響を減殺することはできなかったとする実証研究も出されている[2]。「対立した主張をするコメントを併記するだけでは、読者の判断に及ぼす両コメントの効果を均衡化する保障にはならない」[3]ことを示唆するものといえよう。したがって、このような不均衡が生じることを防ぎ、実質的に対等な報道を実現するためには、上記の①〜③に加えて、以下の各点を対等報道の内容として求める必要があるものと考える。

■ 4. 実質的対等化の内容

(1) 黙秘権についての正確な理解

　第一に、被疑者・被告人には黙秘権が保障されているから、報道の対象となるような事件においても、被疑者・被告人が実際に黙秘権を行使するという方法で防御活動を行うことは当然ありうる。このような場合には、被疑者・被告人側の主張としては、「黙秘」しているという事実において基本的には尽されているといえる。そして、立証責任を全面的に訴追側が負っている刑事裁判においては、本来、それ以上に被疑者・被告人が語る必要はなく、黙秘しているという事実のみで訴追側に対する十分に対等な反論になっているはずである。

　しかし、刑事裁判のかかる基本構造は、社会的常識としてはなかなか受け入れがたいものであるようである。ミランダの会が行う弁護活動に対して批判が起こったり、被告人に真実を語ることを要求する意見が出されるといった現実は、社会の「常識」がどこにあるのかを端的に示しているといえよう。

　被疑者・被告人の黙秘に対する社会の側の受け取り方が、そのようなものであるとするならば、被疑者・被告人が「黙秘」しているという事実を捜査・訴追側から出される大量の情報に漫然と対置するだけでは、真に「対等」な報道が行われたことにはならないといわなければならない。すなわち、黙秘が刑事裁判において有する意味が正しく伝わるような報道をすることが対等報道の内容として求められるのである。

(2) 「疑わしきは被告人の利益に」原則の組み込み

　第二に、被疑者・被告人側が積極的に反論しようとする場合も、訴追側に「合理的な疑いを超える証明」が求められている刑事裁判制度の特質を正しく反映するような対等報道を行う必要があることは、黙秘の場合と同様である。前述したように、オウム真理教関連のある事件で、法律的な無罪主張をした弁護人が「被告人に反省させない弁護方針」として指弾されただけで「マスコミ受けは最悪だった」ために途中から記者会見をすることをやめてしまったケースが報告されているが[4]、このような報道の仕方が対等報道の名に値しないのは明らかであろう。

⑶　捜査側情報の伝え方

　第三に、刑事裁判制度の持つ特質に即した報道の必要性は、捜査側の情報を伝える場合にも当てはまる。捜査機関による情報提供の規制について論じたところにおいても述べたとおり（第3部第11章第4節）、捜査段階で収集された資料全てが裁判において証拠として認められるとは限らない。特に、自白、伝聞証拠、ポリグラフ等の鑑定検査結果、前科などは、刑訴法上あるいは理論上、証拠能力が認められない場合が存在することが予定されている一方で、いったん報道されると被告人が有罪であるとの予断を強く植え付けてしまう極めて危険な情報である。

　もちろん、既に述べたように、本書では、これらの情報は捜査機関による公表自体が規制されるべきと考えるので、規制が実現されれば、予断を生じさせる危険性の高い情報が無秩序に報道される機会は少なくなることが期待される。しかし、その場合であっても、たとえば、事件を目撃したとされる人物を独自に探し出して目撃状況を聞きだすなど、報道機関が独自の取材を通じて正当な方法でこれらの情報を入手することはありうる。

　しかし、繰り返し指摘するが、これらの情報は、刑訴法上、そもそも証拠能力を認められない場合も少なくないし、証拠として認められる場合にも、被告人側の有効かつ十分な弾劾を経てはじめて証明力評価の対象としうるものである。したがって、捜査機関による情報提供規制の対象とされるべきこれらの情報を報道機関が何らかのきっかけで捜査機関あるいはその他の情報源から入手するに至った場合でも、かかる情報に対する被疑者・被告人側の十分な準備に基づく反論の機会を保障したうえで、反論と対置させた報道をするべきである。

　ところが、現在のように被疑者・被告人側に対する証拠開示が捜査段階ではほとんど皆無であり、公判前整理手続を経る場合を含めて公判開始時点でも十分とはいえない状態では特に、実際には、被疑者・被告人側として有効適切な反論を行いたくても公判開始前には実行する術を持たない場合がほとんどである[5]。

　したがって、かかる現状を踏まえるならば、公判開始前に捜査側情報を伝える場合には、かかる捜査側情報は、本来は、被疑者・被告人側の十分かつ有効な弾劾を経てはじめてその価値を評価できるのであり、報道した情報が正確である保障はないどころか、有罪認定のために使うことができるかどうかもわからない段階にあること、報道した段階で併記されている被疑者・被告人側の反論は、被疑者・

被告人側に十分な証拠の検討を行う機会が保障されていない状態で行われたものであることを十分考慮して評価すべきこと、被疑者・被告人側からの反論が併記されていないからといって捜査側の主張に反論の余地がないという意味に受け取ってはならないことを十分に警告する文章を必ず付して報道すべきである[6]。

さらに、身体拘束等が被疑者に対する有罪視に与える影響力を考慮すべきである。すなわち、逮捕、勾留あるいは起訴などの刑訴法で定められたプロセスを進めたという事実自体が、捜査・訴追側にとって強力な主張になることに留意して、逮捕等を行った事実とそれらの手続を正当化する根拠となった罪となるべき事実は、客観的な事実ではなく捜査機関の嫌疑を表したものにすぎないこと、訴追側は嫌疑に基づき自らの主張する訴因について証拠によって合理的な疑いを超える証明を行う責任を負っていることが明らかになるような伝え方をする必要がある。

(4) 両当事者対等報道モデルの全体像

上記①〜③に加えて以上の要求を満たす報道を行うように法的に規制するというのが、両当事者対等報道モデルの全体像である。要求を満たす報道のあり方として、具体的に取りうる報道のテクニックは、メディアの形態に応じて多様な選択肢がありうるだろう。いうまでもなく、本書でその全てを構想することは不可能であり、本書で検討すべきテーマの範疇も超えるが、犯罪報道・事件報道に関して、従来の議論において主張されてきた公判のテレビ中継という方法と本書の対等報道モデルとの関係、およびテレビ中継に対する本書の立場だけは明らかにしておく責任があるだろう。

■ 5. テレビ中継という手法の是非

結論からいえば、本書は、裁判のテレビ中継に対しては、現時点では消極的な立場を取る。

まず、検討の前提として、本書は、事実認定者は既に選ばれ、実際に公判で両当事者の攻防をリアルに体験しているから、公判の時点で有罪視報道をしたとしても事実認定者への影響はない、とは考えない。有罪方向に偏った公判報道に事実認定者が影響を受け、公判での証拠調べの結果のみから心証形成をすることができなくなるおそれは否定できないし、証言を控えた証人に与える影響が事実認定

者の心証形成に及ぶ危険性もある。したがって、公判報道においても、対等報道は適正手続保障のための不可欠の要請である。

　そして、確かに裁判をテレビ中継すれば、両当事者の攻防が一切脚色・編集されずに報道されるから、一見すると対等報道に資するように見える。しかし、すぐ上で述べたように、刑事裁判の場合には、説明なしの客観報道では実質的な対等化および被告人に対する有罪視の防止にはつながらないのである。

　また、裁判のテレビ中継という方法で情報を伝えるとすると、リアルタイムであるがゆえに、かえって情報全体を入手するのには長時間を要することになる。報道の対象となるような重大事件は、多くの場合裁判員裁判で行われるだろうから、迅速化が相当に重視されるであろうが、そうだとしても数日間にわたって終日公判が続くということは稀ではないだろう。つまり、裁判で明らかになる情報を公平かつ正確に把握するためには、本来、基本的に事実認定者と同じく、公判の全過程を見なければならないにもかかわらず、世論を形成する大多数の市民や証人予定者が、公判の全過程を視聴する現実的可能性は極めて低いと考えざるをえないのである。多くの視聴者は、自覚的あるいは無自覚的にチャンネルを合わせた公判の一部分を切り出して視聴するにすぎないのである。

　もとよりこのような危険は、テレビのニュースや紙媒体での報道においても起こる現象であることを否定はしない。読者・視聴者が報道された情報をつまみ食い的に受容したり、恣意的に理解したりする危険は新聞や通常のニュースおいても存在する。しかし、公判のテレビ中継と比べたとき、その危険性の大きさには無視しえない差があるように思われる。市民が、新聞のなかの個別事件に関する記事を通読し、当該ニュース項目を省略せずに見ることはある程度期待できる。しかし、テレビ中継を全部見ることを期待することはできないのである。

　そのうえ、裁判のテレビ中継は、現在よりも裁判の公開度を一層高めることになるから、被告人の防御活動に対する萎縮効果など、既に指摘したような犯罪報道とは関わらない部分で公開が有する適正手続保障阻害要素の存在に対する懸念が大きすぎる。さらに、名誉・プライバシー、社会復帰の利益などの人格権に対する侵害の危険も加わる。だからこそ、本書は、むしろ限定的に公開度を下げる方向での改革を提案したのである。以上の検討を踏まえるならば、両当事者の主張を余すところなく伝えるから、あるいは知る権利を拡充するからという論理で、裁判のテレビ中継という方法に対して積極的な評価を与えることはできないと結論

付けるしかない。

むすび

　1．現在行われているような被疑者・被告人を有罪視する傾向の強い犯罪報道は被疑者・被告人の適正手続を受ける権利の保障を危うくしているのではないか、との問題関心のもと、権利侵害の構造を分析し、権利侵害を防止する方法を論じてきた。

　2．被疑者・被告人に対する適正手続侵害の本質は、有罪視的犯罪報道が、事実認定者・量刑判断者に対して裁判外で裁判前に有罪の予断を生じさせることによって、被疑者・被告人の公平な裁判所による裁判を受ける権利を侵害するおそれがあるという点にある。そして、このようにして生じる適正手続を受ける権利の侵害は、誰がその侵害の原因を作ったかどうかにかかわりなく、被疑者・被告人から適正な刑事手続を受ける機会を奪うという結果につながる。適正手続を受けることができなかった被疑者・被告人に対して、刑罰を科すことは正当化されない。権利侵害に国家自らが手を下したかどうかとは関係ない。適正手続保障を定めた憲法 31 条以下は、望まずして刑事手続に引っ張り込まれ、刑罰という形で自らの自由・権利を最も峻厳なやり方で国家から奪われようとしている市民にとって、かかる不利益を甘受するうえで最低限保障されるべき権利である。国家は、刑罰を科すために市民を刑事手続に引っ張り込んだ以上、そしてその手続の結果、刑罰を科そうとする以上、引っ張り込んだ者の責任として、結果としての適正手続を被疑者・被告人に保障しなければならない。
　そのうえで、公平な裁判所による裁判を受ける権利に焦点を当てて、予断排除原則を実効的に保障するために制度化されてきた起訴状一本主義や忌避制度の考え方を踏まえるならば、その侵害は、裁判官や裁判員が現実に予断を抱いたかどうかではなく、裁判官・裁判員が有罪視的犯罪報道に接したか否かによって判断されるべきである。有罪視的犯罪報道かどうかを認定する基準については、無罪推定法理の保障を手がかりに、証拠能力・証明力を争われる可能性を必然的に抱

えている一方で、いったん認識されると予断を生じさせる危険性が高い性質の情報を類型化して、判断基準の客観化を試み、自白、ポリグラフ検査結果、共犯者の自白、前科、被害者の厳罰要求コメントなどを抽出したが、今後も、客観的な基準の精緻化、具体化をさらにすすめる必要があろう。

　3．以上のような被告人の公平な裁判所による公正な裁判を受ける権利の侵害をもたらすおそれのある事前の有罪視的報道に対しては、管轄移転の請求や裁判員等選任手続における詳細な質問などの刑事手続側での対応、捜査・訴追機関による報道機関に対する情報提供の規制、報道機関に対する両当事者対等報道の義務付け、そしていずれの手段も効果を持たなかった場合に、最後の手段として、刑事裁判自体の打切りという重層的な対応方法によって、被疑者・被告人の適正手続を受ける権利保障を実現するべきであるというのが、本書の結論である。

　とりわけ、両当事者対等報道の義務付けや捜査・訴追機関による報道機関に対する情報提供の規制に対しては、表現の自由論や知る権利論の観点から異論のあるところであろう。しかし、裁判員制度が目前に迫っている現在、犯罪報道が事前の有罪視という心証を事実認定者に与えてしまうという問題に対して、これまでのように職業裁判官だから大丈夫という、冷静に考えてみれば何の根拠もないレトリックでうやむやにすることは、もはや許されないというべきである。もちろん、本書は、表現の自由をないがしろにするつもりは全くない。報道機関の活動に不必要な規制をかけるつもりもない。むしろ、本書は、報道機関による自主的・主体的な改革に少なからず期待している。だからこそ、本書は、両当事者対等報道の義務付けをどのような方法で担保するのか、という点について、あえて言及することを差し控えた。

　4．果たしてわれわれの社会は、マスメディアに対する強制力を持った法的な義務付けという最終手段を用いることなく、報道の自由と被疑者・被告人の適正手続を受ける権利の保障とを両立させる道を切り開いていくことができるだろうか。捜査機関をはじめとする刑事訴追機関、報道機関、そしてなによりかかる最終手段の選択可能性を封印しきれなかった本書が今後とも背負うべき重大な課題である。

5.　最後に。本書の検討を通じて改めて、犯罪報道と適正手続の問題は、決してマスメディアと被疑者・被告人との間の問題に矮小化されるべきではなく、捜査機関・刑事訴追機関の行動にも見直されなければならない点が多く存在することが明らかになったように思われる。

　しかも、見直すべきところは、単に捜査機関による報道機関に対する情報提供のあり方といった犯罪報道に直接の関わりがあることが明白な点にとどまらない。対マスメディアとの関係でも被疑者・被告人が真に対等な防御活動を行うことを可能にし、被疑者・被告人に対して公平な裁判所による公正な裁判を受ける権利を保障するためには、接見制限の撤廃や全面的証拠開示など、要するに、刑事手続まるごとの実質的当事者主義化の実現が不可欠の前提条件なのである。

1　右崎正博「反論権考——サンケイ新聞意見広告訴訟最高裁判決を契機として」杉原泰雄＝樋口陽一編著『論争憲法学』（日本評論社、1994年）143頁以下（同旨、右崎正博「表現の自由をめぐる現代的問題状況と課題」田島泰彦＝右崎正博＝服部孝章編『現代メディアと法』（三省堂、1998年）40頁以下。同様の思考形式を取り、反論権に積極的な意義を見出す論者は少なくない。たとえば、参照、韓永學『報道被害と反論権』（明石書店、2005年）190頁以下、駒村圭吾『ジャーナリズムの法理』（嵯峨野書院、2001年）265頁以下、田島泰彦「放送の自由と公平原則——公平原則の正当化と制度のあり方をめぐって」比較憲法史研究会編『憲法の歴史と比較』（日本評論社、1998年）206頁以下。これに対して、伝統的な表現の自由市場理論を貫き、反論掲載の義務付けを含めた一切の表現の自由に対する規制に反対するものとして、松井茂記『マス・メディアの表現の自由』（日本評論社、2005年）80頁。しかし、同時に松井は、現在の日本の犯罪報道が警察側の提供する情報のみに依拠せざるをえず、さらに報道機関が警察側の視点に立って「犯人」追及型報道をするために、読者・視聴者に対して被疑者が本当の犯人であるという意識を植え付けてしまうとも指摘している〔244〜245頁〕。この指摘は、本書の問題意識と一致しているとさえいってよい。だとすれば、松井が「市場原理を貫くことが読者や視聴者の利益になる」と結論付けることとの間には、少なくとも犯罪報道に関しては、矛盾が存在するように思われる。

2　坂西友秀「記事の読者の原因帰属、意図帰属に及ぼす識者のコメントの効果」社会心理学研究13巻1号（1997年）59頁以下。

3　坂西友秀・前掲注2論文・62頁。

4　五十嵐二葉「公判報道のゆがみをさらに広げるな」新聞研究537号（1996年）69頁。

5　捜査・訴追側と被疑者・被告人側とに存在するかかる圧倒的な力および情報の格差は刑事手続における直接的防御活動自体にも深刻なダメージをもたらす。この点については、別の機会に簡単にではあるが論じたことがある。参照、渕野貴生「公判前整理手続の問題点」

季刊刑事弁護 41 号（2005 年）25 頁以下、同「裁判員制度と刑事手続改革」法律時報 76 巻 10 号（2004 年）30 頁以下。

6 なお、被疑者・被告人の公正な裁判を受ける権利を保障するという観点から万全を期すならば、捜査機関からの提供が規制されるべき類型の情報については公判での証拠調べが行われるまで報道も禁止するという方法を取るほうがより徹底するかもしれない。しかし、本書は、報道規制は報道すべき事項の義務付けに比べて表現の自由や知る権利に対する制約が強いと考えており、それゆえ被疑者・被告人の適正手続を受ける権利を保障するために必要不可欠であることが明らかでなければ用いるべきではないとの立場に立つ。そして、そうだとすれば、まずは本文で提言したように、特定事項の報道の義務付けという方法から出発するのが妥当ではないかと判断したのである。換言すれば、特定事項の報道の義務付けでは被疑者・被告人に公平な裁判所による裁判を保障することができないことが明らかになった場合には、報道に対する直接的規制が選択肢に入りうることも完全に否定されるわけではないと考える。実際、最近しばしば、被疑者・被告人が犯人であることを前提とした被害者側の厳罰要求コメントが、有罪・無罪の決定には全く関係なく、量刑上も被告人側による弾劾が必須不可欠であるにもかかわらず、弾劾のプロセスを経ないままに報道されているが、このような被害者コメントの報道は、有罪や行き過ぎた厳罰化の予断を生じさせる危険性が極めて大きいといわざるをえない。しかも被害者側のコメントは、被疑者・被告人側の早期の反論がかえって被疑者・被告人側にとって不利にしか働かないという特殊な性質を有している。したがって、十分かつ丁寧に準備された公判における被害者（証人）尋問ないし、（被害者の意見陳述の場合には直接弾劾する機会が与えられていないので）最終弁論の場以外に、被疑者・被告人側の主張が主張としての有効性をもって事実認定者および量刑判断者に伝達され、不当な予断を生じさせることなく受け取られる機会は原則として存在しないと考えるべきである。被害者の厳罰コメントが有するかかる特殊な性質に鑑みれば、現時点においても、被害者コメントに限っていえば、報道すべきではないとの決断をする時期に来ているのかもしれない。この点に関しては、参照、座談会「マスコミの倫理と論理ＶＳ刑事弁護の倫理と論理」季刊刑事弁護 31 号（2002 年）106 頁〔弘中惇一郎〕。座談会のなかで弘中は、「情緒的な被害者の言い分、あるいは被告の立場を尊重するということと、当該具体的な被告事件、被疑事件のなかでそれをどのように扱うかということを区別すべきです」と述べて、被害者側の思いをそのまま報道することに対する懸念を表明しているが、一線の刑事弁護人の問題提起として真摯に受け止める必要があるように思われる。

著者プロフィール

渕野貴生（ふちの・たかお）

1970 年	大分県生まれ
1993 年	東北大学法学部卒業
1995 年	東北大学大学院法学研究科博士前期課程修了
現　在	静岡大学大学院法務研究科助教授

収録論文初出一覧

1 「犯罪報道と適正手続との交錯——共生モデル構築へ向けての序論的考察」法学 60 巻 3 号 (1996 年)
2 「被疑者・被告人の適正手続を受ける権利から見たオウム報道——両当事者対等報道モデル成立の条件」法の科学 26 号 (1997 年)
3 「犯罪報道と適正手続の理念 (一) (二・完)」法学 63 巻 2 号、同 3 号 (1999 年)
4 「事件報道と刑事裁判」季刊刑事弁護 31 号 (2002 年)
5 「犯罪報道と適正手続を受ける権利」刑法雑誌 43 巻 3 号 (2004 年)

※ 本書の収録に際して、いずれも大幅に加筆・修正し、あるいは複数の論文を組み合わせて再構成している。おおよその対応関係は以下のとおりである。
　序　章………… 1 2 3
　第 1 部………… 2
　第 2 部………… 3
　第 3 部第 1 章… 3 5　第 2 章… 3 4 5　第 3 章… 1 3 5

適正な刑事手続の保障とマスメディア
（てきせい　けいじてつづき　ほしょう）

2007 年 2 月 5 日 第 1 版第 1 刷

著　　者	渕野貴生
発 行 人	成澤壽信
編 集 人	木村暢恵
発 行 所	株式会社 現代人文社
	〒160-0016 東京都新宿区信濃町 20 佐藤ビル 201
	Tel: 03-5379-0307　Fax: 03-5379-5388
	E-mail: henshu@genjin.jp (代表)　hanbai@genjin.jp (販売)
	Web: www.genjin.jp
発 売 所	株式会社 大学図書
印 刷 所	株式会社 ミツワ
装　　丁	加藤英一郎

検印省略　Printed in Japan　ISBN 978-4-87798-327-7　Ⓒ 2007 Takao Fuchino

本書の一部あるいは全部を無断で複写・転載・転訳載などをすること、または磁気媒体等に入力することは、法律で認められた場合を除き、著作者および出版者の権利の侵害となりますので、これらの行為をする場合には、あらかじめ小社または著作者に承諾を求めて下さい。乱丁本・落丁本はお取り換えいたします。